上海市哲学社会科学重点课题"新中国成立70周年"研究系列项目(项目编号：2017BHB016)

中国经济奇迹

政府治理的作用

CHINA'S ECONOMIC MIRACLE

The role of government governance

赵红军 ◎著

北京大学出版社
PEKING UNIVERSITY PRESS

图书在版编目(CIP)数据

中国经济奇迹：政府治理的作用 / 赵红军著 . —北京：北京大学出版社，2021.9
ISBN 978-7-301-32466-0

Ⅰ.①中… Ⅱ.①赵… Ⅲ.①中国经济–经济发展–研究 ②国家行政机关–行政管理–研究–中国 Ⅳ.①F124 ②D630.1

中国版本图书馆CIP数据核字(2021)第177286号

书　名	中国经济奇迹：政府治理的作用 ZHONGGUO JINGJI QIJI: ZHENGFU ZHILI DE ZUOYONG
著作责任者	赵红军　著
责任编辑	杨丽明　姚沁钰
标准书号	ISBN 978-7-301-32466-0
出版发行	北京大学出版社
地　址	北京市海淀区成府路205号　100871
网　址	http://www.pup.cn　　新浪微博：@北京大学出版社
电子信箱	pkupress_yan@qq.com
电　话	邮购部 010-62752015　发行部 010-62750672 编辑部 021-62071998
印刷者	天津中印联印务有限公司
经销者	新华书店
	720毫米×1020毫米　16开本　15.25印张　228千字 2021年9月第1版　2021年9月第1次印刷
定　价	58.00元

未经许可，不得以任何方式复制或抄袭本书之部分或全部内容。
版权所有，侵权必究
举报电话：010-62752024　电子信箱：fd@pup.pku.edu.cn
图书如有印装质量问题，请与出版部联系，电话：010-62756370

内容提要

过去70多年间，世界历史发生了很多重大的经济、社会和制度变迁。一些国家和地区摆脱了殖民统治，走上了民族独立的道路；一些国家和地区摆脱了贫困，走向了富强和现代化；还有一些国家和地区原先是独立的，后来却分崩离析，分裂为若干个国家和地区。另外，也有为数极少的国家先是经历了分裂，后又实现了统一或联合。这一进程中的中国，毫无疑问是最为精彩，也最出人意料的一匹黑马。因为她在这70多年间，不仅实现了民族独立，而且仅用了40多年的时间就摆脱了长期贫困的局面，走上了一条通往国家富强和中华民族伟大复兴的康庄大道；同时，她还在很大程度上朝着国家完全统一的目标快速靠近。更让人惊讶的是，所有这些事件都是在中国这个人口最多、国家规模超大、国内情况极其复杂、文化和历史最为悠久且是由共产党执政的国家之内发生的。

在经济学界，能够对这一系列"意想不到"的重大事件和中国这匹黑马的出现进行圆满解释的理论框架却并不多。在这当中，最具代表性的一种理论观点可以被归纳为所谓的"中国经济奇迹"理论，也就是将中国过去40多年的经济发展情况放在生产函数的分析框架下，然后从不同的角度讨论"中国经济奇迹"背后的影响因素和决定因素，如劳动力、资本、技术进步、制度变迁，等等。这样做，一方面便于进行严谨的数学模型推导；另一方面也便于运用现实中的数据对其中的机制、因素和影响进行精确的计量经济学方面的检验和证明。目前，多数经济学家都赞成和支持这一理论。

中国经济奇迹：政府治理的作用

本书认为，过去这些年，这一流派经济学家的研究，已经非常详细地揭示了"中国经济奇迹"得以发生的因素，包括其发挥作用的条件、机制及局限性。但是，这些研究却在某种程度上忽视了一个非常重要的因素，那就是隐藏在这些条件背后的一个系统性的制度安排本身的变化。本书认为，"中国经济奇迹"出现的真正系统性原因不是别的，正是中国政府的治理理念、治理模式、治理体制、治理经济社会的方法和手段等本身发生了历史性变化。换句话说，如果我们不能把握中国政府治理理念、治理体系和治理能力在过去70多年间所经历的伟大变迁，肯定就难以圆满解释过去40多年的"中国经济奇迹"。因为无论是过去40多年农村家庭联产承包责任制的落实、乡镇企业的兴起、劳动力市场的发展、劳动力跨地区相对自由的流动、人力资本的释放与不断提升、资本市场的兴起、所有权制度的改革、国有经济的改革、民营经济活力的提升，还是经济特区的试验、东南沿海开放城市的发展、城市的勃兴、地区发展战略的启动、基础设施的建设，乃至反腐、减贫和保持社会稳定等，所有这些经济学界认为的造就了"中国经济奇迹"的因素的背后，都离不开中国政府治理理念、治理体制、治理举措和制度转变带来的积极影响。换句话说，当我们将所有这些系统的制度转变划分成一个个单独的因素来分析时，似乎这些单独的因素都显得非常重要，要么，就是其中一个因素不重要时，另一个因素变得重要，或者某一因素发挥作用的条件尚未成熟。其实，如果没有政府治理体制、领导理念、政策和相关制度的转变，哪里会有这么多单一因素发挥作用的余地呢？

为了清楚地阐述上述逻辑分析框架，本书进行了系统性的论述。本书共分为十章，第一章简要介绍了本研究的意义、内容与观点。第二章是文献综述，梳理了过去这些年中国经济学界那些不得不提及的经济学家，以及不得不提及的常青辩题，对我们现在的发展、未来又将奔向何方等作出了初步的回答。第三章对1949年后中国计划治理兴衰变迁的经验和教训进行了回顾式的讨论，对计划治理在中国兴起、衰落的原因进行了分析，对未来计划治理再次兴起的可能性进行了分析与回答。第四章在计划治理经验和教训的基础上，总结了改革开放以来组成中国政府治理模式和理念的八个核心构成要素，对每个核心构成要素的概念，及其最终上升为国家治理模式和理念组成部分的演变过程、在经济体中的作用等内容进行了详细的讨论。第五章探讨了改革开放以来中国政府治理模式与理念作用于转型与发展的一系列关键性的制度安排。这些制度安排主要有中国共产党全国代表大会、全国人民代表大会、中国人民政治协商会议、党对各级政府的领导、国家对国有企业和事业单位的人事任免、财政拨款等。第六章对中国政府应对改革开放以来国内外各种冲击的经验与教训进行了系统的探讨、回顾与总结。第七章探讨了中国政府治理模式、体系和治理能力的发展方向与路径。第八章探讨了中国政府治理对全球治理的影响与贡献。第九章结合"一带一路"倡议探讨了中国政府治理对亚洲、非洲和发达国家的影响。第十章对未来的研究方向进行了分析。

相对于现有"中国经济奇迹"研究的相关文献，本书的研究在以下方面作出了较大的创新：

从研究的着力点看，本研究是一项关注中国政府治理制度和模式作用的制度经济学研究，而现有文献往往更多关注这套政府治理制度框架下的某一项技术性因素或某一项政策和制度安排的作用。从研究的方法看，本研究是一项具有更多思辨性、综合性和历史性的理论创新式研究，而现有文献往往更多地使用相对技术性、数量化和模型化的方法。从研究的统一性和多样性角度看，本研究并不提供与西方主流经济学一致的中国经验证据，而更多地研究了这套在外国人眼里"格格不入"但却在中国经济发展与转型中屡试不爽的政府治理制度对"中国经济奇迹"的强大制度支撑。从研究的结论来看，本研究证明了中国的历史、文化和制度传统对于中国的经济发展而言至关重要，它意味着中国具有与他国不一样的改革初始条件；中国的政府与经济之间、政治与经济之间的关系具有与他国不一样的关键特征；中国的经济发展可能具有与一般经济理论不一样的演化路径、演化速度与最终结果。尽管如此，市场化改革还是能找到与中国共融、共享的演化路径。

本书的理论不应被归结为当前西方学术界乃至中国学术界一些学者所认为的"中国模式论"；同样，本书的理论也不应该被归纳为任何形式的

中国经济奇迹：政府治理的作用

"完全的自由市场理论"，相反，本书认为，中国过去七十多年的发展模式，其实是经历了一个从摆脱历史、摆脱传统小农经济理论，到试图简单借鉴西方计划经济理论救国图强，再到通过改革开放，逐步走向社会主义市场经济的中国式经济发展理论和实践的创新过程。本书着重讨论的是，在从传统到现代、从计划到市场转变的过程中，中国的政府（包括政府治理）都经过了哪些重大的转变？到底是哪些机构、部门通过什么样的方式实现了这些转变？这些转变对其他发展中国家和地区是否可能存在一些共性的启示？如果联系未来的话，我们并不认为，中国未来所演化的经济发展模式会与西方完全不一样，因为它们在很多方面可能将是相同的。但如果说中国未来所演化的发展模式会与西方完全一样，那肯定是五百年之后的事情，而不是现在。因为那样的话，中国过去几千年有丰富文字记载的历史，由几十个王朝、几百位皇帝、不计其数的官员所组成的中国文化、历史传统的作用就变得没有意义了。换句话，我们认为，历史对经济发展与演化的作用，就像内森·纳恩（Nathan Nunn）所说，仍然是相当重要的。

目　录

第一章　研究意义、内容与观点 …………………………………………… 1
　　1.1　研究缘起 ……………………………………………………… 1
　　1.2　研究意义 ……………………………………………………… 3
　　1.3　研究内容与研究方法 ………………………………………… 7
　　1.4　主要观点 ……………………………………………………… 9
　　1.5　创新与不足 …………………………………………………… 11

第二章　我们到底站在哪里？ ……………………………………………… 12
　　2.1　中国经济学界那些不得不提的经济学家 ………………… 12
　　2.2　中国经济学界那些不得不提的常青辩题 ………………… 21
　　2.3　我们到底站在哪里？又将奔向何方？ …………………… 25

第三章　中国计划治理的兴衰：经验与教训 ………………………… 33
　　3.1　计划治理与市场治理 ………………………………………… 33
　　3.2　计划治理为什么能在中国兴起？ …………………………… 34
　　3.3　中国计划治理何以运行？ …………………………………… 40
　　3.4　中国计划治理为什么会走上末路？ ………………………… 46
　　3.5　中国计划治理的经验与教训是什么？ ……………………… 48
　　3.6　计划治理在中国是否还会再次兴起？ ……………………… 51

第四章　中国改革开放以来政府治理的核心构成要素 ……………… 57
　　4.1　何为中国政府治理的核心构成要素？ ……………………… 57

  4.2 "摸着石头过河"的渐进改革策略 …………………… **61**
  4.3 开放倒逼改革 ………………………………………… **64**
  4.4 基础设施先行 ………………………………………… **68**
  4.5 扶贫、反腐与社会稳定 ……………………………… **71**
  4.6 政府治理能力和治理体系的发展 …………………… **77**
  4.7 本章小结 ……………………………………………… **81**

第五章 改革开放以来政府治理作用于转型发展的制度安排 …… **82**
  5.1 中国共产党全国代表大会及其重要作用 …………… **82**
  5.2 中国共产党对各级政府的领导及其重要作用 ……… **86**
  5.3 全国人民代表大会制度及其重要作用 ……………… **92**
  5.4 中国人民政治协商会议及其重要作用 ……………… **95**
  5.5 中国各级党委与政府在转型发展进程中的作用 …… **100**
  5.6 国有企业与民营经济的重要作用 …………………… **102**
  5.7 厂长（经理）负责制及其在转型发展进程中的作用 … **105**

第六章 改革开放以来政府治理应对国内外冲击的历史经验 …… **108**
  6.1 1987—1989年的通胀危机及政府应对 ……………… **108**
  6.2 1997年东南亚金融危机及中国应对 ………………… **114**
  6.3 1998年的洪水冲击及政府应对 ……………………… **117**
  6.4 2001年的"入世"冲击及政府应对 ………………… **120**
  6.5 2003年的非典冲击及政府应对 ……………………… **131**
  6.6 2008年汶川大地震及政府应对 ……………………… **135**
  6.7 2008—2009年次贷危机中美国、欧盟与中国应对的比较
    ………………………………………………………… **140**
  6.8 欧债危机中的中国应对 ……………………………… **151**
  6.9 中美贸易战中的中国政府应对 ……………………… **159**

第七章 中国政府治理模式、体系和能力的未来 ………………… **162**
  7.1 中国传统政府治理优秀遗产需要继承和创新 ……… **162**

目 录

    7.2 中国政府治理模式的未来 …………………………………… 165
    7.3 中国能否创造一种全新的政府治理模式？ ………………… 168
    7.4 中国政府治理体系和治理能力的发展方向与路径 ………… 171
    7.5 全球化时代中国政府治理面临的挑战与应对 ……………… 175

第八章 中国政府治理对全球治理的影响与作用 ………………………… **181**
    8.1 中国政府治理是否有国际影响？边界何在？ ……………… 181
    8.2 发展治理是中国参与全球治理的重点领域 ………………… 190
    8.3 人类命运共同体：全球治理的中国智慧 …………………… 196

第九章 "一带一路"倡议：中国政府治理理念国际影响的案例 …… **203**
    9.1 "一带一路"倡议的核心理念与经济学实质 ……………… 203
    9.2 "一带一路"在非洲：以基础设施启动贫穷国家发展
         ………………………………………………………………… 206
    9.3 "一带一路"在亚洲：海外园区助推国际经贸合作 ……… 209
    9.4 "一带一路"在欧美：发达国家不必恐惧 ………………… 215

第十章 未来研究方向 …………………………………………………… **223**
    10.1 中国经济奇迹未来能否延续？ …………………………… 223
    10.2 造就中国经济奇迹的最优国家治理体系和能力是什么？
          ………………………………………………………………… 225
    10.3 造就中国经济奇迹的最优环境条件到底是什么？ ……… 225

参考文献 …………………………………………………………………… **227**

图目录

图1.1	本书研究内容	7
图2.1	世界主要国家和地区非居民专利申请量比较	29
图3.1	计划治理得以运行的组织架构	42
图3.2	1950—1977年主要国家和地区的人均GDP增长情况	46
图4.1	中国两大文献检索平台中对"要想富，先修路"的文献搜索结果	70
图4.2	改革、发展与稳定的关系	73
图4.3	中国知网和维普网中有关"扶贫"文献数量年度变化情况	74
图4.4	中国知网和维普网中有关"反腐"文献数量年度变化情况	75
图4.5	中国知网和维普网中有关"社会稳定"文献数量年度变化情况	76
图4.6	中国知网中以"治理""管理"为篇名的文献数量	78
图4.7	以"治理"为篇名的文献占以"管理"为篇名的文献的比重	78
图4.8	以"治理"为篇名加上以"现代化"为关键词的文献数量	79
图4.9	以"治理"为篇名加上以"现代化"为关键词的文献主题分类情况	80
图5.1	中国在全球治理指标中各项指标的评价结果	88
图5.2	政府效能指标与中国1996—2017年GDP增长率之间的关系	89
图5.3	政治稳定性与不存在暴力同GDP增长率之间的关系	90
图5.4	管制质量与GDP增长率之间的关系	90
图5.5	2007—2018年全国人大通过的法律个数	95

图5.6	中国知网中以"中国人民政治协商会议"和"人民政协"为篇名的文献数量 ········· 96
图5.7	中国知网中以"厂长负责制"或"厂长(经理)负责制"为篇名的文献数量 ········· 107
图6.1	1977—1999年中国的通货膨胀率 ········· 109
图6.2	以1977年为基期计算的通货膨胀率 ········· 110
图6.3	中国知网中以"东南亚金融危机"为篇名的文献数量年度分布情况 ········· 115
图6.4	中国知网中以"WTO"为篇名的文献数量 ········· 121
图6.5	中国知网中以"WTO"为篇名的文献按照主题的分布情况 ········· 122
图6.6	中国加入WTO与中国GDP之间的关系 ········· 123
图6.7	中国加入WTO与中国进出口额之间的关系 ········· 124
图6.8	中国加入WTO与人民币兑美元、日元、欧元汇率之间的关系 ········· 124
图6.9	中国加入WTO与中国全社会和城镇固定资产投资之间的关系 ········· 125
图6.10	中国加入WTO与中国政治稳定度、中国腐败控制度之间的关系 ········· 126
图6.11	加入WTO前后中国关税税率的下降情况 ········· 128
图6.12	中国知网中对欧债危机的关注度 ········· 153
图6.13	中国知网中对次贷危机的关注度 ········· 154
图6.14	中国知网中对欧债危机或次贷危机的关注度 ········· 154
图8.1	世界各大洲与中国建交国家数量 ········· 182
图8.2	中国在世界各大洲的有效外交影响力 ········· 183

表目录

表2.1　2000—2016年主要国家居民专利申请量 …………………… 27
表2.2　2014—2019年主要国家申请建筑许可证花费占仓库建造价值的比重 …………………… 30
表2.3　2014—2019年主要国家实施合同所需要的时间 …………… 31
表5.1　党的十九大精神宣讲团成员与宣讲覆盖省市 ……………… 84
表5.2　全球治理指标对中国GDP增长率的解释 …………………… 91
表5.3　中国知网中以"人民政协"为篇名的文献主题与领域 ……… 97
表5.4　按GDP增速分组统计晋升概率和城市特征 ………………… 101
表6.1　金融危机以来美国对汽车业的融资计划 …………………… 142
表6.2　2009—2018年中华人民共和国国务院公报中有关"债务"的公文情况 …………………… 155
表6.3　2009—2019年中华人民共和国国务院公报中有关"房地产"的公文情况 …………………… 157
表6.4　2009—2019年中华人民共和国国务院公报中有关"实体经济"的公文情况 …………………… 159
表6.5　2009—2019年中华人民共和国国务院公报中有关"贸易战"的公文情况 …………………… 159
表8.1　亚洲基础设施投资银行成员国情况 ………………………… 186
表9.1　20家通过商务部考核的"一带一路"沿线国家境外经贸合作区 …………………… 210

第一章 研究意义、内容与观点

1.1 研究缘起

过去这些年,学术界对"中国经济奇迹"发生的原因和各方面影响因素的探讨似乎大多集中于政府治理之外的领域,如家庭联产承包责任制、乡镇企业、产权改革、对外开放、外国直接投资、技术进步、对外直接投资等。同时,在学术界或者社会上往往具有一种"政府管得越少越好"或者"小政府、大社会"的普遍倾向,并倾向于认为中国之所以能取得改革开放以来的"中国经济奇迹",是因为我们采取了这样或者那样具体的改革措施。比如,在传统的经济增长模型中,一国的经济增长似乎只取决于诸如劳动力、资本投入以及相应的技术进步等硬条件,而与这些要素背后更广阔的市场环境、改革与政府的支持、相应的公共服务提升、基础设施改善、营商环境改善、诚信体系建设等软条件没有太大的关系。即使过去几十年,学术界有关中国经济增长的认识进一步深化,深入到诸如技术进步、创新、人力资本、集聚、营商环境、法治建设、诚信体系建设等方面,但学术界乃至社会上有关"中国经济奇迹"中政府治理作用的全面理解,在当前仍然是十分欠缺或者说非常不全面的。

造成这种现象的原因主要可以归纳为两方面:

第一,过去40多年中国的改革开放,在很大程度上是一个渐进学习的过程。在这个过程中,中国更多扮演的是学生而不是老师的角色。在改革开放之初,无论在领导人、企业家,还是普通老百姓的心中,恐怕都没有一个完全清晰的"改革路线图",也没有任何现成的理论或者先进改革国

中国经济奇迹：政府治理的作用

家的类似经验提供指导或者借鉴。韩国、新加坡和中国香港地区、中国台湾地区即所谓的亚洲"四小龙"虽然给了中国大陆一些启迪，但改革却依然没有一个现成的例子可供参考。在这种情况下，中国过去40多年的改革开放在很多时候，都表现为一种"边改革、边试点、边学习、边推广"的试验过程，而不是那种"预先有顶层设计，而后有目标地推动"的改革过程。如果说中国是过去40多年中那个最好学的"优等生"的话，那么很显然，美国、德国、英国、法国等发达国家及其所代表的成熟市场经济体，在某种程度上就是这个最好学的"优等生"的直接或间接的"老师"。因此，这样看来，过去40多年，中国所依据和学习的各种"教材"或者"蓝本"几乎都来自西方。

除此之外，改革开放40多年来，中国出国留学的人数呈几何式增长，其中不少人学成回国，成为中国改革、开放、发展的最初推动者、赞成者和倡导者。那些最初推动、赞成和倡导改革开放的人，无论是政府官员、经济学家、企业家，还是其他社会成功人士，往往都是那些受过西方文化熏陶和历练的留学归国人员或者有一定海归经历的人员。在这种情境下，毫无疑问，无论是理论界、政策界，还是社会中，都普遍接受西方那种流行了上百年的新古典经济学理论背后的基本假设，即"政府越小越好"，或者"小政府、大社会才是最美好社会"的预言，而对那些支持政府作用，或者赞成政府监管、政府干预与产业政策的观点和学者，都有一种天然的排斥、敬而远之或者拒绝的心理。

第二，中国社会并不是一个类似于新加坡那样的地域狭小、文化积淀时间相对较短的完全外向型社会；相反，改革开放以来的40多年只不过是那个具有两千年历史积淀和绵长文化传统，特别是长期具有大一统、中央集权传统的社会的一个瞬间而已。在这种背景下，人们对集权政府过多干预所导致的历史悲剧还有很多尚未褪去的记忆。特别是，中华人民共和国成立后的最初二十多年。那时，受制于西方国家针对中国的全面封锁、贸易禁运以及各种意识形态的围追堵截，中国不得不复制和移植了苏联的那种全面计划治理模式，其结果是，全社会的生产、分配、运输与消费几乎全由政府包办。与此同时，人民的生活水平却并没有出现如政府和人们

第一章　研究意义、内容与观点

预期那样的快速增长，国力也没有快速强盛。相反，人民生活水平停滞不前，社会、经济、政治曾一度陷入动乱乃至崩溃的边缘。很显然，这种源于强势政府、全面干预和计划掌控的种种负面影响，再次刷新了全社会对政府作用的负面印象。因此，当时的中国社会内外普遍抱有一种对市场经济的浓浓期待。

在这样的情境下，20世纪70年代末，中国的市场化改革应运而生。与此前形成鲜明对照的是，改革开放以来中国推进的放松管制、强化市场作用的各方面改革先后取得了非常不错的经济绩效，让一个濒于破产的大国在短短40多年间跃升为全球GDP排名第二的最大发展中国家，并让那个排名第一的老牌资本主义国家美国感到不小的压力。这种改革后的"中国经济奇迹"与改革前疲态不断、波折不断的经济发展之间的巨大反差，更在一定程度上强化了人们对政府负面作用的情绪化认识，使得全社会充满了一种日益重视市场、不断弱化政府作用的普遍观点和情绪。因此，在这种情形下，讨论"中国经济奇迹"中的政府治理作用，很可能会被冠以各种不受欢迎的称呼，甚至还可能被扣上各种各样的"帽子"。

1.2　研究意义

但是，就是在这样"一边倒"的背景下讨论"中国经济奇迹"中的政府治理作用才显得难能可贵，也更加具有现实意义：

第一，中国的文化从其本质上说，是一种单一的和相对同质的文化。在这种文化之中，往往会出现一种"非此即彼"的线性思维方式，即若A是正确的，那么B必然是错误的，或者完全相反，而不可能是A或B同时正确。比较典型的表现是，若A成为社会上的主流认识，则B自然会成为人人唾弃的"非主流"，反之则是完全相反的情形。就拿"中国经济奇迹"的讨论来说，当绝大多数经济学家倾向于认为劳动力、资本对于经济增长而言是重要因素的时候，那些提出不同观点或者相反观点的经济学家往往就被认为是完全错误的。类似的是，当绝大多数经济学家都认为市场化改革对于经济发展起到了关键作用的时候，若有人提出政府监管也同样重要，

中国经济奇迹：政府治理的作用

他往往就会受到大家的反驳甚至唾弃。

其实，凡是熟悉经济增长模型的经济学家，都会认识到单一因素分析法或者线性思维分析法所存在的缺陷。因为在经济增长模型中，当劳动力的作用不变时，资本作用的发挥就必然存在一个相对给定的边际报酬递减规律。但在现实中，劳动力的作用不可能保持不变，要么是其数量在变化，要么是其质量也在不断变化之中。与此同时，资本的数量和质量每时每刻也都可能处于变化之中。原因是与劳动力和资本相关的制度环境比如劳动市场的环境在不断变化，资本市场的环境也在不断变化，而政府推出的各种政策也同时处于变化之中，并可能对劳动市场和资本市场及这两个市场之外的其他市场同时产生影响。因此，当我们强调一种因素的重要作用，而忽视另外一种因素的作用时，就意味着我们的生产函数或者效用函数已发生了人为的弹性系数变化。这样，现实世界的生产函数和社会效用结果就会与我们的想象之间出现很大反差。其结果是，社会按照这种主流意见进行决策的结果，很可能就会不同于当时那个对全社会最优的结果。

中国社会中存在着"矫枉过正"的文化、习俗与制度惯性。这是因为中国的文化是一种单一的、同质的文化形态，它在很大程度上会忽视或者故意遗忘主流之外的非主流因素。结果，当主流认识或者主流因素与主流期望出现巨大偏差并导致全社会对主流出现某种失望时，整个社会又会出现偏离原有主流轨迹、向非主流严重偏转的一种社会趋势。

笔者认为，这正是本研究愿意在一片"市场就是能"的声浪中，再次提及政府治理作用重要性的意义所在。因为对于健全、健康、良性、法治、高效、绿色、协调、共享的高质量经济发展而言，市场重要，政府当然也很重要，绝不是非此即彼，而是二者都很重要，只不过体现在不同的维度和层面，发挥着不同的作用罢了。这就像我们在生活中经常问小孩子到底父亲重要还是母亲重要一样可笑。依笔者的观点，父亲、母亲都重要，为什么一定要分出个高下来呢？父亲和母亲两个人的作用，只是表现的形式、发挥的影响，依场合不同而不同罢了。

第二，现有"中国经济奇迹"各方面原因或者因素的解释很多都属于

第一章　研究意义、内容与观点

所谓的显性原因或者因素，但也有一些属于所谓的隐性原因或者因素。笔者认为，它们都发挥了非常重要的作用，但往往那些显性原因或者因素的重要性得到了人们的足够重视，隐性原因或者因素的作用却常常被忽视或者遗漏。

比如，传统的增长模型认为，劳动力、资本和技术进步是经济增长最为重要的显性因素。的确如此，过去40多年，中国就是按照这样的基本逻辑指导和推动了自身的发展。但笔者认为，隐含在这些显性因素之后的隐性因素同样重要。举个例子来说，在该模型中，劳动力的数量和质量对于健康的经济增长非常重要。但在20世纪70年代末的中国，当时的情形是，劳动力市场根本不存在，劳动力的供给被束缚在农村的土地上，城市虽然有较大的劳动力需求，但是阻挡在城乡之间的巨大劳动力流动障碍、土地政策障碍、工资政策障碍等，却在很大程度上妨碍了市场作用的正常发挥。于是，怎样给中国劳动力市场"松绑"，怎样让农民可以先是"离土不离乡"地在乡镇企业里务工，接着让他们在一定程度上离开农村前往城市务工，就是当时迫切需要解决的问题。再后来，如何能在一定程度上让那些高素质和高技能的农民工转化为市民，又成了第二阶段改革面临的棘手问题。如此等等，这些问题都迫切需要政府作出回答。其实，我们完全可以想象，这中间要牵涉太多艰难的制度改革。比如，人口流动政策、土地的流转政策、乡镇企业制度、城市工资制度、教育制度、户籍制度、社会保障制度、医疗制度、农民工子女入学政策、房地产市场改革等，哪一个不是经过了非常艰难的决策以及试验之后才推出的？还有，如果仅仅让农村人口流入城市且放松计划生育政策，那么，中国农村劳动力的素质该怎样提高？人力资本又怎样快速积累？因此，这背后还涉及计划生育政策在城乡的严格执行。所有这些政策的改革或者推动，如果离开了强势的中国政府的支持，是否还能执行下去？假若在农村存在一个能力超强的企业家，他可以帮助解决农村的很多问题，但他能否实现如上所说的这么多政策、这么多制度的变革？很显然，如果没有政府的强有力支持，任何强人恐怕都无法实现如上所说的这些改革。

下面的这个例子就足以说明这一点。在中国中西部地区的农村，往往

中国经济奇迹：政府治理的作用

有这样一条标语——"农村人民要致富，少生孩子多种树"。这种标语的出现，显然不是由企业家主导的，因为让农村人民多种树似乎存在一定的利益驱动倾向，但种树需要花费很长时间，按照常见的树木生长规律，从苗到树，再到成材可以销售，往往需要10—20年，试问有哪位企业家能够拥有如此长远的眼光？还有，少生孩子肯定不会为企业家带来太大的利益，因为少生孩子只能减少孩子的数量，减少孩子的消费，对企业而言利益并不大，但从长远看这却有助于提高孩子的教育质量，进而提升中国的劳动力素质。毫无疑问，这个标语肯定是地方政府在上级政府的支持下，结合当地社会的情形，创造性提出的耳熟能详、简单明了的政策告示。于是，在不经意间，它就起到了推动人口转型、生产转型、消费转型、教育转型的重大现实目标的作用。

因此，简单地说，本研究就是要将隐含在经济增长模型中的那些显性因素或者原因背后的隐性原因或者因素的重要性再次突显出来，以期让全社会对"中国经济奇迹"背后的原因或者因素有一个更加全面、更加公正、更加客观的认识。

第三，当前的中国乃至世界对于如何看待"中国经济奇迹"问题，正处于一种思路转换的过程之中。改革开放开始的最初20—30年，中外普遍存在着一种"市场万能"的倾向，而在过去10—20年，中外普遍出现了一种"政府同样重要"的倾向。在党的十八届三中全会将国家治理体系和治理能力的现代化确定为全面深化改革的总目标以后，社会上又出现一种倾向，即认为政府治理体系和能力非常重要，市场力量可能有些发挥过度。正如十九大报告所说的那样，笔者也倾向于认为，在资源配置中，要发挥市场的决定性作用，而在其他领域，恐怕就要有效地发挥政府的作用，二者对于健康、持续、绿色、协调、共享的高质量经济发展而言，当然是一个都不能少。

本书就是现有有关"中国经济奇迹"的研究中，少有的全面讨论政府治理作用的文献。本书通过联系历史，联系改革开放前后的实践和经验，来讨论政府治理作用的方式、方法、途径乃至机制，讨论政府应对国内外冲击时所进行的相关制度安排，讨论政府为减少贫困、反腐、保持社会稳

第一章 研究意义、内容与观点

定而发挥的作用,以及提供基础设施和必要公共服务的重要意义等,并在此基础上,全面地认识和探讨政府与市场作用的边界、中国政府国际影响的边界,以及中国政府在全球治理中的作用等重大问题。

因此,本书希望,在这种趋势、思路转换的过程中,弄清楚政府与市场的边界、效用及局限,并为未来的良性政府治理寻找可能的改革路径与政策借鉴。

1.3 研究内容与研究方法

行文至此,读者也许会有迫不及待地想要阅读本书内容的冲动。以下五个板块是本书重点讨论的内容,图1.1综合了这些内容之间的逻辑关系。

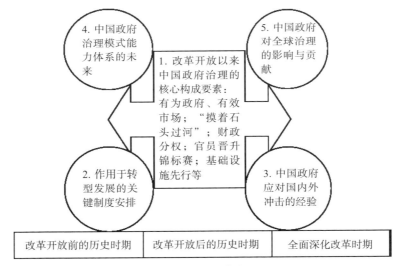

图1.1 本书研究内容

第一板块是基础性研究内容,即改革开放以来中国政府治理的核心构成要素。这一部分将系统地分析和比较改革开放以前的政府治理、改革开放以来的政府治理和全面深化改革时期的政府治理之间的区别与联系,寻找它们共性的特征和要素,从而归纳出改革开放以来中国政府治理的核心构成要素,比如有为政府、有效市场;"摸着石头过河";财政分权;官员晋升锦标赛;基础设施先行等。

中国经济奇迹：政府治理的作用

第二板块是核心研究内容，即中国改革开放以来的政府治理到底是怎样作用于中国的转型与发展的？其中的关键途径、作用机制是什么？它的表现是什么？效果又怎样？笔者将通过1978年以来政府推动转型与发展的制度安排，比如中国共产党全国代表大会制度、中国共产党对各级政府的领导、全国人民代表大会制度、中国人民政治协商会议制度、各级党委与政府在转型发展中的作用、国有企业与民营经济、厂长经理负责制、政府及其事业单位的人事任免、财政拨款等，揭示政府治理每一构成要素与经济发展产生关联的机制。

第三板块是研究的实证部分内容，即考察改革开放以来中国独特的政府治理思路和模式是如何应对外生和内生的各种冲击的。本书以1987—1989年的通货膨胀危机、1997年的东南亚金融危机、1998年的洪水冲击、2001年的"入世"冲击波、2003年的非典冲击、2008年的汶川大地震、2008—2009年的美国次贷危机、2018年的中美贸易战等作为分析样本，系统研究中国政府面对危机时的各种治理举措、制度变革、基本机制及其有效性。

第四板块是未来展望性研究内容，即阐述未来中国政府治理体系和治理能力的发展方向与路径。其中包括中国传统政府治理优秀遗产是否需要传承与创新，未来的中国政府治理模式是什么样的，中国是否能创造一种全新的政府治理模式，在现代化过程中还要面对哪些挑战，以及怎样应对等。

第五板块是国际性研究内容，即中国政府在全球治理中发挥怎样的作用。这主要包括中国政府治理是否有国际影响，其边界在哪里？中国参与全球治理的重点领域以及全球治理的中国智慧何在？中国参与全球治理的主要载体与制度框架是什么？此外，这部分还将以"一带一路"倡议为案例，阐述中国政府治理理念的国际影响。

本书采取的研究方法主要是文献研究法、实证研究法、比较研究法。所谓文献研究法，是基于大量国内外文献，在文献研究的基础上归纳所要研究的问题，这主要体现在本书的第一板块；第二板块中国政府治理对于转型和发展的作用机制部分，主要基于理论和数据研究的方法，从理论和

实证两个维度探讨政府治理作用于转型与发展的机制;比较研究法主要体现在本书的第三和第四板块,即通过历史和现实的比较、国内外的比较,归纳理清中国政府治理能力和治理体系发展的基本方向和路径,以及"中国经济奇迹"中政府治理作用对全球治理的影响。

1.4 主要观点

通过研究,我们获得的基本观点大致有:

(1)在过去的40多年中,中国的政府治理水平无论是从数量还是从质量维度来看都发生了翻天覆地的改变,这一改变是理解"中国经济奇迹"的关键内核所在。如果没有中国政府治理水平的提升和变化,就不会有"中国经济奇迹",当然恐怕也难以看到各种各样制度、政策的出台,各种改革举措的付诸实施,而所谓造就了学术界所说的"中国经济奇迹"之各种因素的作用就可能荡然无存。

(2)改革开放以来中国政府治理水平的提高是改革开放前28年的艰难探索和实践累积起来的,也是改革开放后40多年中国政府审时度势、主动变革的结果。其中,前28年从外部简单借鉴、学习和照搬的政府治理模式属于一种治理经验的积累,而后40多年中国政府治理模式开始内外部结合、不断摸索与创新,并且日益体现出中国政府治理的特色。如果说从中国政府治理的成熟度看,前28年属于经验累积和学习的阶段,政府治理处于相对不成熟阶段,那么后40多年的政府治理则日益走向成熟和自信。

(3)中国政府治理水平的提升,包含数量、质量、结构、空间四个层面的主要内容。在本书中,我们称之为有机构成要素。我们认为,在不同层面其表现有所不同,而这些构成要素之间又存在着很大的关联,它们通过政治、经济、社会等维度,通过党的重要决定、全国人民代表大会、中国人民政治协商会议、五年计划、人事任免、扶贫、反腐败等多种途径与转型和发展产生关联。

(4)中国政府治理水平的提升是在对国内外经济、社会、自然、政治与军事冲击和挑战的成功应对中不断成长和发展的。或者简单地说,在政

中国经济奇迹：政府治理的作用

府治理思维和模式转变之后，政府管理社会过程中所碰到的各种困难全然变成了机遇，而其中积累和摸索的经验或教训，则成了政府再学习、再提高与治理现代化的动力。这样，政府就成了我们所说的中国社会中最具有学习力的学习型组织。

（5）未来中国政府治理能力和治理体系的发展方向是国际化、市场化和法治化。之所以是国际化，是因为我们的政府治理能力与国际上先进国家的政府治理能力在某些方面还存在着一定差距，因此，我们应该以开放的心态、创新的姿态、务实的举措，推动中国政府治理能力和治理体系的国际化。之所以是市场化，是因为市场化能赋予经济体以更大的激励与活力，只有在经济体有激励和潜力发展的情况下，政府才能推进任何改革。之所以是法治化，是因为如果市场经济没有法治化，政府和市场的边界就难以分清，经济体之间、个体之间的经济活动就难以协调，中国就会步入几千年的循环之中，难以顺利升级、提升与迭代。有了国际化、市场化和法治化，中国的政府治理体系和能力才能更进一步的提升，只有这样，"中国经济奇迹"才能转化为中国经济长期繁荣、富强与可持续发展的蓬勃动力。

（6）"中国经济奇迹"进程中所积累的中国政府治理经验，对于广大发展中国家和"一带一路"国家或者地区有着较大的借鉴和启示作用，对全球治理中的经济治理、发展治理、国际治理等方面也具有一定的借鉴作用。当前的中国急需在这方面总结经验和教训，尽快将这种软实力理论化，并充分发挥这种软实力的作用，使之成为推动人类命运共同体构建的中国智慧、中国经验与中国案例。

（7）本书认为，发展治理仍是中国参与全球治理的重点领域，人类命运共同体是全球治理之中国智慧的集中体现，中国参与全球治理的重要制度载体主要有亚洲基础设施投资银行、金砖国家新开发银行（以下简称"金砖银行"）、丝路基金、上海合作组织等。今后中国仍需要研究其他形式的参与全球治理的制度载体。"一带一路"倡议是生动诠释中国影响全球治理的绝佳案例，也是中国政府治理从中国走向世界的重要平台。

1.5 创新与不足

本书的创新之处，主要体现在以下几个方面：

（1）"中国经济奇迹"中政府治理作用的重要性远未受到重视。本书主要从政府治理角度解读"中国经济奇迹"发生的真实原因，从这个视角解读"中国经济奇迹"，身处中国国内的"内部人"比身处国外的"外部人"有更多的比较优势。

（2）从研究内容看，本书着重讨论改革开放以来政府治理的有机构成要素及其与转型和发展的关联机制，它怎样应对国内外的冲击，它未来现代化的方向与路径，它的国际影响范围与边界，中国参与全球治理的最佳形式和路径，全球治理中的中国智慧贡献等。这些研究内容在其他著作中几乎难以发现，或者即使有部分涉及，但不能如此全面且系统。

（3）研究视角的创新，主要体现在我们并不是就事论事进行研究，而是将历史、现实和未来视角联系贯通。我们讨论这一问题在改革开放前和改革开放后的表现，尤其是讨论自2014年全面深化改革开始后中国政府治理的表现，并在此基础上，试图归纳"中国经济奇迹"进程中政府治理作用的过去、现在与未来，探讨这种政府治理国际化、市场化与法治化的可能表现与现代化的路径。

本书的不足之处是，目前国内这种课题推动式的研究，往往难以让人在一项课题研究中不顾时间与成本地深挖细研、精雕细琢。读者暂且可将此项研究当作一件有缺陷的"工艺品"，让它成为促进学术界思考与深化的起点。

第二章 我们到底站在哪里？

要清楚讨论"中国经济奇迹"中的政府治理作用，就不得不提起中国经济学界过去这些年一些重要的经济学家，也难以回避中国经济学界这些年那些一再被提及的辩题。

2.1 中国经济学界那些不得不提的经济学家

（一）"吴市场"与"厉股份"

1."吴市场"——坚定的市场经济的支持者

"吴市场"的大名，海内外无人不知。简单地说，吴敬琏就是因为多年以来坚持认为中国应该坚定地走市场化改革道路而得此美名。其实，如果简单教条地按照政府在经济发展进程中的作用来划分的话，他似乎并不应该被归纳到这里来讨论，然而从吴敬琏多年以来有关政府作用的直接或者间接论述看，在谈到这一问题时我们不能不提起他。

比如，《从"吴市场"到"吴法治"》一文清晰地展示出他本人有关经济发展进程中政府作用的相关观点。他详细地说明了他亲身体验的中国从计划经济到市场经济的转变过程及其中所隐含的艰难思想和体制转变过程。计划经济时代，政府包办一切；而到20世纪70年代末80年代初，经济学界开始思考经济体制的中心问题到底是企业经营管理权问题，还是主张发展商品经济、"充分发挥市场调节的作用"的问题；[①]随后，中共十二

---

① 吴敬琏、马国川：《从"吴市场"到"吴法治"》，载《书摘》2008年第12期。

第二章 我们到底站在哪里？

大提出计划经济为主、市场调节为辅的方针；中共十四大明确建立社会主义市场经济体制；中共十五大提出要发展多种所有制形式以及对国有经济进行战略布局调整，并发展非公有制经济。在讨论这些改革和体制转变的过程中，吴敬琏反复论证了限制政府对经济资源的配置权力和消除对微观经济活动的过度干预以及与此相关的政治体制改革、建设社会主义法治国家的重要性。同时，在体制改革推动的过程中，在每一次经济学界有关道路选择的艰难时刻，他总是坚定地支持市场化改革道路，认为政治体制改革的滞后、改革的不彻底是导致腐败、寻租、贫富分化以及诸多经济和社会问题的根本原因，他反对某些人坚持的造成改革中诸多问题的原因是市场化改革本身这样的说法。

很显然，在吴敬琏的心目中，应该建立法治、民主社会和市场经济，让政府成为规范的、受限制的服务型政府，履行法律赋予它的各种有效职能，保证市场经济的健康平稳发展，并为社会保驾护航。当然，要实现这样的目标，毫无疑问，必须坚定地推进政治体制改革，推进民主和法治，包括领导体制和国有企业体制、民营经济体制、财税体制、金融体制等各项改革。

同样，在《改革：我们正在过大关》一书中，吴敬琏先生对市场化改革的期盼表现得更加直接。在谈到何谓社会主义经济时，他的回答是"市场经济和社会公正"。很显然，在他看来，仅有市场经济并不构成社会主义经济，还必须有社会公正，这正是社会主义经济区别于资本主义经济最重要的地方。在这本书中，他指出：目前的中国正处于向市场经济转变的关键时刻。世界贸易组织（以下简称WTO）并不是要不要加入的问题，而是必须加入的问题。对市场化经济体来说，WTO就像人们日常生活中的水电那样是一种必需品。中国加入WTO一方面可以倒逼我们进一步向市场化改革；另一方面，加入WTO，我们就可以光明正大地向世界上先进的市场经济国家学习。在该书的一篇名为《从国企改革到国有经济战略改组》的文章中，他指出，过去的国企改革是承包经营与企业体制改革，现在的改革重点是要对国有经济进行战略重组。战略重组并不是让国有经济占据主导或者绝对地位。他认为，我们过去最大的误解是，简单地将苏联时期撰

中国经济奇迹：政府治理的作用

写的《政治经济学教科书》中的国家所有制和由国家机关组织实施的计划经济作为社会主义最基本的经济特征，把国家所有制看作整个社会主义制度的基础。他认为，基于邓小平同志有关社会主义本质就是共同富裕的认识，我们所谓的对国有经济进行战略重组的目的，就是让国有经济变得更具竞争力，这样，才符合邓小平同志所说的社会主义本质的内涵，只有这样，中国的国有经济才能真正立于不败之地。①

过去几十年来，吴敬琏之所以备受国内外经济学界、政府、企业和社会各界人士的尊敬，一个主要的原因就是，他始终能够站在国家的角度，以一个学者的情怀，一贯大胆、一贯坚持自己认为正确的改革道路，并不遗余力地推动它、宣传它。

2."厉股份"——坚定的国有企业股份制改革支持者

说起"吴市场"就不得不提到"厉股份"，这不仅是因为后者更加强调政府在经济发展进程中的作用，还因为他们两人之间的观点与论争，每时每刻都在提醒着人们：在中国，政府与市场对于健康的经济发展而言，不是有你无我的关系，而是二者始终缺一不可。"厉股份"指的就是厉以宁，业界甚至有不少人只知道所谓的"厉股份"，而忘记了他的真名。厉以宁出版了50多本著作，发表了几百篇论文，曾经提出非均衡论、二次调节论等，对中国的经济发展影响巨大。但为什么他被称为"厉股份"而不是任何其他的称呼？他的大弟子朱善利清楚地回答了这个问题——难道能叫他"厉非均衡"，还是"厉二次调节"？这多拗口呀。很显然，"厉股份"是一个大众话语。"厉先生的非均衡论、二次调节论等学说，其直接的影响力或者作用力都在政府领导层或者相关机构，而唯有股份制理论与中国千千万万个企业，与数以亿计民众的民生息息相关。"②因此，"厉股份""不是学术界的任命，不是领导人的钦定，而是中国民间的赠予，是集民间百草纺织成的一顶荆冠"③。

---

① 吴敬琏：《改革：我们正在过大关》，生活·读书·新知三联书店2001年版，第10—11页。
② 李俊兰：《解读"厉股份"》，载《公民导刊》1999年第10期。
③ 同上。

第二章　我们到底站在哪里？

其实，厉以宁被称为"厉股份"的原因在于，中国改革开放之初，他就提出了用股份制改造中国经济的构想。他认为，可以使用股份制改造中国的国有、集体乃至乡镇企业以及那些所有权不太明晰的企业。按照厉以宁的说法，1980年，他提出股份制的目的仅仅是解决知识青年返城以及就业问题。尽管他的这一主张遭受过挫折，但最终还是得到了国家相关部门的认可，并成为推动国有企业改革的重要路径之一。股份制相对于承包制的优点是，产权比较明晰。这样，国有企业的公司化就容易形成，在此基础上，价格就会成为当事人之间转让所有权的交易条件。从1980年厉以宁第一次提出股份制，到1997年中共十五大正式承认股份制，用了近20年时间。

与吴敬琏完全一样，虽然厉以宁也没有明确阐述中国经济发展进程中政府应该如何作为，但他却身体力行地参与了中国国有企业改革的全部过程，并最终对中国国有企业的改革产生了重要影响。厉以宁认为，只要产权弄清晰了，国有企业的权责就会明确，政企不分的现象就会越来越少，而所谓的国有企业改革就会逐步走向市场经济的正轨。如果说国有企业和城乡二元体制是计划经济的两大支柱的话，那么很显然，厉以宁认为中国经济的未来，还是要继续深化国有企业改革，比如，可以进行混合所有制改革，进一步推进城乡二元体制改革。这些都应该是未来中国政府所要继续努力的方向。①

在《中国经济的双重转型之路》一书中，厉以宁提出，中国过去三十年的改革开放过程其实就是一个所谓的双重转型之路：一是从经济体制看，由计划经济体制转向市场经济体制；二是从社会转型的角度看，中国正在由所谓的农业社会转向工业社会。②如今，中国的改革开放已经走过了40多年，站在这一新的起点看，厉以宁当年的这一判断，毫无疑问仍然是相对准确且深刻的。

2018年12月18日，厉以宁被中共中央授予"改革先锋"奖章，称他是

---

① 厉以宁、马国川：《股份制是过去三十年中最成功的改革之一（下）——厉以宁谈股份制》，载《读书》2008年第6期。
② 厉以宁：《中国经济的双重转型之路》，中国人民大学出版社2013年版，第1—11页。

中国经济奇迹：政府治理的作用

"经济体制改革的积极倡导者"。这个称号，正是对他做出贡献的高度肯定。虽然学术界这个所谓的"厉股份"的所指看上去有点狭隘，但正像他的大弟子所说，这一称呼乃是集民间百草而编织的一顶"荆冠"，虽然粗糙，但那是人民给予的称号，庄重且珍贵。

（二）林毅夫、杨小凯与张维迎

林毅夫、杨小凯与张维迎是笔者在讨论"中国经济奇迹"中的政府治理作用时首先想到的三位经济学家。他们三人都有海外学习的经历。林毅夫1952年出生，1982—1986年就读于新自由主义经济学的大本营——美国芝加哥大学经济学系，他的博士导师是1979年诺贝尔经济学奖获得者西奥多·舒尔茨；杨小凯1948年出生，1983—1988年在美国普林斯顿大学经济系学习，获得博士学位；张维迎1959年出生，1994年在英国牛津大学获得博士学位。同时，三个人也都拥有在国内学习和工作的经历。林毅夫在攻读博士学位之前，曾经在北京大学攻读硕士学位，1987年后大多数时间都在国内工作。杨小凯在攻读博士学位前，曾先后在湖南大学、中国社会科学院以及武汉大学学习或工作。张维迎1984年获得经济学硕士学位后，曾在国家经济体制改革委员会中国经济体制改革研究所工作多年。应该说，这三位学者对"中国经济奇迹"都有着相当深入的研究。三个人的学术观点大体上可分为截然不同的两个派别：林毅夫作为一派，他是政府有效作用的坚定支持者；而杨小凯和张维迎作为另一派，则是市场自由主义的坚定维护者。

1. 政府有效作用的坚定支持者林毅夫

政府有效作用坚定支持者这个名声对于林毅夫而言绝不虚传。他与蔡昉、李周早期合作撰写的《中国的奇迹：发展战略与经济改革》一书对经济发展中政府作用的强调并不十分让人瞩目。书中有关"政府在经济发展中的作用"一节置于"比较优势战略"这一章目之下。

从内容来看，该书反复强调政府的作用是在国家实行比较优势战略下，维护市场的竞争性与规则性，如建立市场规则和实施反垄断法、采取

第二章 我们到底站在哪里？

独立的货币政策和财政政策、建设和投资具有某种外部性的产业以及需要大规模初始投资及较长建设周期的项目等。[①]该书虽然并不完全赞同政府干预学派有关日本和亚洲"四小龙"成功经验的全部论述，但还是认为经济发展进程中的政府干预是必要的、有效的，只不过政府干预的边界要符合一国的比较优势，也就是所谓的"获取信息提供中的规模经济以及对创新活动中的外部性提供补贴"等方面。[②]该书认为，成功的产业政策应该具备两个条件：一个是政府的产业政策目标是近期的比较优势；另一个是政府的干预目标是顺应市场的而不是扭曲市场的。

类似的是，林毅夫在后来出版的《新结构经济学：反思经济发展与政策的理论框架》一书中，再次强调了自己所创建的新结构经济学与旧结构经济学之间的差异——两者的理论基础都是发展中国家和发达国家之间的经济结构差异，但就政府干预的目标和方式而言，新旧结构经济学之间仍存在着深刻的差异。在作者看来，旧结构经济学倡导的经济政策违背比较优势，建议国家通过直接的行政手段和价格扭曲来优先发展先进的资本密集型产业，而新结构经济学则强调市场在资源配置中的核心作用，认为政府应该在解决外部性和协调问题上发挥作用，[③]通过孵化和鼓励外商直接投资来培育新产业，以帮助企业进行产业升级。

值得注意的是，我们之所以说林毅夫是政府有效作用的坚定支持者，而没有说他是政府作用的有力支持者，原因就在于这二者虽然都支持政府在经济发展中的作用，但程度上却存在着较大差异。从以上林毅夫的观点看，他支持政府有效发挥作用，但不支持政府无效发挥作用，这从他有关计划经济时期，政府违背中国比较优势发展资本密集型工业，从而导致资源配置缺乏效率，经济体出现很多失灵和扭曲的诸多论述中可以清楚地了解。用他本人的话来说，批评者说他是政府作用的有力支持者，恐怕是对他观点的一种误读。对于这一点，可以从他有关新旧结构经济学差别的论

[①] 林毅夫、蔡昉、李周：《中国的奇迹：发展战略与经济改革》，上海三联书店、上海人民出版社1994年版，第118—119页。
[②] 同上书，第122页。
[③] 林毅夫：《新结构经济学——反思经济发展与政策的理论框架》，苏剑译，北京大学出版社2012年版，第26—28页。

述中进行了解。

2. 作为市场自由主义坚定维护者的杨小凯

说到林毅夫,就不得不同时提到杨小凯。因为杨小凯的学术观点鲜明,并且常常和林毅夫针锋相对。比如,在著名的《经济改革和宪政转轨》一文中,萨克斯、胡永泰和杨小凯旗帜鲜明地指出,俄罗斯和中国不同的转轨模式各有利弊。在他们看来,中国的双轨制转型是在政治集权的条件下推行的经济转轨,它的短期好处是不会招致既得利益的极力反对,但其长期代价是经济转轨往往被国家机会主义所挟持;[1]中国在不进行宪政转型条件下所进行的经济转轨被很多人认为存在着后发优势,可在萨克斯、胡永泰和杨小凯眼中,这却是所谓的后发劣势,因为后发国家模仿发达国家的技术和管理很容易,但要模仿发达国家的制度却比较难,并且这种短期的好处还会强化国家机会主义,给国家经济的长期增长与发展留下很多隐患。

这篇文章于林毅夫所在的北京大学中国经济研究中心主办的《经济学(季刊)》发表以后,林毅夫随即对该文作出了回应。林毅夫指出,渐进改革的好处当然大于"休克疗法";发展中国家模仿发达国家的先进技术和管理,当然属于后发优势。同时,他主张并不是实行宪政转轨的国家才有好的经济发展,宪政转轨并不是经济发展的必要和充分条件。他认为,只有在遵循比较优势的原理下,采取恰当的发展战略,才是中国渐进转型成功的关键。

紧接着,杨小凯对林毅夫的文章作出了严厉的回应。他认为,独立学者应该研究渐进改革的好处,更应该研究渐进改革的坏处。他还认为,用资源和投资解释一国的经济增长缺乏经济证据的支持。因为世界历史的经验表明,各国的贸易模式大约只有50%与它们的比较优势相一致。[2]经济

---

[1] 〔美〕Jeffrey Sachs、胡永泰、杨小凯:《经济改革和宪政转轨》,载《经济学(季刊)》2003年第3期。

[2] D. Trefler, International Factor Price Differences: Leontief was Right!, *Journal of Political Economy*, Vol.101,1993. D. Trefler, Trade Liberalization and the Theory of Endogenous Protection: An Econometric Study of U.S. Import Policy, *Journal of Political Economy*, Vol.101,1993.

第二章 我们到底站在哪里？

发展的关键是所谓的劳动分工的演进，而这一演进是由经济体中的交易效率条件所决定的，在其中，宪政制度是减少国家机会主义所造成的内生交易费用的关键。①因此，杨小凯极力支持市场自由，认为市场是推动劳动分工的必要条件，但市场和劳动分工是否能够得以发生更主要取决于经济体的交易效率水平。其中，交易效率硬条件与各类基础设施、技术条件等有关，而交易效率软条件则与一国的政治、法治程度、诚信等有关。因此，宪政就是降低制度内生交易费用的关键。简言之，市场和宪政乃是劳动分工演进的必要条件，劳动分工演进则会推动经济发展向着更高的阶段演进。

之所以将杨小凯当作市场自由主义的坚定维护者，主要原因就是杨小凯所处的年代以及个人的遭遇，让他亲身体会了强大、随意的政府与长官意志给国家、社会以及个人造成了很多负面影响。尽管如此，杨小凯对学术的执着，特别是他对市场经济作用的支持，对政治过程以及政府作用的谨慎态度，还是为转型进程中的中国经济学界提供了很大的智力支持，也使得我们在转型进程中能够时刻谨记他所谓的警示和劝告，而不至于忘乎所以，酿成发展进程中的大错。

3. 作为产业政策坚定反对者的张维迎

与林毅夫对经济发展中产业政策较大的支持完全不同，张维迎反对各种类型、各种形式的产业政策。他的理由其实非常清楚：第一，由于人类认知的限制，人类历史上的创新和新产业没有一个是可预见的结果，而往往是不断探索、不断试验，甚至是无意之间找到的结果。因此，任何产业政策所赖以建立的前提假设——技术进步和新产业是可以预见的——就变成了一个错误的假设。在此基础上，他认为，所有的产业政策都注定会失败。②第二，产业政策必然会导致激励机制的扭曲，促使企业出现机会主义行为并导致资源错配，因而产业政策最终必然失败。因为任何形式的产业政策，都是针对产业、企业在市场准入、税收和补贴、融资、信贷、土

---

① 杨小凯：《经济改革和宪政转轨：回应》，载《经济学（季刊）》2003年第3期。
② 张维迎：《产业政策是与非》，载《商业观察》2016年第11期。

中国经济奇迹：政府治理的作用

地优惠、进出口许可等方面的差别对待，这样的话，所谓的产业政策就必然会创造出一定的权力租金，并可能导致企业家和政府官员利用权力的寻租行为。从实际效果看，无论是产业政策的制定过程，还是产业政策的执行过程，都充满了肮脏的寻租活动。①

不仅如此，张维迎还从微观经济学中市场失灵和企业家问题的角度论述了产业政策背后存在的经济学谬误。他解释说，新古典经济学假定完全竞争，并在此基础上推出只要存在外部性、垄断和信息不对称，就会存在市场失灵，因而也就需要政府干预。但外部性并不是政府干预市场的理由，因为它处处存在，政府干预市场的理由应该是基于权利、产权是否损害公共利益；同样，信息不对称恰恰是市场存在的原因，信息不对称并不会导致市场失灵，反而会使得市场有更大的用武之地；垄断如果和负外部性放在一起，就会导致对社会最优的产量水平的出现，但新古典经济学对此却是分开处理的。②

在谈到企业家问题时，张维迎认为，传统经济学理论当中根本就没有企业家的位置，经济学所讲的企业决策不是一个真正企业家的决策，而是给定成本—收益的最优化问题的结果，这与企业家基于给定数据、给定资源但决策结果却完全不一样的现实是背离的；还有，新古典经济学把不均衡当作协调失灵，但正因为市场不均衡，企业家才有了用武之地。可以说企业家协调市场的能力堪称奇迹。企业家还有第二个功能，就是创新。创新对企业而言是生死问题，不是新古典边际决策所能解决的问题。③

最后，张维迎还探讨了林毅夫基于要素禀赋与比较优势的国家干预理论的错误所在。他指出，比较优势理论认为自由贸易会使得贸易双方受益。当年，李嘉图用所谓的比较优势理论来批评英国当时所奉行的重商主义贸易保护政策，但林毅夫所谓的产业政策则用李嘉图的自由贸易理论来证明李斯特国家主义的必要性，很显然，这在逻辑上是相互矛盾的。此外，要素禀赋和比较优势往往是个人的事情，而不是国家的事情，这些问

---

① 张维迎：《产业政策是与非》，载《商业观察》2016年第11期。
② 张维迎：《产业政策争论背后的经济学问题》，载《学术界》2017年第2期。
③ 同上。

第二章 我们到底站在哪里？

题企业家完全可以解决，[1]所以根本不用政府着急。

其实，除了以上几位经常阐述经济发展进程中政府作用的中国经济学家外，还有很多国内外的经济学家也常常探讨经济发展进程中的政府作用，只不过这些学者没有以上几位如此执着，观点也没有如此鲜明。

2.2 中国经济学界那些不得不提的常青辩题

在讨论中国经济学界有关政府作用的理论认识时，还需要提及如下这些常青辩题。

（一）计划与市场

计划与市场是改革开放最初时学术界、政府、社会上最常提到的一对辩题。前者反映了计划经济或者计划在经济发展进程中扮演的角色到底为主还是为辅的问题，后者则讨论了市场经济或者市场在经济发展进程中的作用问题。尽管最开始人们提到这一对辩题时往往指的是计划和市场到底在经济发展进程中扮演什么样角色的问题，但随着中国经济改革的不断推进，到了1992年中共十四大确立了社会主义市场经济体制改革的目标之后，人们再提到计划和市场时，往往就是指的计划经济和市场经济的问题。邓小平1992年初在南方谈话时明确提到："改革开放迈不开步子，不敢闯，说来说去就是怕资本主义的东西多了，走了资本主义道路。要害是姓'资'还是姓'社'的问题，判断的标准，应该主要看是否有利于发展社会主义社会的生产力，是否有利于增强社会主义国家的综合国力，是否有利于提高人民的生活水平。"[2]"计划经济不等于社会主义，资本主义也有计划；市场经济不等于资本主义，社会主义也有市场。计划和市场都是经济手段，社会主义的本质，是解放生产力，发展生产力，消灭剥削，消除两极分化，最终达到共同富裕。"[3]

---

[1] 张维迎：《经济学原理》，西北大学出版社2015年版，第259—350页。
[2] 《邓小平文选》（第3卷），人民出版社1993年版，第372页。
[3] 同上书，第373页。

中国经济奇迹：政府治理的作用

其实，从中国改革最开始时的计划多一点还是市场多一点，到认可和确立社会主义市场经济，再到市场在资源配置中起基础性作用，进而到市场在资源配置中起决定性作用，这个渐进的发展和认识深化的过程，就反映了中国经济改革的渐进和摸索过程。在摸索前进的过程中，始终隐含着到底政府应发挥主要作用还是市场应该发挥更多作用的思想、意识形态乃至利益斗争。到了今天，虽然人们不再提及计划还是市场的问题，但当年所谓计划还是市场的问题依然存在，不过是问题的形式发生了变化——今天人们更多谈论的是政府还是市场，或者"国退民进"还是"国进民退"——而问题的实质却并没有发生太大的变化。

（二）国退民进与国进民退

"国退民进"，顾名思义，就是国有经济在经济体中的比重下降，而民营经济在经济体中的比重上升。反之，当国有经济在经济体中的比重增加，而民营经济在经济体中的比重下降时，人们就以"国进民退"对这一现象进行概括。

无论是"国退民进"还是"国进民退"，都反映了国人传统思维中对国有经济与民营经济之间关系或者说政府与市场之间关系的那种非此即彼、此消彼长的某种担心与困惑。这种担心、困惑其实非常正常，它体现了中国经济渐进改革的一些特征：一方面，随着改革进程的推进，国有经济的比重在逐步下降，这应该是国内外市场经济国家的普遍发展轨迹；另一方面，在上层建筑层面，我们还未彻底摒弃计划经济时一些简单粗暴的行政干预做派。从另外一个角度看，中国的经济改革可能也不像成熟市场经济国家的改革那样，拥有清晰的改革边界和改革目标，相反，中国的经济改革在很大程度上是"摸着石头过河"的过程，因此，哪里水深该慢走，哪里水浅该快走，我们并没有太多的经验。因此，在改革的过程中，出现一定的反复甚至徘徊是完全可能的，这没有什么不正常。

不过值得注意的是，十八大以来，"国退民进""国进民退"的边界有向混合所有制方向发展的趋势。比如，《中共中央关于全面深化改革若干重大问题的决定》指出："国有资本、集体资本、非公有资本等交叉持股、相互融合的混合所有制经济，是基本经济制度的重要实现形式……允许更多国有经济和其他所有制经济发展成为混合所有制经济。国有资本投资项目允许非国有资本参股。允许混合所有制经济实行企业员工持股，形成资本所有者和劳动者利益共同体"。[1]党的十九大报告进一步确认了"深化国有企业改革，发展混合所有制经济"[2]的改革方向。混合所有制就是模糊国有与民营的界线，让二者向着交叉持股的方向发展。这意味着，只要产权是清晰的，那么，无论是民营参股国有，还是国有参股民营，都会在一定程度上促进双方效率的提升，无须像以往那样非此即彼。毫无疑问，这在认识上是一次深化，对经济改革来说，则是一次理论与实践的创新。

（三）政府与市场

近年来，我们有关政府在经济发展进程中作用的认识，已经越来越深入，即政府与市场各有各的强项和弱项，只不过，二者的作用场合完全不同。因此，最好的做法就是，让政府的归政府，让市场的归市场。换句话说，就是划清政府与市场的边界，让它们在各自适合的地方发挥作用。比如，党的十八大报告强调，要全面深化经济体制改革，指出"经济体制改革的核心问题是处理好政府和市场的关系，必须更加尊重市场规律，更好发挥政府作用"[3]。何谓更加尊重市场规律？就是让市场在资源配置中起决定性作用。何谓更好发挥政府作用？就是在适合政府发挥作用的地方，要让政府承担起其应担负的责任。比如，十八大报告在关于中国特色的行政管理体制改革问题上就提到，"要按照建立中国特色社会主义行政体制目标，深入推进政企分开、政资分开、政事分开、政社分开，建设职能科学、结构优化、廉洁高效、人民满意的服务型政府。深化行政审批制度改革，继续简政放权，推动政府职能向创造良好发展环境、提供优质公共服

---

[1] 《〈中共中央关于全面深化改革若干重大问题的决定〉辅导读本》，人民出版社2013年版，第8—9页。
[2] 《党的十九大报告辅导读本》，人民出版社2017年版，第33页。
[3] 胡锦涛：《坚定不移沿着中国特色社会主义道路前进 为全面建成小康社会而奋斗——在中国共产党第十八次全国代表大会上的报告》，人民出版社2012年版，第20页。

中国经济奇迹：政府治理的作用

务、维护社会公平正义转变"①。这清楚地说明了我们有关政府与市场关系的认识已经比之前清楚很多了。以前，我们的倾向似乎是多要市场，少要政府，但在经过40多年的改革实践后，我们终于认识到，两者一个都不能少，并且这两只"手"还要各自发挥各自的用途，既不能越俎代庖，也不能因噎废食。

（四）政府、市场与法治

从改革开放最初的计划与市场的讨论，到后来的政府与市场关系的讨论，再到近年来提出的政府、市场与法治关系的新认识，已经在很大程度上证明，随着改革开放不断推进，我们对政府、市场与法治关系的认识也在不断深化。

首先，三个概念的提出，就意味着政府、市场和法治乃是三个主体，分别要承担各自的责任，各自有各自的边界；其次，一个社会之所以被称为现代社会或者现代文明社会，就是因为它以法治来界定政府与市场的边界，以法治作为统领社会，协调利益、关系的主要手段。

政府、市场与法治关系的清楚确立，得益于十八届三中全会《关于全面深化改革若干重大问题的决定》以及十八届四中全会《关于全面推进依法治国若干重大问题的决定》的发布。十八届三中全会指出："建设法治中国，必须坚持依法治国、依法执政、依法行政共同推进，坚持法治国家、法治政府、法治社会一体建设。"②十八届四中全会进一步指出："全面推进依法治国，总目标是建设中国特色社会主义法治体系，建设社会主义法治国家。这就是，在中国共产党领导下，坚持中国特色社会主义制度，贯彻中国特色社会主义法治理论，形成完备的法律规范体系、高效的法治实施体系、严密的法治监督体系、有力的法治保障体系，形成完善的党内法规体系，坚持依法治国、依法执政、依法行政共同推进，坚持法

---

① 胡锦涛：《坚定不移沿着中国特色社会主义道路前进　为全面建成小康社会而奋斗——在中国共产党第十八次全国代表大会上的报告》，人民出版社2012年版，第28页。

② 《〈中共中央关于全面深化改革若干重大问题的决定〉辅导读本》，人民出版社2013年版，第30—31页。

第二章 我们到底站在哪里？

治国家、法治政府、法治社会一体建设，实现科学立法、严格执法、公正司法、全民守法，促进国家治理体系和治理能力现代化。"[①]

这些说法意味着，政府和市场的关系只有上升到法治层面，才可能真正制度化，也才能真正杜绝以往政府干预市场、压制市场甚至扰乱市场的乱象。这样，中国市场经济就会逐渐步入成熟市场经济的阶段，而不是相反。近年来，中国各大自贸区内所实行的权力清单、负面清单和责任清单，目的其实完全是一致的，那就是中国试图以法治界定政府权力，划清政府、市场之间的界线，让政府的归政府，让市场的归市场。这样，中国向完全市场经济的转型、从传统社会向现代社会的转型才能真正完成。

2.3 我们到底站在哪里？又将奔向何方？

笔者之所以要做上述形式的文献综述，主要原因是直接或间接提到"中国经济奇迹"中政府治理作用的文献实在太过庞杂。40多年的改革开放涉及经济、政治、文化、社会、法治、人民生活等方方面面的内容，即使就纯粹的经济改革看，当农村改革最初发生时，涉及的改革相关内容有农村土地家庭联产承包责任制、乡镇企业；当中国的改革推进到城市以后，又涉及外贸、金融、汇率、国有企业、民营经济、外汇监管、海关监管、财政税收等领域。因此，进行一个类似于往常的文献综述，将几乎涉及改革开放40多年的每一领域。这样做似乎不太可能。相反，进行一个现在这种形式的文献综述，并以中国经济学界那些不得不提及的经济学家和过去40多年经济学界不得不提及的常青辩题作为"红线"，反而能较好地梳理出中国经济发展进程中政府治理作用的有关主线以及重要文献。

然而，即便已经进行了一个比较有趣、也很有效的有关政府治理作用的文献综述，但随之而来的问题是：我们今天到底站在哪里？未来又将奔向何方？笔者将从以下几个方面对这一问题进行一个初步的回答。

[①] 《〈中共中央关于全面推进依法治国若干重大问题的决定〉辅导读本》，人民出版社2014年版，第10—20页。

中国经济奇迹：政府治理的作用

（一）中国正处在从经济大国向经济强国迈进的征程之中

无论外国、外界承认不承认、认可不认可，中国经济规模已经从1978年的世界排名一百多位，跃居至2019年的世界第二；如果按照PPP即购买力平价来计算的话，2017年中国的GDP已经成为世界第一。如果按照2018年的数据来计算，中国当年GDP排名仍然是世界第二。

如果说中国是经济大国，世界上绝大多数人都会承认，但如果说中国是经济强国，世界上绝大多数人肯定都会反对，甚至连我们自己也感觉还远未到这个时候。从各方面的数据看，事实也的确如此。

比如，按照人均GDP计算，2017年中国为8800多美元，而美国则接近60000美元；如果按照PPP来计算的话，2017年中国的人均GDP也只有美国的28%。从2018年的数字看，中国虽然又有了增长，但相对于美国人均GDP，只是稍微有所提升。因此，说中国目前就是经济强国，恐怕统计数字不答应。另外，如果我们再换一个角度看，2016年，我国的预期寿命为76.252岁，比1978年增加了10.395岁，不能不说这也是一个巨大的历史性进步；但这些数字与国际水平相比仍然有不小差距。比如，2016年，澳大利亚人均寿命为82岁，虽然该国经济发展速度并不快，但人均寿命却比较长。为什么那里人民的寿命比较长？无非是因为那里生活水平和生活质量都比较高。美国早在1978年人均预期寿命就达到73岁，到了2016年，美国的人均寿命已经达到81.2岁。[①]尽管改革开放以来我国的人均预期寿命增加了10岁左右，但我国人口的预期寿命与美国等发达国家相比，差距还是比较大的。

另外，从社会保障水平看，我国的社会保障水平与发达国家相比仍存在明显的差距。比如，早在2008年，美国家庭收入若低于2.2万美元，就可以去政府申请领取补助金。作为在美国访问的访问学者，也有资格去美国

---

① 世界银行数据库，https://data.worldbank.org/indicator/SP.DYN.LE00.FE.IN?locations=US&name_desc=true，2018年11月9日访问。

第二章 我们到底站在哪里？

政府领取一定的食品资助，包括每两周可以去指定的食品站领取牛奶、鸡蛋、大豆等。此外，除美国公民以外，在美国访问的女性研究者，如果怀孕也可以去美国医院接受免费的身体检查。[①]

从一个社会的创新能力看，过去二十年，我国的专利申请量虽然大幅度上升，但国家总体的创新水平距离发达国家还有很大的差距。表2.1为我国与其他主要国家2000年到2016年居民的专利申请量。

表2.1 2000—2016年主要国家居民专利申请量

单位：件

年份	中国	印度	以色列	日本	韩国	俄罗斯	美国
2000	25346	2206	410	384201	72831	23377	164795
2001	30038	2379	691	382815	73714	24777	177513
2002	39806	2693	910	365204	76570	23712	184245
2003	56769	3425	1287	358184	90313	24969	188941
2004	65786	4014	2426	368416	105250	22985	189536
2005	93485	4721	4051	367960	122188	23644	207867
2006	122318	5686	5970	347060	125476	27884	221784
2007	153060	6296	10648	333498	128701	27505	241347
2008	194579	6425	15403	330110	127114	27712	231588
2009	229096	7262	12184	295315	127316	25598	224912
2010	293066	8853	11108	290081	131805	28722	241977
2011	415829	8841	11529	287580	138034	26495	247750
2012	535313	9553	10622	287013	148136	28701	268782
2013	704936	10669	11305	271731	159978	28765	287831
2014	801135	12040	13683	265959	164073	24072	285096
2015	968252	12579	—	258839	167275	29269	288335
2016	1204981	13199	14930	260244	163424	26795	295327

资料来源：https://data.worldbank.org/indicator/IP.PAT.RESD，2018年11月10日访问。

[①] 这是笔者2007—2008年在美国伊利诺伊州芝加哥大学访问时了解的情况，其他州的情况可能有所不同。

中国经济奇迹：政府治理的作用

从居民的专利申请总量看，2006年以前我国处于一个低的量级，每年居民专利申请量小于10万件；2006—2015年，每年居民专利申请量上升到第二个量级，每年申请量超过10万件，2015年已经跃升到96万件以上；2016年则上升到一个更高的量级，达到120万件。但早在2000年，日本居民的专利申请量就突破38万件。尽管日本居民的专利申请量呈现一定程度的下降，但2016年，日本居民的专利申请量仍然有26万余件。韩国虽然国民人数不多，国土面积也小，但2000年韩国居民的专利申请量超过7万件，2016年超过16万件。另外，与中国相比，美国的人口虽然不到中国人口的1/4，[①]但专利申请量在2000年就有16万件，2016年已经有29万件。以色列也值得注意，虽然其人口很少，但他们的专利申请量也不少。虽然俄罗斯在1990年后的经济增长率很低，但其居民专利申请量还是比较高的。如果我们将人口因素考虑进去，那么我国居民人均专利申请量其实远低于这些国家。

从非居民的专利申请量看（如图2.1所示），我国的水平也是比较低的。非居民专利申请量主要代表企业的创新水平。从这一点看，美国毫无疑问排名世界第一，远远高于世界其他国家和地区。排在第二梯队的主要是俄罗斯、墨西哥和韩国；日本属于第三梯队；印度、中国香港、德国和中国内地属于第四梯队；加拿大、巴西和澳大利亚则属于第五梯队。

---

① 2017年美国人口数为3.24亿，中国为13.8亿，美国人口数约为中国的23.5%。

第二章 我们到底站在哪里？

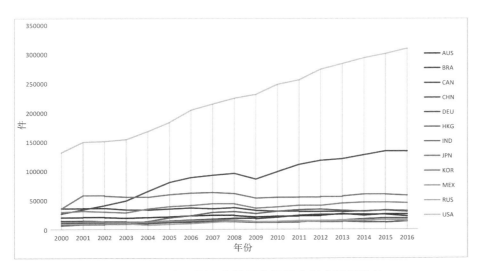

图2.1 世界主要国家和地区非居民专利申请量比较

注：CHN—中国；USA—美国；JPN—日本；CAN—加拿大；BRA—巴西；KOR—韩国；AUS—澳大利亚；DEU—德国；HKG—中国香港特别行政区；IND—印度；MEX—墨西哥；RUS—俄罗斯。

资料来源：世界银行数据库，https://data.worldbank.org/indicator/IP.PAT.NRES，2018年11月10日访问。

由此看来，我们仍然在从经济大国向经济强国迈进的征程之中。目前，我国与其他国家的差距还是比较大的，需要在人均收入、人均专利申请、科技、社会保障、医疗等多方面进行努力，才能真正成为经济强国。

（二）中国正处在政府治理能力和治理体系快速发展的进程之中

中国政府的治理能力和治理体系都处于快速国际化、本土化、市场化、法治化过程中。所谓国际化，就是中国政府正越来越多地借鉴国际上一些行之有效的政府治理举措，以此来推动中国政府治理体系和治理能力的进一步发展。比如，在市场准入方面，中国正在借鉴所谓的"负面清单"管理模式；在市场监管方面，正在推动"责任清单"的落实；在政府权力方面，正在国内的自贸区内试验"权力清单"的管理模式。所谓本土化，就是无论借鉴任何国家的管理措施、制度、政策，都必须能够解决

中国经济奇迹：政府治理的作用

中国的问题，适合中国的国情，而不能搞所谓的"本本主义"或者形式主义，或者迷信于经典理论，因为任何不服水土的制度最终都会无疾而终。所谓市场化，就是推动中国政府要了解中国的市场需求，了解国内外的发展动态，以简政放权、改善营商环境、提供高效的政府服务等措施更好地服务于企业和市场需求。所谓法治化，就是中国政府的管理举措、监管、服务都要做到有法可依、于法有据、依法行政、依法治理。

值得注意的是，这个过程主要是十八大之后全面开展的，与国外成熟市场经济的很多通行做法之间仍然存在着不小的差距，需要我们在今后的工作、学习和改革中进行试验、落实和部署。表2.2给出了主要国家申请建筑许可证所花费的成本占仓库建造价值的比重。从中可以看出我国与主要发达国家在这方面的差距，这意味着，我国在这方面还有很长的路要走。

表2.2　2014—2019年主要国家申请建筑许可证花费占仓库建造价值的比重

单位：%

国家	年份					
	2014	2015	2016	2017	2018	2019
澳大利亚	0.8	0.8	0.8	0.9	0.9	0.7
加拿大	1.1	1.1	1.1	1.2	1.9	1.8
中国	9.4	8.9	8.4	8.2	7.8	2.9
法国	5.4	4.9	4.7	3.0	3.0	3.0
德国	1.3	1.2	1.2	1.2	1.2	1.2
日本	0.5	0.6	0.6	0.5	0.5	0.5
韩国	4.3	4.3	4.3	4.3	4.4	4.4
俄罗斯	1.8	1.6	1.6	1.4	1.3	1.2
瑞典	2.4	2.4	2.2	2.1	2.0	2.0
英国	1.3	1.2	1.1	1.1	1.1	1.1
美国	1.1	1.0	0.9	0.9	0.9	0.8

资料来源：https://datacatalog.worldbank.org/dataset/doing-business，2018年11月10日访问。

第二章 我们到底站在哪里？

类似的是，我国在营商环境中实施合同所需的时间与其他主要国家也存在一定差距。如表2.3所示，2014年，主要国家执行合同的时间最短为俄罗斯，只要267天，最长为加拿大（570天），而我国也需要496.3天。到2019年，韩国耗时最短，只要290天。俄罗斯的时间有所增加，变为337天。日本实施合同的时间为360天。这些国家在这方面都超过了我国。尽管2019年中，我国的营商环境指数在国际上的排名一下子提升了30多名，但与其他主要国家之间的差距仍然比较大，需要我们继续努力。

表2.3 2014—2019年主要国家实施合同所需要的时间

单位：天

国家	年份					
	2014	2015	2016	2017	2018	2019
澳大利亚	402.0	402.0	402.0	402.0	402.0	402.0
加拿大	570.0	680.0	830.0	910.0	910.0	910.0
中国	496.3	496.3	496.3	496.3	496.3	496.3
法国	447.0	447.0	447.0	447.0	447.0	447.0
德国	394.0	459.0	479.0	499.0	499.0	499.0
日本	360.0	360.0	360.0	360.0	360.0	360.0
韩国	290.0	290.0	290.0	290.0	290.0	290.0
俄罗斯	267.0	307.0	307.0	337.0	337.0	337.0
瑞典	483.0	483.0	483.0	483.0	483.0	483.0
英国	437.0	437.0	437.0	437.0	437.0	437.0
美国	444.0	444.0	444.0	444.0	444.0	444.0

资料来源：https://databank.worldbank.org/source/doing-business，2018年11月10日访问。

（三）中国正处于从有梦到实现中华民族伟大复兴的中国梦的过程之中

其实只有拉长时间段，我们才能看出中国目前正处于从有梦到中华民族伟大复兴的中国梦的实现过程之中。何时中国人才有梦？1949年10月1日，中华人民共和国成立。应该说，这个时候中国人开始有了自己的梦

中国经济奇迹：政府治理的作用

想。在此之前，中国人不能算有梦，虽然每个人都有梦，但作为整体的中国人而言，并不存在一个统一的、宏伟的中国梦与国家梦。如果说有这样的梦想的话，恐怕也是不要战乱，能吃饱穿暖，不要再过受人欺负的日子。经过1949—1977年共28年的艰难探索，中国人发现依赖苏联式计划经济并不能实现中国发展、富强、人民生活幸福的目标。于是，从1978年开始，中国开始了波澜壮阔的40多年改革开放。改革开放40多年的经验是：开放是中国走向现代化的必由之路，但只开放而不搞改革，肯定是行不通的；任何经典的理论对中国都有用，因为它能提供给我们思考改革开放、建设现代化的方式、方法和途径，但任何经典的理论都不完全适用，因为只有适合中国国情，并能解决中国问题的才被证明是好的理论。

2012年，习近平总书记在参观"复兴之路"展览时，第一次阐释了"中国梦"的概念。他认为，实现中华民族的伟大复兴，就是中华民族近代以来最伟大的梦想。他进而阐释道，到中国共产党成立100年时，全面建成小康社会的目标一定能实现，到中华人民共和国成立100年时，建成富强、民主、文明、和谐的社会主义现代化国家的目标一定能实现，[①]中华民族伟大复兴的梦想一定能实现。2017年10月18日，习近平总书记在十九大报告中指出，实现中华民族伟大复兴是近代以来中华民族最伟大的梦想。按照这一说法，目前的中国正在从有梦到中华民族伟大复兴的中国梦的实现过程之中。因为中华民族从来没有像现在这样，距离这一梦想如此之近；自1840年以来也从来没有像今天这样，拥有了实现中国梦的强大经济、政治、社会等方方面面的基础；也从来没有一个像中国共产党这样坚强的领导核心，带领着全体中国人朝着这个目标奋勇前进。

---

① 《习近平总书记系列讲话之一：在参观〈复兴之路〉展览时的讲话》，http://www.mof.gov.cn/mofhome/liaoning/lanmudaohang/lianzhengjianshe/201408/t20140819_1128572.html，2019年2月13日访问。

第三章　中国计划治理的兴衰：经验与教训

3.1　计划治理与市场治理

谈起改革开放以来的"中国经济奇迹"，就不得不谈起中国计划经济时期的政府治理。如果没有这一时期的可贵探索，中国哪知道这条道路短期可行，而长期不可行？同样，如果没有这一时期中国政府计划治理之经验、教训的探索，中国政府、社会怎么可能在1978年后形成改革开放的一致认识？

计划治理（planning governance）是笔者定义的一个概念，就是指以中央计划作为管理社会、经济、政治等各项活动的主要治理模式。与这种治理相应的经济或者社会，我们可以称为计划经济或者计划经济社会。如果用一个更为一般化和通俗化的名字来概括，它可以被称为"中国特色的社会主义以前那种比较传统的社会主义"。与此相对应，有另外一个概念体系，那就是所谓的市场治理（market governance），指的是主要以市场作为管理经济、社会等各项活动的治理模式。与之相应的经济或者社会，我们便称为市场经济或者市场经济社会。

在定义了计划治理与市场治理两个完全对立的概念体系之后，我们便有必要来回答如下几个方面的重要问题：一是，计划治理为什么会在中国兴起？后来为什么又会走向衰落？二是，计划治理的经验和教训又是什么？因为若不理解中国计划治理的兴衰及其背后的政治经济学逻辑，我们怎么可能真切地理解市场治理的优点与缺点，又怎么能理解它对于中国经

中国经济奇迹：政府治理的作用

济长远发展的重大理论和现实意义呢？

3.2　计划治理为什么能在中国兴起？

计划治理之所以能在中国兴起，是政治经济等条件综合作用的产物。程连升认为，计划经济在中国的兴起并不是"基因突变"的结果，而是具有历史连续性、稳定性和逻辑性的自然产物。[①]具体而言，他认为，中国计划经济的产生和全面建立，主要具有以下方面的原因。

（一）计划经济已成为20世纪30年代以来中国学术界的共识

中国计划经济的产生和建立有其思想和文化渊源，最早可以追溯到中国国民党创始人孙中山先生的《实业计划》。比如，孙中山先生认为，"民生主义就强调：凡是关系国计民生的行业都要由政府来办，甚至包括土地国有。在系统阐述民生主义的《实业计划》中，孙中山把实施计划经济视为中国工业化的必由之路，将大力发展国营企业看作促进中国经济发展的支柱之一"[②]。类似的是，计划经济思潮早在20世纪30年代就已成为中国学术界的共识。比较典型的代表有经济学家吴半农，他认为，在当今的世界上，如果拘泥于自由市场经济理论，试图走私人资本主义发展的老路，无异于白日做梦。[③]毕业于哥伦比亚大学的经济学家马寅初也对统制经济深信不疑，他认为，"就现在之情形而论，苏俄之统制经济可谓大功告成"。除了经济学家外，地理学家翁文灏也认为，要加速工业化，就必须制定一套全面的、相互协调的经济计划。当时著名的社会学家饶荣春也认为，中国落后的经济环境，为计划经济提供了走向工业化道路的唯一希望。[④]著名的乡村建设运动的领袖人物梁漱溟也认为，中国必须在统制

---

① 程连升：《筚路蓝缕：计划经济在中国》，中共党史出版社2016年版，第25—37页。
② 同上。
③ 吴半农：《国营事业论》，中国文化服务社1943年版，第7页。
④ 饶荣春：《国民经济建设的原则问题》，载《前途杂志》1936年第3期。

经济的基础上才能促进工业化。①就连独立评论社的自由主义知识分子群体，也都倾心于苏联的计划经济体制。用当时人们的话来说，"现在一般的知识界正在兴高采烈地提倡什么计划经济、统制经济等"②，使"'统制经济'和'计划经济'等名词在国内刊物上成了很时髦的题目"③。

正如笔者在前文所述，中国文化的单一同质性容易使社会形成一种非常一致的声音。在当时的学术界，大家一致认为计划经济是一条康庄大道，而与此不同的声音就被消声或者屏蔽。从今天的眼光看，这对于一个社会的长远发展而言，恐怕并非一件好事。但历史的发展就是如此，如果不经历曲折，哪里才能见到彩虹？

（二）计划经济是20世纪20—30年代中国主要政党推崇的救国方案

除了当时学术界对计划经济一致认同外，计划经济也成了20世纪20—30年代中国主要政党推崇的救国方案。国民党方面，比如，1934年8月，国民党机关报《中央日报》就对苏联的计划经济大加赞赏，说"苏俄那被全球认为乌托邦式的五年计划，居然能在4年零3个月内，能在财政竭蹶、人才匮乏的环境下完成。全世界都被卷入经济恐慌的狂流中，而苏联独无失业问题"④。就连蒋介石本人也直接主张仿效苏联的计划经济，提出"中国经济建设之政策，应为计划经济，即政府根据国情与需要，将整个国家经济如生产、交易、分配、消耗诸方面制成彼此互相联系之精密计划，以为一切经济建设进行之方针"⑤。

---

① 赵晓雷：《中国工业化思想及发展战略研究》，上海财经大学出版社2010年版，第85页。
② 戴蔼庐：《关于中国现代化的几个问题》，载《申报月刊》第2卷第7号。
③ 张素民：《统制经济与计划经济》，载《复兴月刊》1933年第1卷第20期。
④ 转引自黄岭峻：《30—40年代中国思想界的"计划经济"思潮》，载《近代史研究》2000年第2期。
⑤ 周开庆主编：《经济问题资料汇编》，京华书局1967年版，第52页。

中国经济奇迹：政府治理的作用

共产党方面，作为创始人的李大钊，早在1921年就提出用社会主义"公营"的方法发展经济。他认为，欧美列强已经达到"壮年"阶段，而我国还处于"幼年"阶段。"要想存立，适应这共同生活，恐非取兼程并办社会公营的组织不能有成，非依社会主义的组织经营实业不可。"①20世纪30年代，作为中共领导人的毛泽东也指出，"在小农经济基础上面，对于某些重要农产做出相当的生产计划，动员农民为着这样的计划而努力，这是容许的，而且是必须的……工业的进行需要有适当的计划。在散漫的手工业基础上，全部的精密计划当然不可能。但是关于某些主要的事业，首先是国家经营和合作社经营的事业，相当精密的生产计划，却是完全必需的"②。

特别值得注意的是国共之外的其他小党派也就是常说的第三种政治力量有关计划经济的一致看法。③比如，创立于20世纪30年代的中国国家社会党，就主张全国经济必须被纳入一个"完整的国家计划之中"，"把原有自然的混合经济变为全盘计划的混合经济"，由国家垄断自然资源的开发，并直接经营矿业、发电、铁路等企业④。还有，中国国民党临时行动委员会也提出，"在集中国家资本和政府干预经济这两项基本原则"的基础上"建立国家资本"，"所有大型关键工业，尤其是具有垄断性的工业均由政府经营"。⑤革命青年同志会也赞同由国家控制全国经济的方案；⑥"主张与批评"派则要求通过扩展国营企业的办法由国家控制全国经济。⑦

不难看出，无论是当时执政的国民党，还是其他非执政的各党派，都对计划经济寄予厚望，主要原因在于，20世纪20—30年代，全社会都对中国当时的经济、社会发展、政府管理表现出极大的不满，全社会包括各党

---

① 《李大钊文集》（下），人民出版社1984年版，第454页。
② 《毛泽东文集》（第一卷），人民出版社1993年版，第131—133页。
③ 程连升：《筚路蓝缕：计划经济在中国》，中共党史出版社2016年版，第28—31页。
④ 中国第二历史档案馆编：《中华民国史档案资料汇编·第五辑·第一编·政治》（二），江苏古籍出版社1994年版，第935—937页。
⑤ 同上书，第848—858页。
⑥ 同上书，第997页。
⑦ 彭文英：《社会主义制度比较可通》，载《主张与批评》1932年第4期。

第三章　中国计划治理的兴衰：经验与教训

派都寄希望于计划经济或者统制经济，换句话说，通过强大的政府能力来改变现状。不过，值得注意的是，当时这种对计划或者统制经济的看法，可能并不一定是完全的计划经济，或者如果说是计划经济的话，不同人的看法可能存在着巨大差别。但是，就是这种多数意见，有时候也会成为推动事物走向极端的强大推动力，甚至可能最终出现当初推动的人所不愿意看到的结果。毕竟，苏联的计划经济是苏联的，是否适合中国"水土"还有待检验。

（三）国民政府对计划治理进行了最初的探索

在一般人眼里，1927—1948年的国民政府只推行了大地主和大资产阶级联合专制的军国主义统治。殊不知国民政府也在很大程度上模仿了苏联的计划经济，并进行了建立计划经济的初步探索。

比较典型的例子是，1928年初，国民政府就提出了十年内要"建设十万英里铁路"的宏伟交通建设计划。此后，无论是实业部部长孔祥熙还是孔祥熙的后任陈公博，都提出了相应的五年计划，大规模对电力、钢铁、化工、矿产开采、汽车制造等进行国家投资。后来，1933年9月成立的全国经济委员会的职责就明确为"有关国家经济建设或者发展计划之设计审定、经费核定、监督指导及其直接实施"[①]。蒋介石和宋子文分别任这个委员会的正、副委员长。此后，全国经济委员会、建设委员会、交通部、铁道部、农林部和其他政府部门，都纷纷提出了各种各样的经济发展计划。1937年全面抗战开始时，仅资源委员会正在筹建的厂矿就有24家，员工2000余人。到1945年，抗战结束时，资源委员会已有工厂企业98家，所属员工超过6万人。[②]

其实，国民政府时期的计划经济与改革开放前我国所推行的计划经济还是存在着较大区别的。原因在于，国民政府时期的计划经济其实是政府寄希望于制订相应的计划来快速干预经济，提升国民经济实力，以应对抗战和后期内战的需要。而中华人民共和国成立后所实行的计划经济则是全

[①] 转引自程连升：《筚路蓝缕：计划经济在中国》，中共党史出版社2016年版，第30页。
[②] 同上书，第31页。

面的计划经济,也就是通过在社会各领域推行彻底的计划经济,来集中当时有限的资源,主要用以资助和发展重化工业,目的是应对国外资本主义国家对新生政权的军事威胁。虽然二者的目的都是在较短的时期内,提高国家的经济和工业化水平,但二者的程度还是存在着较大区别的。从本质来看,前者更应该被称为军国主义下的强大计划,是一种发展经济的手段,而后者则被称为全面的计划经济,是一种经济体制。

(四)中华人民共和国成立后走上全面计划治理的原因

中华人民共和国成立以后,很快走上全面计划治理的道路,是当时时代条件下的被迫选择,而不是存在多种方案条件下的主动选择。

1. 当时严峻的国际环境迫使共和国选择了计划治理模式

1949年中华人民共和国成立,使得社会主义阵营增添了一个重要成员。这个成员国土面积广阔,人口众多,又紧挨着另外一个社会主义国家苏联,这就使得当时的美国等主要资本主义国家对这个新生的政权充满了敌意。一方面,美国拒不承认中华人民共和国的存在,继续维持与台湾"国民党政府"的"正常外交关系";另一方面,美国还对中国采取了多方面的政治、经济乃至军事封锁。比如,1949年,美国国家安全委员会拟定的《美国在亚洲问题上的立场》报告,明确指出应"尽力防止中共从苏联集团之外的地方得到直接用于军事方面的原料和装备"。此外,还规定"美国不应给共产党中国以官方的经济援助,也不应鼓励私人在共产党中国投资"。朝鲜战争爆发后,美国以帮助韩国为名,直接将战火延伸到朝鲜以及靠近中国边境的地区。在这种强大的军事威胁、意识形态蔑视、贸易封锁与禁运等背景下,中国别无选择,只能选择快速提升国力,快速强化重化工业基础以及发展可以自保的军事力量,于是,采取重化工业优先发展战略,采取党委领导的全面计划治理模式,就势在必行。

2. 与苏联的良好政治、经济关系也使得中国选择了计划治理模式

与美国对这个新生社会主义国家的敌视、封锁与贸易禁运不同的是,苏联对这个新生的社会主义国家表现出了同情、支持并给予了帮助。这种

第三章 中国计划治理的兴衰：经验与教训

帮助一方面是出于意识形态的考虑，因为这个国家是共产党执政的社会主义国家；另一方面从中国共产党一成立，苏联就与其保持密切联系，这也是历史事实。中华人民共和国成立之后，这一良好的政治、经济往来得以延续，采取的是类似的重工业优先发展战略，实行的是高度集权的计划治理模式，大量的投资被用于国防领域，这种与苏联十分类似的经历使得学习和借鉴苏联发展经验成为当时中国的唯一选择。

这一推理可以从毛泽东当时有关向苏联学习的说法中得到清楚的证明，"资本主义国家从发展轻工业开始，一般是花了五十年到一百年的时间才能实现工业化，而苏联采用了社会主义工业化的方针，从重工业建设开始，在十多年中就实现了国家的工业化。苏联过去所走的道路正是我们学习的榜样"[①]。很显然，中国当时之所以全面实行苏联式的计划经济，就是要在短期内实现强军强国，建立健全的重化与军工体系，这样才能应对美国等资本主义国家的敌视、禁运、封锁与围追堵截。

3. 强势政府的历史传统与当时的政治条件使得计划治理模式成为现实

仅仅具备以上两个条件，并不足以使中国走上计划治理模式。原因很简单，假定中国没有强势政府的历史传统，突然走上计划治理模式这条道路就会非常艰难。实行另外一个完全不同的治理模式往往需要诸多社会、政治和经济条件，也需要政府、领导集团内部和民众之间达成一致。此外，中国这个社会主义国家，与苏联等社会主义国家的情形一样，也是在落后的经济基础上建立起来的，并且同样是通过革命的方式建立的。这样，就使得政府拥有非常强大的权力和群众基础。

此外，中国也像当时的苏联一样，备受帝国主义的压迫之苦。甚至与苏联相比，中国受帝国主义的压迫更加深重。自1840年后，压迫就开始了。西方主要资本主义国家不仅来到中国进行殖民统治，而且统治的范围从南到北，从东到西，从沿海到内地，几乎遍布全国。帝国主义压迫的时间还非常长。香港就是一个明显的例子，香港自1842年开始逐渐被英国

---

① 中共中央文献研究室编：《建国以来重要文献选编》（第四册），中央文献出版社1993年版，第706—708页。

中国经济奇迹：政府治理的作用

霸占，到1997年才得以回归，历经了135年的屈辱。于是，强势政府的历史传统以及备受帝国主义压迫在长期内实行半殖民地半封建统治的政治条件，使得中华人民共和国成立后采取全面计划治理模式成为现实选择。

综合以上原因，可以发现，中国走上计划治理模式并非历史突变的结果，而是符合逻辑的发展。可以这样说，如果没有20世纪20—30年代学术界的共识、20世纪30年代主要政党的推崇、国民政府时期政府对计划经济的探索，还有中华人民共和国成立后以美国为首的帝国主义国家的封锁、贸易禁运以及中国强势政府的传统等条件，计划治理模式绝不可能成为现实。不过，值得注意的是，与过去相比，计划治理模式下的政府强势程度有过之而无不及。因为它拥有一套非常严格的计划管理体制，从组织、机构到人事安排，再到所有制结构、产业结构、财政、金融、贸易、汇率、物价等都系统地、严格地处于所谓的计划掌控之中。与计划相比，市场已经退居非常次要的地位。可以这样说，从政府对经济的干预这一角度看，计划治理模式代表了一个极端，即国家对整个经济、社会的全面干预与控制。

3.3 中国计划治理何以运行？

说起计划治理，亲身体验者恐怕能说出一大堆有关计划治理的历史故事。比如，一个人考大学这件事情完全是在计划之下进行的。考哪一所大学，考哪个专业都要按照计划报考；大学毕业，也要接受国家的工作分配。大学毕业之后申请结婚，也要经过单位同意，否则派出所不会出具相关证明。结婚生了孩子，没有户口就是黑户，孩子上幼儿园、小学都有学区规划。如此等等，任何一个环节，如果没有计划都行不通。但是，即使是亲身体验过计划治理的人也未必能窥见计划治理的全貌。只有借助多角度的观察，或者对较长历史时期的研究，也许才能看清楚计划治理运行的基本原理。由于计划治理在初期和中后期存在较大的差别，所以，笔者将分为两个阶段讨论计划治理何以运行。

第三章　中国计划治理的兴衰：经验与教训

（一）计划治理初期何以运行

1949年9月，在中央层面，中央人民政府政务院财政经济委员会宣告成立，这个机构就是领导全国财政经济工作的最高机构。当时的情形是，先由中央主管部及大行政区分别编制中央各部门的计划，然后由中央财政经济委员会对中央层面的计划进行汇编，形成全国的经济计划草案。在此之下，覆盖工业、农业、交通运输及邮电通信、基本建设、劳动、成本、零售商品周转、文化建设和保健及体育九个方面。但是，计划经济初期的全国计划迟迟难以出台。造成这一情况的原因可能有三个：一是中央各部门对如何编制计划缺乏经验。各部门的计划制订大多是粗略估计出来的。可以想象，各个部门的粗略估计，加起来肯定就是一个大的误差。二是计划的制订还需要详细的统计资料作为依据，而刚刚成立的国家缺乏此类资料。三是这个计划到底是从上到下制订，还是从下到上制订，通过不同的方式产生的结果肯定是不同的，但当时的政府并不能很好地抉择。由于计划的"难产"，1952年1月，中财委颁布了《国民经济计划编制暂行办法》，对经济计划的编制提出了相应的指导意见，即"自上而下颁发计划控制数字；自下而上逐级编制并呈报计划草案；自上而下逐级批准计划"[1]。这一意见，清楚地指出了到底怎样编制计划，这对于各部门掌握计划编制起到了重要的指导作用。

（二）计划治理中后期何以运行

为了更好地落实国民经济计划的编制，1952年，中央人民政府国家计划委员会正式成立，1953—1954年，全国各地计划委员会也相继成立。按照规定，中央人民政府所属国民经济部门和文教部门及两部门所属的各级计划机构的主要任务是"按照准确的统计资料和先进的技术经济定额，发掘潜力，正确地编制年度和长期的生产计划、基本建设计划、事业、财务及其他方面的定额计划；经常检查计划的执行情况，发现问题，及时向上级提出关于计划执行情况的报告和保证完成计划措施的建议"。各大行

---

[1] 转引自程连升：《筚路蓝缕：计划经济在中国》，中共党史出版社2016年版，第91页。

政区、各省市、省属市及县（旗）人民政府计划机关的主要任务是"按照中央颁发的控制数字，对本地区各经济、文化、教育部门编制的计划草案进行平衡计算，编制本地区国民经济的综合年度计划与长期计划"[①]。此后，计划治理的运行大体上是按照这个执行的。图3.1给出了这一时期计划治理得以运行的组织机构情况。

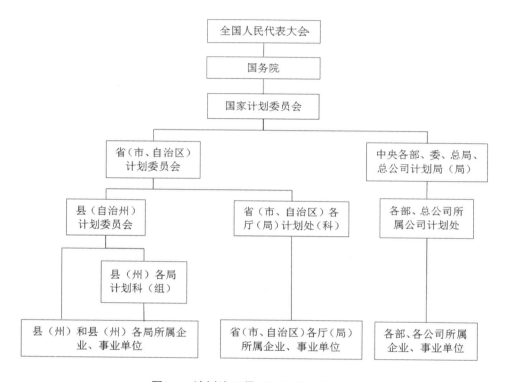

图3.1　计划治理得以运行的组织架构

资料来源：贾国雄：《中国计划经济体制的形成与变迁研究》，西南财经大学2010年博士论文。

从该图可以看出，计划治理得以运行的原因是，从中央到地方都有一个负责计划编制、执行、检查、反馈的专门机构，并且该机构权力很大，其他部门的计划、资源的配置等都要服从其配置。让人惊讶的是为什么计划委员会能拥有如此大的权力，使得它能够统筹各地其他各部门的业务运

---

① 转引自程连升：《筚路蓝缕：计划经济在中国》，中共党史出版社2016年版，第92—93页。

第三章 中国计划治理的兴衰：经验与教训

行。要解答这一问题，就必须讨论所谓的计划治理的所有制或者产权基础这一内容了。

（三）计划治理的产权基础

在计划经济体制形成之前，我国的经济成分是五种所有制并存的：国营经济、个体经济、私人资本主义经济、合作社经济和国家资本主义经济。[①]在中国计划经济形成的过程之中，实现从私有产权向公有或者国有产权的转变，构成了中国计划经济的产权基础。

在农村，我国历朝历代的情形是，土地是私人占有的，但土地的产权却往往是不完整的。换句话说，国家或者皇帝始终保持着处置农民土地的权力。中华人民共和国成立前的土地改革，使得地主和部分富农丧失了土地所有权，而那些无地的农民获得了土地。这次土地改革的结果是，广大的农民成了土地的主人，土地的农民私有权关系得以建立。但在后来的农业合作化运动中，农民自愿接受了土地产权的集体所有制改造并成为农业合作社的一分子。在农业合作社里，几乎一切生产资料都归集体所有，农民只保留部分小型农具的所有权。农业合作社通常被划分为若干个社或者队，其中农民们共同参加劳动，共同分享集体的劳动成果。农业合作化运动之后，原先的农民土地私有制已经转变为土地集体所有制。在这种土地集体所有制之下，农民就彻底成了公社、大队、小队的一分子。于是，接受公社、大队和小队的生产计划，按照计划进行生产和劳动就是天经地义的。

在城市，中华人民共和国成立初期，国家通过没收官僚资本，汉奸、反革命分子的资产，以及通过转让、征用等方式将外资企业收归国家经营，在金融、交通运输、电力、煤炭、钢铁及制造等有关国计民生的重要行业确立了国有经济的控制地位，同时通过统制外贸、打击市场投机，建立了强大的国营商业和外贸企业。[②]除此之外，剩余一些弱小的私营企业也在1956年的公私合营中被彻底改造为国家或者集体所有。这种公私合营

[①] 贾国雄：《中国计划经济体制的形成与变迁研究》，西南财经大学2010年博士论文。
[②] 同上。

并非采取武力掠夺的形式,而采取比较和平的"赎买"政策,之所以如此称呼,是因为采用这种方式国家没有付出太多的成本,而私有工商业也没有遭受多少破坏。[①]但毫无疑问,当时私人资本所有者并非完全自愿接受这种社会主义改造,而在很大程度上,是因为国家在1949年后对资本主义工商业采取了利用、限制与改造的政策;并通过1952年之后的社会主义改造,包括"三反""五反"运动实现的。其结果是,私人资本家不仅财产权利丧失,而且社会地位大大降低,生存空间受到大大压缩,最终只能退出历史舞台。

想象一下,如果没有农村合作化运动和城市工商业的社会主义改造,农村集体土地所有制和城市国有、集体所有制就不可能顺利建立,后来的计划经济恐怕也无法顺利建立和实施。

(四)计划治理的三大控制系统

除了各级政府要编制计划之外,还必须有一个强有力的控制系统才能保证计划治理的落实和运行。如果缺乏相应的控制系统,计划治理恐怕就会变成一句空话。这种控制系统在农村的表现就是人民公社制度,在城市的表现就是单位制度,除此之外,还有城乡二元户籍制度。[②]

人民公社到底是如何实现国家对农民的管理的?第一,人民公社的土地实行公有制,农民无权占有土地,只能在公有的土地上按照公社、大队、生产队的指示从事生产。第二,农民可以行使一定的管理职能,但必须经过行政任命,而非通过社员大会或者代表大会的选举。这样,管理的权力就会比较集中,行政手段就会代替其他手段成为公社管理的最主要手段。第三,生产活动一般是按照计划进行安排的,也是自给性的,很少发生市场交易,仅有的商品部门也要按照给定的计划由政府统购统销。第

---

① 贾国雄:《中国计划经济体制的形成与变迁研究》,西南财经大学2010年博士论文。
② 同上。

第三章　中国计划治理的兴衰：经验与教训

四，农民的劳动是统一集中安排的，区域之间的劳动力流动受到严格限制。第五，分配制度上以工分为基础，体现绝对的公平。其结果是，农民被束缚在公社的土地上，区域、城乡之间的劳动力流动完全被杜绝，农民成为人民公社的一分子。

单位制度又是如何行使国家对城市社会的组织与控制的呢？在计划经济体制下，城市里充满了大大小小的单位。每个单位按照行政隶属关系，属于某一行政机关或者工业委办局，而某一行政机关或者委办局又隶属于某一省、市的行政机关或者相应的委办局，而它们又是国家相关机构的下属。计划经济时代的单位兼具社会组织和经济组织的特点，因为单位内的大小事务都由单位来组织和管理。比如，一家企业内部有负责销售、生产等的经济部门，同时还有负责管理、干部任命、选拔的党委和人事部门，负责职工教育、子女入托与读书、医疗保健的后勤部门，还有分别负责房屋管理、退休、老干部等的各个部门。可以这么说，计划经济时代的单位都是"大而全""小而全"。在单位里面，劳动者对单位形成了全面的依附关系。如果脱离单位，一个劳动者几乎难以找到工作和存在的价值。可以这样说，单位是国家控制和整合社会的中介，通过单位这一制度，国家就实现了对城市劳动者的牢牢控制。当然，通过单位，城市里的生产、销售、分配、运输等活动就被很好地组织起来了。

在以上两种控制之外，户籍制度又是一种很好地服务于计划经济的制度设计。出生在城市里的人天然地拥有城市户籍，而出生在农村的人就拥有了农村户籍。如果一个人要从农村迈向城市，只有为数不多的几条通道，即提干、当兵与升学。如果是女性的话，除了以上三条通道之外，还有一条通道，就是以结婚的形式嫁进城里。不过，这条通道对于绝大多数的普通人来说，几乎是不开放的。户籍对于计划经济体制下的人们来说，不仅意味着每个月吃饭的口粮、相应的工作、享受相应的待遇与保障，而且还意味着在分配方面享受基本均等的收入与福利。城乡二元户籍制度使国家牢牢地掌控了农村的农业生产和城市的工业生产，并且能够以压低农产品价格等形式，将农业生产的剩余转移到城市里，以建立起对整个国家都有利的重化工业体系，从而在较短时间实现富国强兵的目的，为社会主

中国经济奇迹：政府治理的作用

义政权的巩固与延续奠定基础。

3.4 中国计划治理为什么会走上末路？

计划治理在中国存续时间很短。1949年建立，到1977年底基本名存实亡。计划治理之所以在中国很快走上末路，主要的原因就是领导层、普通市民、农民都发现，按照计划经济的这套逻辑进行治理，会越来越偏离当初中国走上社会主义道路时所选择的目标。

在经济上，通过1949—1977年前后28年的建设，国家日益发现，通过计划治理式的社会主义并不能快速地帮助中国实现农业、工业和科学技术的现代化。图3.2给出了1950—1977年中国与世界上主要国家和地区的人均GDP增长对比情况。从中可以发现，尽管这段时期中国投入了巨大的资金、人力和物力以推动中国的经济发展，但与主要资本主义国家和地区的差距仍然在不断拉大。中华人民共和国成立初期提出的15年赶超英法的目标，也显然落空。从图中可以看出，英法两个资本主义国家的人均GDP水

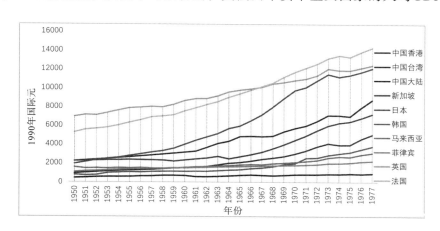

图3.2 1950—1977年主要国家和地区的人均GDP增长情况

注：其中的数字均为1990年国际元。

资料来源：〔英〕安格斯·麦迪森：《世界经济千年统计》，伍晓鹰、施发启译，北京大学出版社2009年版，第58—60、182—183页。

第三章　中国计划治理的兴衰：经验与教训

平遥遥领先。日本从1950—1960年开始经济起飞，迅速接近英法。中国香港地区、中国台湾地区和新加坡、韩国紧追其后，成为名副其实的"亚洲四小龙"。即使是马来西亚和菲律宾的人均GDP也高出中国不少。

通过28年的建设，经历公私合营、农村合作社、"大跃进""三反""五反"等，老百姓们发现，依赖计划经济的这套白天集体劳动生产，晚上集体开会、学习，天天讲政治、讲学习的治理模式，并没有迅速实现当初选择社会主义道路时所期望的快速解决群众温饱的基本目标。从农民的角度看，由于公社里实行集体劳动，给定时间劳动的工分基本固定并且人与人之间几乎没有差别，因此集体劳动的生产效率并没有提高，反而还有较大程度的降低。除此之外，由于在劳动生产效率上的差异，那些劳动效率高的人并不能享受高效率劳动的剩余，这导致要么在干活中偷懒，以隐藏自己干活时所付出的努力，要么，干活效率高的人就会受周围其他人的挖苦、报复甚至打击。此外，由于国家人为地压低农产品的价格，对农副产品实行统购统销，工业品与农产品之间的价格剪刀差就出现，农业和农民普遍受到歧视和压制。从城市居民的角度来说，情况也基本上类似。由于缺乏激励，劳动者的工作效率普遍降低，偷工、偷懒等现象经常出现。另外，由于城市市场、贸易等功能难以发挥作用，也限制了市民收入和工作效率的提高，不利于城市集聚等内生经济效益的出现。

从中国采取计划治理的初衷看，中国之所以走上计划治理的道路，一个重要的原因是，新兴的社会主义中国面临着国内外强大的意识形态斗争与军事压力，在这个背景下，国家的主要任务就是以牺牲农民的生产剩余来优先发展重化工业和国防工业，目的是快速建立强大的国家，从而保障国家的安全。但军事上的安全仅仅是国家安全的一个方面，当国家的军事安全问题暂时得到缓解以后，再采取计划治理的方式治理国家，其成本就会越来越高，并且效果也会越来越差。从另外一个方面看，当外部的军事压力减弱之后，如何发展经济，提高人民的生活水平，就变成了当务之急。换句话说，计划治理这种制度本身就是一种非均衡的制度形式，是一种暂时的制度形式，随着时间的演变，民众必然会要求国家对该体制进行变革。

中国经济奇迹：政府治理的作用

概而言之，采用计划治理这种管理方式，国家只是短暂地实现了军事安全的目标，但却难以走上真正富强的道路；无论是农民还是市民的温饱问题都难以解决，更别说实现社会主义提出的普遍富裕目标。正是在这种外困暂缓而内困日益加深的背景下，从计划治理向市场治理的转型就成为必然。

3.5 中国计划治理的经验与教训是什么？

中国计划治理虽然走向没落，但它却为中国的经济发展奠定了基础。1979年3月，邓小平在党的理论工作务虚会上这样评价道："社会主义革命已经使我国大大缩短了同发达资本主义国家在经济发展方面的差距。我们尽管犯过一些错误，但我们还是在三十年间取得了旧中国几百年、几千年所没有取得过的进步。"[1]程连升将毛泽东时代的经济成就归纳为以下几点：一是初步实现了现代化经济的起飞，实现了国民经济总量的大幅度增长；二是实现了初级工业化。无论是工业化速度、重工业的增长水平，还是工业化结构水平与国际相比，都出现了突飞猛进的发展；三是开创了农业发展以及其他诸多领域发展的新纪元。[2]这一概括比较全面，也可以看作1949—1978年中国计划治理时代所取得的基本经验。然而，计划治理的经验虽然重要，但其教训对于后人而言却更加重要。因为虽然计划治理作为一个整体不太可能在中国再现，但有关中国在计划治理时期所犯的各种错误却可能在未来以各种各样的形式出现。具体而言，中国计划治理的教训可以被归结为如下几个方面：

（一）生产资料的单一公有制并不一定是对社会主义最好也最有效的所有制形式

马克思、恩格斯经典论断认为，生产资料的公有制——包括全民所有制和集体所有制——通常是社会主义的标志性特征。苏联在计划经济时

---

[1] 《邓小平文选》（第2卷），人民出版社1983年版，第167页。
[2] 程连升：《筚路蓝缕：计划经济在中国》，中共党史出版社2016年版，第296—312页。

代，也曾经如此认为，并且不遗余力地贯彻与执行。就连苏联的宪法也规定，国家所有制是社会主义所有制的基本形态，集体农庄合作制是劳动者的集体所有制，它是公有制的另一种形式。[①]我国计划经济时期，也曾长期坚持这一基本认识和判断，并且也坚决贯彻执行了这一做法，对全民所有制和集体所有制之外的其他所有制形式采取了限制、打击、压制甚至取缔的做法。我国的改革开放，其实在很大程度上就是从对所有制认识的解放开始的。比如，20世纪80年代，个体经济的放开，乡镇企业的"搞活"，以及1992年十四大所确立的建设中国特色社会主义市场经济的决定，等等，都充分证明了这一点，即生产资料的单一公有制并不一定是对社会主义最好也最有效的所有制形式。

（二）排斥市场的纯粹计划经济可以解决国家的短期安全问题，但却不能解决国家的长治久安问题

国家的长治久安，从根本上看，需要国民富裕、国家富强，需要公民和国家良性互动，各得其所。换句话说，一个国家要实现长治久安，就必须兼顾国家富强和国民富裕安康这两个主要目标，在其中寻找到一个平衡点。只有国家的富强，而没有国民的富裕，国家的富强是不可持续的；而只有国民的富裕，而没有国家的富强，国民的富裕也不可持续。我国计划治理时期最大的教训其实不是别的，而是国家试图以牺牲农民、牺牲农业的方式来换取工业化以及造就健全的工业体系，以此应对西方列强、不友善的国际环境对新生政权的贸易封锁、禁运以及军事干涉。但优先发展重工业的战略只能是个短期的目标。一旦外部的国际环境发生改变，或者国内居民对安定、体面和幸福生活的追求成为首要目标时，计划治理这种治理国家的方式就会产生日益高昂的运行和维护成本。因此，计划治理只能是权宜之计，它不可能成为国家长治久安的主要治理方式。

---

① 袁定喜：《斯大林时期指令性计划经济的特征和教训》，载《传承》2011年第15期。

（三）以行政管理或政治运动的形式管理经济、社会和企业活动，注定将导致经济灾难

中国的计划治理与苏联的指令性计划一样，都是通过行政管理的形式来管理经济部门和企业活动。企业的人、财、物、产、供、销都由上级单位来集中统一管理，国家对经济部门实行垂直式管理，直接控制了下属单位的组织、人事和具体的经营活动。企业按照指令性计划指标办事，诸如经济核算、成本、利润、价格等经济指标成了摆设。人为的安排代替了经济激励，价格成了经济核算的一个工具，而失去了调节和刺激经济行为的信号功能，市场的作用全面受到排挤。这种治理模式的结果是可想而知的。中国计划治理时期的成就虽然巨大，但人民生活水平却并没有出现预期的大幅度上升。群众、工人忙于各种形式的政治运动，而无暇顾及农业、工业生产，浮夸风、高产风盛行。这种以行政管理或者政治运动管理经济、社会和企业活动的治理模式，必然会导致计划治理的最终垮台。

（四）运用计划作为治理国家的主要方式时需要充分理解计划治理的前提条件

何为计划经济？正如本章开始所界定的那样，当一个国家或者经济体将计划作为主要的治理国家的手段时，这种经济模式就被称为计划经济。换句话说，计划经济的实质就是将整个社会当作一个大的工厂，每个部门、每个环节都按部就班地按照中央计划机关的指令进行，行政手段成了配置各种资源的最主要手段。我们的疑问是，这些"员工"的想法是否都相同？是否都能严格执行这些指令？假若其中的实际情况有变，他们是否还会按照原先的计划执行？假定计划执行的效果不理想，那原先制订的计划是照常执行还是应该按照新情况进行修订？如此等等。这些问题意味着，计划经济的运行通常有赖于两个条件，一是中央计划机构对社会一切经济活动了如指掌，拥有完全、充分的信息；二是所有个体的目标函数一样，各个部门都追求国家利益最大化。正如我国计划经济28年的历史所证明的那样，要中央计划机构对社会一切经济活动了如指掌，拥有完全信息，那是不可能的，也从来没有出现过。真实的情形往往是，他们所掌握的信息与现实差距甚大，甚至常常不符合现实情况。此外，要所有个体人的目标一致，价值观一样，也不可能。各个部门也不可能都追求国家利益最大化。因此，这就导致每个个体都缺乏激励，而只面临约束；缺乏个体的目标函数，而只有国家的目标函数；缺少微观，而只有宏观。以上这些可以看作计划治理或者计划经济的经典特征。这些都意味着，它不可能长期持续，也不符合经济现实，因而注定是短命的。

3.6　计划治理在中国是否还会再次兴起？

最近几年来，有关计划治理是否会再次兴起的问题，引起来自业界与学术界的激烈争论。讨论的起因源于中国著名互联网企业家马云两次有关计划经济的演讲。第一次演讲是2016年11月19日马云在"2016世界浙商上海论坛暨上海市浙江商会成立三十周年大会"上的发言。他说："马克思主义讲到的市场经济和计划经济到底哪个好？我认为我们过去一百多年来一直觉得市场经济非常之好，我个人的看法是未来三十年会发生很大的变化，计划经济将会越来越大。"第二次演讲是在"2017年中国国际大数据产业博览会"的"机器智能"高峰对话会上，马云对计划经济与市场经济再次进行了澄清："去年我提了一个观点，我说由于大数据时代的出现，我们对计划经济和市场经济将进行重新定义，在过去的五六十年，大家认为市场经济要比计划经济好很多。但我个人觉得，未来三十年，市场经济和计划经济将会被重新定义。我这个观点在国内得到了很多的经济学家一致批判，大家觉得我胡说八道。这里我自己先告诉大家，我指的计划经济不是那时候苏联的计划经济，也不是中国刚开始的计划经济。计划经济和市场经济最大的差异是，市场经济有一只无形的手。我想问大家，如果这只无形的手你能够摸到，你愿意做计划吗？在大数据时代，特别是万物互联的时代，人类获得数据的能力远远超过大家想象，人类对数据进行重新处理以及处理数据的速度与能力也远远超过想象，不管是AI也好，MI也好，我们对世界的认识将会提升到一个新的高度。所以，我想说明的一个

中国经济奇迹：政府治理的作用

问题，由于大数据让市场变得更加聪明，由于大数据，让计划和预判成为可能。"①

马云的演讲一出，无论是政治学家、社会学家还是经济学家几乎都提出批评。著名政治社会学学者于建嵘认为："马云先生最近提出的'新计划经济'，受到了许多批评。我的看法是，如果是基于权力而重建计划经济，无论大数据如何，都应该警惕；如果利用互联网，让生产、运输和消费等环节通过市场机制而有机地组织起来，应该是有可能，起码在部分领域，是可实现的。"②

著名经济学家钱颖一在2016年中国经济学奖颁奖典礼上的发言中，就对马云有关计划经济的演讲进行了批评。他认为，计划经济的问题，不仅涉及信息收集和计算问题，而且更加重要的是，它还涉及激励问题。如果仅仅涉及前者，很显然，马云有关计划经济将重现的说法可能是正确的，但只要是人的决策而不是机器的决策在发挥作用，计划经济将不会如马云所说的那样会被重现。不仅如此，钱颖一还讲述了20世纪全球经济中最重大的事件，也就是人类曾经尝试用计划经济替代市场经济，希望创造效率更高同时分配更加公平的经济运行机制。结果几十年的实践证明，计划经济无法达到这个目标，实行计划经济的国家不仅与发达市场经济体距离越来越大，而且也无法与新兴的市场经济竞争。到了20世纪的最后20年，几乎所有的计划经济体都在向市场经济转轨。中国是这个历史大趋势中的一个例子，而且是突出的例子。③同样，著名经济学家吴敬琏认为，马云的说法非常可笑，因为以前东欧社会主义国家曾实践过"计算社会主义"，也就是通过精确的计算来模拟市场，以此来定价，从而达到社会主义计划经济的效果。苏联也曾用现代计算机技术获取数据，然后交由国家计划

---

① 张弘：《马云的计划经济思维，是理性的自负》，https://finance.ifeng.com/a/20170622/51300553_0.shtml，2019年1月15日访问。
② 同上。
③ 《钱颖一：马云口中的计划经济错在哪》，http://finance.sina.com.cn/zl/china/2016-12-06/zl-ifxyiayq2447146.shtml，2019年1月15日访问。

第三章　中国计划治理的兴衰：经验与教训

委员会进行经济决策，结果也被证明行不通。①著名经济学家张维迎也认为，大数据的出现可能会使计划经济重新变得可行的看法是完全错误的。市场真正最重要的功能不是配置资源，而是改变资源，就是用新技术、新产品、新组织形式来改变资源的可用程度，甚至获得全新的资源。这些改变就是所谓的创新，因为社会的进步很大程度上是由企业家创新带来的，而不是由数据提供的。所以，他认为，真正的企业家精神一定是超越这些知识和大数据的。很显然，仅仅基于数据的决策只是科学决策，不是企业家决策。②

笔者认为，计划经济不会在未来的中国再现，主要基于如下三个方面的原因：

第一，计划经济的沉痛历史教训意味着，中国要再次走上计划经济道路的可能性极低。1949—1978年，计划经济在中国运行了近三十年，中国近十亿人都曾经感受过计划经济给国家、社会、人民生产、生活、学习和工作所带来的严重影响，即它没有实现富国强民、富国强兵的最终目标，也没有实现在较短的时间内赶超英法的美好愿望。虽然它在短期内快速地改变了中国重化工业、国防和军事工业落后的面貌，在很大程度上暂时保证了新生社会主义政权的安全，但其负面效果，也就是人们生活水平的低下，工作中非常弱的激励，工作结果中的极端平均主义，忽视单位、个体之间差异的这些客观事实，反而随着时间的延续越来越多地表现出来。因此，笔者认为，只要这段沉痛的历史教训在人们心中，在社会和国家层面还未忘记，中国就不太可能走上计划经济的老路，毕竟这条道路并不是一条在人们心里留下美好记忆的道路，而是一条"勒紧裤腰带"，饿着肚子搞运动、搞生产的悲壮情怀与记忆。

---

① 李光斗：《马云计划经济新说，为啥吴敬琏、张维迎、钱颖一集体反对？》，http://baijiahao.baidu.com/s?id=1571339501335115&wfr=spider&for=pc&isFlag=1，2019年1月15日访问。
② 同上。

中国经济奇迹：政府治理的作用

第二，正如众多经济学家所说，当一个国家将计划经济当作配置社会资源的主要方式时，它永远无法解决经济学上所说的激励问题和相关的决策问题，也无法解决创新问题，更无法解决经济增长和资源的创造等问题。

比如，钱颖一认为，计划经济要正常运转，就必须解决两个突出问题，一个是资源配置问题，一个是"经济人"的激励问题。[①]而要解决资源配置问题，首先就要解决与资源配置相关的信息传递、搜集等问题。如果说大数据、互联网、信息技术能够在很大程度上解决资源配置中的信息收集和计算问题的话，那么经济学上所说的给定约束条件下的最优资源配置问题，就可能在一定程度上被解决。但毫无疑问，它还是无法解决给定信息条件下"经济人"的决策问题以及相应的激励问题。打个比方，给定了完全信息这一条件，人在决策时可以作出对全公司、全社会、全地区而言最优的决策，当然也可以作出对全公司、全社会、全地区而言并不是最优的决策，甚至他或她完全可能作出所谓次优或者第三优的决策。那么，到底哪个决策会最终出现，就一定与决策人所面临的激励问题相关。很显然，最终作出的这个决策一定是对决策人而言最为有利的决策，而恰恰在这一点上，大数据、信息技术无法保障。退而言之，假定这个决策人的确是从最优决策的角度进行决策的，但一旦该决策作出后情况马上发生变化或者调整，那么，他或她决策的效果肯定也会发生偏转或者扭曲，从而很可能会导致最终出现较差的效果。换句话说，大数据和信息技术恐怕也无法解决数据和信息出现变化之后的调整问题，因为这些问题必须依赖人而不是机器去解决。

除此之外，信息技术、互联网以及大数据肯定也无法解决张维迎教授所说的企业家创新问题。因为企业家的创新往往就是在数据不完全、信息不完全的条件下超前、冒险进行的。即使信息技术、大数据、互联网在一定程度上解决了这些不确定问题，它仍然不会作出企业家所作出的看似不理性的冒险以及长远的决策。还有一点也值得注意，那就是，大数据、信

---

① 钱颖一：《现代经济学与中国经济》，中信出版社2017年版，第7页。

第三章　中国计划治理的兴衰：经验与教训

息技术和互联网采集的数据不一定是高质量的数据，其中可能隐藏着不少错误的数据，这些错误的数据很可能会误导决策人的决策，而这种问题，只有训练有素的专业人员才能判断。

第三，计划经济从本质上说，是少部分人的决策代替千千万万个"经济人"自利决策的治理方式，即使说它是有效的，也就是它可能在行政机构里或者以内部行政命令进行决策的企业里会产生作用，它对于公司之外以及公司之间的决策、产业上下游之间的决策、企业与相关政府机构之间的决策，以及国家之间的决策恐怕毫无意义。

打个比方，中国某企业作为美国某种产品的供应商，那么，这两个相互签约的企业之间，是否可以存在类似于行政命令一样的计划？我们的答案是否定的，因为双方签订的合同是一种契约，也就是一种约定，甲乙双方任何一方的外部条件发生变化，都会导致这个契约难以完成。因此，在贸易双方之间约定的所谓"计划"肯定就难以执行。类似的是，1987年，美国和苏联经过谈判签订了《美苏消除两国中程和中短程导弹条约》（以下简称《中导条约》），但之后，美国多次指责俄罗斯违反《中导条约》，并宣布将退出《中导条约》。《中导条约》是美苏两国签订的一个国际条约，这个条约只是对双方的行为形成一定的制约。如果我们也可以将之看做某种形式的"计划"的话，我们就发现，所谓的计划经济，或者计划治理方式在此也不适用。再举一个中国区域经济发展的例子。中国有很多个区域，长三角就是一个区域。国务院早就出台过长三角经济一体化的相关文件，其中规定上海是长三角的龙头，但这些文件往往很难实施，为什么？因为不同省级、城市主体的诉求是不相同的，省之间、城市之间的实际情况也是不同的，到底谁作为主角，谁作为配角？恐怕大家都不愿意当配角，都愿意当主角。换句话说，其实，主角和配角的关系，或者领导与被领导的关系，往往是在现实中竞争、演化出来的结果，而绝非任何计划制订出来的结果。

总而言之，笔者认为，计划经济作为一种体制，恐怕难以在中国再次复活，但作为一种治理经济、社会发展的手段，恐怕仍然有其活力和功效。值得注意的是，计划只是治理经济、社会的手段之一，绝非主要的手

段。将之作为主要的或者全部的治理手段时,它顶多能在依赖行政命令的行政单位或者一定程度上在公司内部执行,绝非能够将之无限外扩。明白了这一点,我们就知道,其实给予个体一定选择的自由,在此基础上进行计划才有可能;反之,违背这一点,任何计划都是徒劳的。

第四章　中国改革开放以来政府治理的核心构成要素

1978年改革开放以来，中国政府治理经济、社会等方面事务的方式和方法可谓多种多样，比如政府机关制定的"五年计划"，行政机关发布的行政命令，事业单位对下级的人事任免，企业层面制定的年度计划、对单位业务管理实行的经理负责制、对下属员工进行的奖勤罚懒制度，国有企业实行的承包制，农村为了提高农业生产效率而推行的家庭联产承包责任制，城市为了提高地方政府效率对党政官员所推行的晋升锦标赛，如此等等。可以这样说，凡是改革开放以来中国政府在治理经济、社会活动时所采用的制度、政策与办法，都可以算作政府治理的各种方式与方法。然而，这些并不一定都可以算作笔者所说的政府治理的核心构成要素。因为有些政府治理的方式与方法只是临时性或者暂时性的。换言之，我们若要进行更多的准确讨论，就必须首先界定何为改革开放以来中国政府治理的核心构成要素。

4.1　何为中国政府治理的核心构成要素？

1. 中国政府治理

为什么要定义中国政府治理这样一个概念？界定这一概念，外国人听上去也许非常不理解。其实，外国人不理解中国政府治理，就像著名历史

中国经济奇迹：政府治理的作用

学家黄仁宇所说的飞禽难以理解走兽一样，[①]而这是因为中国政府治理与西方差异巨大。简单地说，中国政府治理的核心要义是指中央和地方两个层面的政府，在中国这片土地上为了有效地实现其治理经济与社会的主要目标而采取的方式、方法和手段。笔者认为，其中有两个特征值得注意：第一，独特性，也就是说它是在中国这片土地上内生出来的，可能借鉴来自任何其他国家的政策或者制度，但必然具有一定民族性的内涵；第二，有效性，这意味着中国政府的这些治理举措、方式、方法在中国行之有效，能为社会所接受，为政府所认可。换句话说，中国政府推出的有些治理举措、方式和方法可能并不一定有效，因而，可能难以持续；而那些有效的举措、方式和方法得到了社会的理解，从而变成了中国政府的有效治理举措，可以在未来持续下去。

为什么要这样进行定义？原因就在于，无论从古代，还是从中华人民共和国成立或者改革开放以来的情形来看，中国的政府都具有不同于其他国家政府的鲜明特点，那就是中国政府总体上奉行"民本主义"的基本理念。从秦汉时期开始，我国历朝历代的政府就已经清楚类似于"水能载舟，亦能覆舟"的基本原理，这样的理念也始终深深地烙在皇帝与政府官员的心中，体现在他们的管理过程之中。到了近现代，特别是中华人民共和国成立以及改革开放以来，这一特点仍然毫无变化，并且还进一步得到强化。尽管从形式上看，中国政府并不像西方那样完全是依赖民选产生的，但中国政府的治理始终有其独特之处：一是从长期看，它能够在较大的概率意义上将有才能的人选举到领导岗位上来，替国家管理社会、管理经济；二是其他相应的制度，比如，古代的上书制度、异地为官制度，中华人民共和国成立以后的全国人民代表大会制度、中国人民政治协商会议制度、民族区域自治制度等，都能够在很大程度上保证政府制定的各种规章制度时刻反映人民的意见，并根据人民的意见不断地动

[①] 黄仁宇在其著作《中国大历史》一书中，曾经将工商业国家比喻为飞禽，而将农业国家比喻为走兽，意为中国与西方国家之间的巨大差距，这种差异不仅表现在国家的管理方式、方法上，而且也表现在文化、哲学思想、社会观念等诸多方面。黄仁宇：《中国大历史》，生活·读书·新知三联书店2007年版，中文版自序。

第四章　中国改革开放以来政府治理的核心构成要素

态调整。三是中国政府越来越开放，并越来越成为一个学习型组织。成为一个真正的学习型组织，它就会对外界、对世界保持一个相对清醒和客观的认识。四是在此基础上，中国政府还有一个鲜明的特色，那就是它具有一种自我校正、调整的自我纠错能力。这个纠错机制是什么？纠错能力是什么？就是所谓的民本主义，就是所谓的群众路线，就是实事求是，就是实践是检验真理的唯一标准。

有了民本主义、群众路线、实事求是这些基本理念，就能保证政府出台的各类规章制度在更大的概率上始终反映民众的意见和声音，适合当时当地的情形；反过来，当民众的意见不能得到倾听或者反映时，当政府出台的政策不适合当时当地的情形时，这样的制度就会形同虚设，也就会成为不发挥作用或者无效的制度。

2. 中国政府治理的核心构成要素

经过以上分析，笔者就可以比较清楚地界定中国政府治理的核心构成要素了。

（1）它应该是政府治理经济或者社会活动过程中经常使用且行之有效的重要制度形式。因为假若一项制度没有经常使用，或尽管使用过但其效果并不好，那么这样的制度就不会成为中国政府治理主要的或者核心的构成要素。此外，一项制度在外国行之有效，但是引入中国后却出现"水土不服"，那么，这项制度肯定就不会成为中国政府治理的核心有机构成。反之，如果一项制度来自西方，但在中国经过试点、试验，并考虑了中国的国情，换句话说，已经本土化且推广到很多地方了，那么这样的制度就是所谓的中国政府治理的核心构成要素。

（2）它应该是一种兼具激励和约束的制度机制。因为如果政府治理的这些手段、方式和方法不是一种激励机制，官员就不太愿意制定这样的激励机制，或者即使官员愿意制定并乐意执行这样的制度，但底层老百姓可能并不一定买账，于是，这样的制度机制就会是失败或者无效的。换成经济学的正规语言，我们所说的兼具激励和约束的制度机制，应该不仅具有激励作用，而且也具有约束功能。也就是说，它必须满足经济学中所说的

中国经济奇迹：政府治理的作用

两个条件，一个是参与约束条件，也就是一项制度的设计，要使得制度的供给者、需求者、制定者、实施者、参与者以及被约束者等都自愿接受这项制度；另一个是所谓的激励相容约束，就是说无论是制度的供给者、实施者、参与者还是需求者，都会因为激励遵守这项制度。否则，如果一项制度制定出来，供给者不受约束，只是用来约束需求者，这样的制度迟早会成为没有约束的"影子制度"，而不是大家都自愿接受的制度。正是通过这些制度，政府制定的政策才得以贯彻和落实，也使得底层人民的意见能够下情上达，上层的政策始终反映下层的心声和需求。

（3）强调改革开放以来中国政府治理的核心构成要素的主要原因已经清楚无误，那就是，改革开放以来的中国政府治理具有与改革开放以前政府治理非常不同的鲜明特征。

笔者在另一部著作中，将1949—1977年的中国政府治理称为全面计划治理，将1978年以来的中国政府治理概括为市场化分权式治理，而将1949年之前直至秦汉时期的治理统称为中央集权式政府治理，当然中间还夹杂着所谓的两晋南北朝时期的坞堡式治理等。[①] 从这三个阶段的比较来看，改革开放以来的中国政府治理具有如下三个鲜明的特征：

一是分权的色彩和氛围日益浓厚，集权的程度较以往不断降低。比如，财政分权从20世纪90年代开始在全国普及，90年代中期之后延伸到更广的领域，这意味着全国各地的地方政府具有了推动地方经济发展的很大积极性。二是市场化成为政府治理经济和社会的主要手段、方式和方法之一，与之相对应，计划的重要性在不断下降。三是开放性与民族性或者国际化与本土化相结合的特点越来越明显。改革开放之前的中国政府治理往往具有较强的封闭性，改革开放之后的中国政府治理则越来越具有开放性了。同时，中国政府治理也借鉴了中国历史上传承下来的很多特色的、优

---

① 赵红军：《小农经济、惯性治理与中国经济的长期变迁》，格致出版社、上海人民出版社2010年版，第115—151页。

第四章 中国改革开放以来政府治理的核心构成要素

秀的治理遗产,因而,这一时期的政府治理也具有自身民族性特点。①另外,我们也可以用国际化和本土化来概括改革开放以来中国政府治理的鲜明特征,因为我们打开国门,广开言路,借鉴和学习了来自世界各国的先进治理经验,又能为我所用,这样就形成了中国政府治理核心的若干构成要素。

4.2 "摸着石头过河"的渐进改革策略

改革开放40多年来,"摸着石头过河"已经成为一个几乎等同于改革开放的标志性语言。为什么这句民间谚语能够成为笔者所说的改革开放以来中国政府治理的核心构成要素之一?主要原因就在于,这个民间谚语已经从民间走向了中国政府的高层,从老百姓生活中的智慧变成了改革开放以来中国政府解决经济、社会问题时所采用的主要治理手段之一。

比如,1965年6月6日的《人民日报》中就提到:"搞生产要摸着石头过河",其意思是说,社会主义国家要抓好农业和工业生产,就不能像瞎猫捕老鼠一样到处乱扑、乱撞,而要搞好调查研究,要摸清楚实际情况,这样才能一步一个脚印,搞好生产。1980年12月的中央工作会议上,陈云同志也讲到了这个问题,"我们要改革,但是步子要稳。因为我们的改革,问题复杂,不能要求过急。改革固然要靠一定的理论研究、经济统计和经济预测,更重要的还是要从试点着手。随时总结经验,也就是要'摸着石头过河'。开始时步子要小,缓缓而行"②。改革开放的总设计师邓小平虽然没有直接说过这六个字,但可以肯定的是,"摸着石头过河"是他一直强调并在改革开放中反复使用的重要改革方法论。比如,从理论指导上,他激励全党要冲破思想的藩篱,要大胆开拓。他强调:"我们干的

---

① 比如,官员的异地任职或者回避制度,就是一项很好的制度形式。它意味着,在地方担任较高职位的官员,一般要回避开自己的家乡或者自己所来自的省份或者城市,而到其他省份或者城市任职。这样的制度能够在很大程度上规避地方官员与本地之间的复杂联系,从而有利于国家治理。这项制度在明清时期执行得非常严格。中共中央印发的《党政领导干部选拔任用工作条例》第52条规定,担任县委书记、县长职务以及县市纪检机关、组织部门、人民法院、人民检察院和公安部门主要领导职务的,一般不得在本人成长地任职。

② 《陈云文选》(第3卷),人民出版社1984年版,第279页。

中国经济奇迹：政府治理的作用

是全新的事业""改革开放是很大的试验",呼吁"改革开放胆子要大一些,敢于试验,不能像小脚女人一样。看准了的,就大胆地试"。①

《人民日报》是中共中央机关报,也是传达中央声音、反映中国共产党态度的重要媒体。在《人民日报》上发表"摸着石头过河"的言论,很显然是告诫全党在工作时要戒急戒躁,不要盲目行动,而要做好调查研究。更加重要的是,"摸着石头过河"其实从这个时候开始已经成为一种推动中国改革的方法论。毫无疑问,陈云和邓小平两位国家领导人的言论不约而同地反映了中共高层有关如何进一步开展改革开放的方法。

从经济学的角度探讨"摸着石头过河",笔者认为,其实它有这样四层深刻的含义:

第一,"摸着石头过河"是一种渐进改革的策略。原因是,"摸着石头过河"意味着改革者对"河"中的情况并不明了,但现实的问题、环境的压力、国内外的形势等逼迫着必须进行改革。在这样的条件下,很显然,不行动不行,但是冒险冒进也不可取,因此,采取渐进改革的策略,也就是"边走边看"的做法,就能很好地减少改革面临的风险和压力。这种策略其实是中国民间智慧的一个重要体现,这一智慧被应用到中国改革开放、发展的实践中,能为高层所认可,也能为底层老百姓所认可。很显然,当它被应用到中国改革开放的实践中后,它已经成为一种很有弹性的制度设计了。一方面,"摸着石头过河"体现了改革者的勇气,意思仿佛在说"没有什么可怕的",因为在过河的过程中,能摸着石头就走快点,如果摸不着石头,就可以走慢点,甚至如果觉得心里没底,还可以往回走两步。在这种状态下,改革者就有积极性,也愿意付出和参与改革。另一方面,改革向前走可能前面有"狼",但若不改革,恐怕后面会有"虎",因而,往前边走边看,也不失为一种实用的改革策略。因此,这一渐进的改革策略就同时满足了经济学上常说的参与约束与激励相容约束两个条件。

第二,"摸着石头过河"其实还可以理解为调查研究与改革探索。所

---

① 《邓小平文选》(第3卷),人民出版社1993年版,第372页。

第四章 中国改革开放以来政府治理的核心构成要素

谓的调查研究,就是"摸着石头","过河"则是改革的意思。如果没有调查研究,很显然直接进行改革探索,恐怕就会遭受风险与挫折;反之,一边调查研究,一边进行改革,这就非常符合实践是检验真理的唯一标准这一共识。

事实上,在中国改革发展的进程中,我们积累了很多这样的真知。很显然,如果将"摸着石头过河"这一真知放在经济学的框架下来分析,我们很快就会发现,它可能有两个层面的重要意思:一是"摸着石头"是一种弄清楚各种约束条件的过程,而"过河"其实就是帕累托改进的过程,或者经济学上求取最优化的过程。二是它可能还意味着一种动态的改革演进或者制度变迁。因为所谓"摸着石头过河"可能意味着,弄清一个局限和约束之后,就往前走一步,反之,若没有弄清一个约束或者条件,改革的过程暂时就可以保持原地不动。

第三,"摸着石头过河"是一种来自民间的智慧,但一旦这种智慧成为中共领导人、中央文件一再强调的改革策略或者改革的方法论时,它就会变成一种贯穿上下的改革指南。于是乎,各级政府、各级机构、各级单位就可能采取同样的改革策略,来推动改革,最终,这种来自民间的智慧,就上升为国家层面的一种治理经济、社会的重要制度和机制。

在改革开放以来的40多年中,运用这一策略成功推进改革的例子有很多。比如,中国最早的家庭联产承包责任制起初在安徽小岗村试验,这就是一种民间的尝试和试验。那时,大家都抱着试试看的态度,但最终却取得了想象不到的好效果。其实,这项改革一开始,中高层对此是有一定了解的,但中高层的态度是让他们"试试看再说",而没有一下子对这样的改革探索"踩刹车"。同样道理,财政分权体制的改革也是如此。最初,财政分权体制改革只在少数地方进行试点,经过试点效果良好后才推进到全国。

中国改革开放一开始是在没有良好发展条件和基础的农村地区展开,因为这样的地方和部门本来就比较落后,即使改革失败,对国家也没有太大的影响;随着时间的推移,中国的改革开放开始推进到城市。城市的改革则是从东南到西北,从沿海到内地逐步推进。其实,这些都是"摸着石

头过河"的动态和渐进探索过程。

第四，在国际经济学界，"摸着石头过河"在某种程度上对应20世纪90年代的渐进改革论（gradualism）。[①]其实，渐进改革论虽然是当时流行的一个解释中国改革开放的理论，但这一理论的局限是，它并没有一个清晰的改革方向或者目标，也不一定有改革的顶层设计，或者至少这一顶层设计是不清楚的、模糊的。这意味着，"摸着石头过河"这一改革策略也必然有其局限性，即"摸着石头过河"这一改革策略比较适合那些方向并未明确，或者改革进程尚不清楚，或者目标比较模糊的未知领域，而不是相反。或者换一种说法，当改革者最初对改革的目标、方向和路径等并不清楚时，这种改革策略是有效的，但如果改革的目标、方向和路径比较清楚，这样的改革策略就变得越来越有局限性了。这就意味着，我们要随着改革目标、方向和路径的变化，而不断调整改革时采取的改革方法论。

4.3 开放倒逼改革

在1978年以前的两百年间，"开放"这个词对于中国来说一直比较沉重，并且也常常难以直面。1840年6月，旨在打开中国国门的第一次鸦片战争爆发，西方列强用武装贩运和坚船利炮打开了中国的大门，从此，中国再也不能抵御西方工业文明的入侵，而开始了一场被迫的全球化进程。当时，力主禁烟的湖广总督林则徐，在尚未被撤职时就曾上书道光皇帝，提议将关税银的1/10用于仿造西洋船炮。他在上书中直言"制炮必求极利，造船必求极坚""制夷已可裕如"。但道光皇帝对这一建议的重要性毫无认识，甚至直接批示其"一派胡言"。其实，此时居于深宫高墙之中的道光皇帝对英国到底是个什么样的国家一点都不知道，而只听说英国在中国的西面，于是道光皇帝竟问出中国到英国是否有陆路与新疆相通这样

[①] Jeffrey D. Sachs, Wing Thye Woo, Understanding China's Economic Performance, *The Journal of Policy Reform*, Vol.4, 2001, pp. 1-50.

第四章　中国改革开放以来政府治理的核心构成要素

无知的话来。①由此看来，此时的道光皇帝，与乾隆皇帝对西方的认识相差并不多。此后，1860年开始的洋务运动，虽然试图通过学习西方先进军事工业技术，来达到"师夷长技以制夷"的目的，但清政府的整个管理体制和体系没有进行足够的变革，无法适应外部世界的变化，结果，这场仅仅以学习西方军事技术为目标的洋务运动以失败告终。再后来，1919年爆发五四运动，虽然西方科学、民主思想不断传入中国，但腐败无能的政府始终难以在国内掀起有效的变革，也未能在原有的体制中接纳西方的科学技术和新思想。中华人民共和国的成立，本来应该具备向西方学习的一切条件，但世界惑于意识形态的局限，对这个新生的国家采取了敌视的态度与贸易封锁和禁运的实际行动，结果，中国只能向苏联进行单维度的开放，幸好这一单维度的开放很快在1977年终结。

事实上，中国向世界的真正开放始于1978年。这时的开放，不仅是简单的对世界的开放，而同时还加入了改革的内容。钱颖一认为，中国改革开放形成了三种根本的推动力：一是把激励搞对；二是让市场发挥作用；三是实行对外开放。其中前两项的内容是改革，第三项的内容就是开放。②钱颖一虽然并没有详细解说开放的作用，但我们发现，开放的作用是十分巨大的。

这种开放，以中国共产党高层、中央政府的开放承诺作为开端，然后，通过党和政府的各级会议一层层传达下去，对中国经济发展产生了多重影响。

比如，1978年12月18日到22日召开的中国共产党第十一届三中全会，由时任中共中央主席华国锋主持，会议的中心议题是根据邓小平同志的建议，讨论把全党的工作重点转移到经济建设上来。这次会议召开之前，召开了长达36天的中央工作会议。邓小平在会议闭幕式上做了《解放思想，实事求是，团结一致向前看》的重要讲话。③此次会议实现了几个方面的

---

① 金观涛、刘青峰：《开放中的变迁：再论中国社会超稳定结构》，法律出版社2011年版，第51页。
② 钱颖一：《中国经济改革开放三十年：历史与国际视角》，载吴敬琏等主编：《中国经济50人看三十年——回顾与分析》，中国经济出版社2008年版，第150页。
③ 《邓小平文选》（第2卷），人民出版社1983年版，第140—153页。

中国经济奇迹：政府治理的作用

重要转变：一是实现了思想路线的拨乱反正，冲破了思想上存在的教条主义和个人崇拜风气，指出实践是检验真理的唯一标准，重新确立了马克思主义实事求是的思想路线；二是实现了政治路线的拨乱反正，结束了以阶级斗争为纲，将发展生产力重新确立为党的各项工作的中心任务；三是实现了组织路线的拨乱反正，恢复了党的民主集中制传统，使得以邓小平为核心的第二代领导集体成为领导核心；四是作出了改革开放的新决策，会议决定在农村开始实行改革。在这次会议的号召下，从1978年开始，农村的各项改革逐步展开。

再以1992年召开的十四大为例，在这次大会上，江泽民所做的报告明确指出要将建立社会主义市场经济体制作为我国经济体制改革的目标。此后的十四届三中全会进一步通过《中共中央关于建立社会主义市场经济体制若干问题的决定》，这就正式确立了社会主义市场经济体制的基本理论框架。在此基础上，各级政府都以此为依据，推动各自辖区的经济发展。

如果从经济学角度看改革开放，其实，它具有这样几方面的重要作用：

第一，改革开放等于将一个城市、一个地区置于与其他地区、其他国家直接竞争的地位。这其实是改变了中央以及各级政府原先面临的约束集合。按照推理，当约束条件发生变化以后，各级政府的行为方式、做事方式和做事理念就应该发生相应的变化。事实上，这只是中国政府推动地方政府进行业务创新、方式变化、制度创新的第一步。第二步就是中央从上向下要求应对这一约束条件变化的政府制度也要进行变革与创新。比如，前面我们已经介绍的党的全国代表大会所通过的相关决议，这些决议就形成各级地方政府后面改革发展的基本政策基调，然后再通过各级党委和政府的五年计划、年度计划等一步步落实到工作当中。

第二，改革开放相当于某种程度上的改革试点。因为封闭条件下的政府运作和开放条件下的政府运作是不同的，所以当一个城市或者省份被要求进行对外开放时，这个省份或者城市就必须对此展开试验，在几年后，试点地区就会被上级政府要求提供一些改革的经验，或者要对改革的教训进行总结。通过试点工作，原先封闭的城市或者政府的行为就会发生变

第四章　中国改革开放以来政府治理的核心构成要素

化，并开始适应新的情形。于是，进一步改革开放的难度就会降低。

第三，改革开放还有一个重要的作用，那就是，国内外的公司、雇员、技术开始真正处于同一起跑线上，它们之间的竞争也在一定程度上展开了。这种竞争其实正是市场化、国际化所能发挥的最大作用。其结果是优胜劣汰会出现。

第四，值得注意的是，中国的改革开放其实还创造了一种不同于西方的区域发展战略。虽然地理空间在经典经济学中的作用早就被德国经济学家发现，但是或是由于对语言的偏见——因为德国区位理论的早期成果几乎全部是用德语写成的，或是由于德国区位理论的基本假设条件和分析框架与古典或新古典经济学存在着较大的偏差，[1]结果，在西方经济发展理论当中，并不常见比较完善的区域发展理论。仅有的区域发展理论有缪尔达尔的二元结构论、佩鲁的增长极理论、梯度转移理论等。中国的对外开放却创造了一种由东向西、由南向北、由小到大、由点到线、由线到面的空间动态开放的理论。比如，中国最早的对外开放限于四个经济特区，后来加入了十四个沿海开放城市，再后来，整个东南部沿海地区都对外开放了，接着是中部和西部地区。[2]类似的是，十八大以来，新时期的对外开放也是先从上海自由贸易试验区（以下简称"自贸区"）开始，接着是天津、福建和广东三个自贸区的加入，再后来又加入了七个自贸区。十九大之后，海南自由贸易港也开始试水。如果再将视线扩大，我们不仅让国内城市开放，现在又将国内的开放推向国外，涉及全球众多国家和地区。这些例子告诉我们，必须运用新的理论来解释中国对外开放在空间上的动态展开与发展过程。

第五，还有一点值得注意，那就是中国的对外开放是一个与改革不断良性互动的过程。比如，一开始的开放，主要是改变企业、政府面临的外部环境，促使政府行为、管理方式发生转变。到了后来，在开放的过程中，国内要不断学习国际上先进的知识、管理经验、技术、生产与销售理

---

[1] 赵红军、尹伯成：《城市经济学的理论演变与新发展》，载《社会科学》2007年第11期。
[2] 笔者将这一点总结为中国改革开放实践对主流经济理论的六大贡献之一，详见赵红军：《中国改革开放实践对主流经济理论的挑战与贡献》，载《江西财经大学学报》2019年第2期。

念。学习之后，就会将之应用到国内。再到后来，当我们从开放中学习到的知识、技术、经验足够多的时候，政府鼓励学习的层次开始上升到创新、创造、品牌、研发等层面。其实，依笔者的看法，过去这四十多年，中国对外开放的过程，可以比较清楚地划分为两个阶段，其中前面三十年，我们更多是通过开放来学习、来吸收和消化，而过去十年来，我们开放的目的更主要是研究、创造和创新，更多的是借助开放来倒逼国内进行制度创新和模式变革。未来的二十年，我们为什么还要开放？主要的目的就在于帮助更多的贫困国家发展，实现习近平总书记所说的建设人类命运共同体的目标。在中国的哲学理念中，早就有这样的哲学智慧，那就是天下大同、和谐共处，而不是你死我活、鱼死网破。这一认识放到国际层面是如此，放在国内不同区域层面也是如此。

很显然，如果理解了以上所说的改革开放的五个方面的重要作用，我们就会发现，其实中国的改革开放是一种良性的、兼具激励和约束功能的制度安排，而不仅仅是打开国门这个过程。它是一种由开放所引发的动态的改革过程。

4.4　基础设施先行

中国农村有句口号："要想富，先修路"。无论我们是去农村旅游、访问、回乡探望亲朋好友，还是路过农村的时候，总能在墙上看到这样的标语。最初看到这样的标语，笔者总感觉这是一句意思浅显的大白话。但随着自己年龄的增长以及经济学知识和修养的不断提升，才发现这是一个地地道道的实用经济学哲学，也是本节所说的中国政府治理经济和社会问题时经常采用的一项重要的制度设计和制度安排。

为什么我们要将基础设施先行列为改革开放以来中国政府治理经济和社会问题的主要治理举措或者重要制度安排呢？主要原因是，这样的说法、这样的标语不知道曾经改变了多少群众和官员做事、工作的态度，也不知道曾经在多大程度上推动了中国基础设施的改善。当然，它也给中国持续的经济增长奠定了非常坚实的基础。

第四章　中国改革开放以来政府治理的核心构成要素

2011年，笔者曾经发表了一篇经济学随笔，[①]讨论了改革以来陕西省某县三个乡镇的兴衰变迁。在这三个乡镇中，一个乡镇地理位置并不优越，但那里的领导有远见卓识，率先实践了"要想富，先修路"的理念，适时动员群众并推动了这个乡镇架桥修路。另外一个乡镇虽然地理位置优越，但那里的领导班子并没有发挥自己的聪明才智，相反，却始终以"官老爷"的姿态和某种盛气凌人的架势，试图动用政府机关以及大批干部，强行逼迫乡镇沿街的农户拿出资金修建公路，结果遭到了当地老百姓的坚决反对和抵制。还有一个乡镇虽然距离县城较远，但由于它位于两县交界地带的交通地理位置优势，因而也较早铺通了柏油马路。最终结果是，地理位置最好的这个乡镇由于政府官员理念的落伍，政府治理水平的低下，治理手段的恶劣，最终在十多年后被撤销乡政府机构，行政管辖被并入另外一个乡镇。这个案例生动地证明了"要想富，先修路"这个理念，诠释了政府治理作风、理念的差异所导致的发展绩效差异。

张军等学者曾经解释了中国为什么拥有良好的基础设施这一问题。他们发现，即使控制了经济发展水平、深化金融改革以及其他因素之后，地方政府在招商引资上的竞争和政府治理的转型仍然是解释中国基础设施投资改善的重要因素。他们的结论显示，分权、政府之间的竞争、向发展型政府的转型对改进基础设施的投资激励起到了非常重要的作用。

笔者认为，改革开放以来，中国之所以有了好的基础设施，主要原因就是中国的地方政府和各级政府都日益清楚"要想富，先修路"对于他们实际工作的重要意义。为什么在改革开放之前，政府认识不到这一理念的重要意义？原因是，改革开放之前，干多干少一个样，干好干坏一个样。无论是地方政府或者企业，还是每个个体，包括农民和工人，乃至厂长和经理，他们都没有被激励，无法提供更多更好或者更高质量的劳动和付出。换句话说，正是由于没有实行分权体制，而只实行了集权治理模式，地方政府、企业、工人、农民以及管理者才都不会追求富裕或者自身状况改善这样的目标，于是，也就不会在乎中国这个民间谚语的价值。为什

---

① 赵红军：《改革以来三个乡镇的兴衰变迁》，载《经济学家茶座》2011年第1期。

么在改革开放以后，这一标语日益引起大家的兴趣？这是因为这条标语戳中了他们的心田，切中了他们的"要害"，使得他们从心理、从感情上接受和支持这一理念，再加上政府治理已经实行了财政分权、行政分权，于是地方政府、官员、企业、厂长和经理、工人和农民都有了追求富裕的梦想，这样，"要想富，先修路"这条标语就传遍中国的大江南北。

在这里，笔者并不想再利用很多的经济数据来证明这一推理，因为张军等学者已经提供了非常好的证明。不过出于好奇，笔者还是在中国两个文献平台——中国知网和维普网中，以"要想富+先修路"以及"先修路"分别为篇名检索词，进行了搜索，结果如图4.1所示。

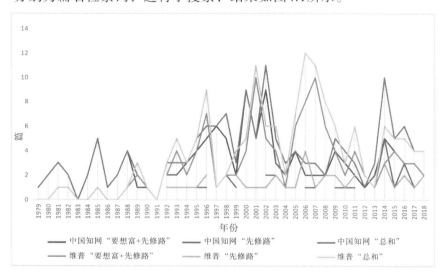

图4.1 中国两大文献检索平台中对"要想富，先修路"的文献搜索结果

数据来源：笔者根据中国知网、维普网数据搜索整理。

其中，"要想富+先修路"是指将这两个篇名作为并列关系进行搜索的结果，"总和"是指将"要想富+先修路"作为检索词以及将"先修路"单独作为检索词搜索篇名的总和。从该图可以看出，无论是从中国知网还是维普网的检索结果来看，改革开放以来，这类文献的数量总体上是不断攀升的。20世纪80年代，已经开始上涨，到了90年代，这样的趋势还在继续。到了21世纪，这类文献的数量达到了顶峰，并开始下降。尽管这一搜

第四章　中国改革开放以来政府治理的核心构成要素

索并不是完全的，因为很多以基础设施为题目的文献可能采用其他题目作为篇名，比如公路、铁路、电信基础设施等，但这一趋势与张军等学者所提供的证据，也就是中国基础设施的水平在20世纪90年代得到了很大提升是完全一致的。

不过，如上的逻辑并没有清楚地解释中国基础设施与中国经济增长之间的关系。按照题目的内容，背后的逻辑是，先有了基础设施的改进，然后就有了中国经济增长。但是，我们并不能十分武断地认为，现实的情况就完全是这样的。原因是，基础设施建设本身就是经济增长的一个重要方面。也许可能的情形是，好的经济增长也会催生出更好的基础设施。不过，这种情形出现的可能性相对较小，除了以下两种情形：一是一个地方的地理区位比较好，所以来这里投资的客商就比较多，于是，当地只好进行基础设施的进一步改善；二是这个地方有着特殊的资源或者行政优势，使得这里的经济增长比较好，然后，才会改善基础设施。现实的情形是，的确有些地方拥有这些好的地理区位，获得了发展，但中国改革开放40多年，也有很多地理区位不好、并且也不一定有行政和资源优势的地方也获得了发展。所以，公允地说，好的基础设施往往是好的经济增长的先导和前提条件，或者说，好的基础设施本身就是好的经济增长的一部分。

4.5　扶贫、反腐与社会稳定

扶贫、反腐与社会稳定为什么会被我们看做改革开放以来中国政府治理经济和社会事务的一项重要的制度安排呢？原因就在于这些问题对于中国社会的长远、健康、持续发展具有非常重要的意义。但话说回来，对于中国经济、社会治理重要的事情有很多，为什么我们要选择扶贫、反腐和社会稳定作为各级政府治理的核心任务或者重要制度安排呢？主要原因有以下三点：

第一，扶贫、反腐和社会稳定与改革、开放、财政分权等制度安排一样重要，也是中国改革开放进程中一项重要的制度安排或者说保障条件。因为扶贫、反腐和社会稳定是保障性的，而改革、开放如家庭联产承

包责任制等是改革性的。中国经济、社会的发展要行稳致远,就必须同时依赖两类力量:一股力量是动力系统,诸如改革、开放、家庭联产承包责任制、财政分权、分税制等。这类力量的主要目标是推动经济发展,推动社会进步,通过给企业、政府、个人以激励,来促使它们朝着国家确定的宏伟目标前进。另一股力量就是扶贫、反腐和社会稳定系统,它们发挥的作用就是保证社会的和平、安宁和稳定。何谓扶贫?扶贫就是针对那些由于先天条件不足,比如,位于农村边远、落后地区的人群,或者由于历史原因所形成的贫困人群,或者是身体残疾或者能力相对较低的人群,由各级政府出面,对他们给予适当的关怀、帮助、扶持,使得他们能够获得正常的社会收入或者相应的精神关怀,能够过上与社会平均水平相当的生活。何谓反腐?反腐的目标是针对另外一群人,是那些利用自己手中掌握的公共权力、管理权力或者具体业务活动的权力,来获取不正当的个人或者家庭私利的人群,由中央和各级政府针对他们进行大力的巡查、纠察、惩罚,以保护国家和社会的秩序与社会稳定。还有,社会稳定为什么被改革开放以来的各级政府频繁地强调和重视呢?原因就是如果社会不稳定,什么样的改革、开放和治理举措都会化为泡影。

图4.2清楚地表明了改革、发展与稳定的关系。从该图可以看出,改革是发展的动力,是实现长期经济和社会稳定的基础;发展是改革的根本目的,是最稳定可靠的保证;稳定则是改革、发展的前提条件,也是发展的重要要求。如果改用经济学的语言来论述三者的关系,那么三者的关系即稳定是发展和改革的最基本约束条件,如果没有这个约束,那么发展和改革就会出现问题,从而丧失发展和改革的意义和方向。从改革和发展的关系看,改革是方式和方法问题,发展才是根本目的。因此,三者的关系其实就是约束条件、发展路径与最大化目标之间的关系。

第四章 中国改革开放以来政府治理的核心构成要素

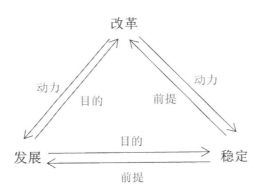

图4.2 改革、发展与稳定的关系

第二,扶贫、反腐和保持社会稳定等这些最为基本的治理举措,从改革开放一开始,就一直受到各级领导、党委和政府的高度重视。为什么会重视这样的问题?原因在于这些问题十分重要,并且贯穿在政府治理过程之中,一旦放松,就会危及社会稳定的大局。

比如,早在1987年3月8日,邓小平会见外宾时就指出,要保持"国内安定团结的政治局面","有领导、有秩序地进行社会主义建设"。[①]1987年6月29日,他又指出:"没有安定团结的政治环境,什么事情都干不成。"[②]邓小平为什么在这个时间强调安定团结的政治局面?恐怕就是因为20世纪80年代中期以后国内经济发展进程中出现了不安定团结的氛围。比如,腐败问题露出苗头,还有物价飞涨,老百姓不满意程度有所上升。1989年2月26日,邓小平在会见美国时任总统布什时再次指出:"中国的问题,压倒一切的是需要稳定。没有稳定的环境,什么都搞不成,已经取得的成果也会失掉。"[③]邓小平之所以在会见美国总统时说这些话,恐怕也是要告诉美国,不要去做干扰乱别的国家社会稳定的坏事。1990年12月24日,他又强调:"我不止一次讲过,稳定压倒一切,人民民主专政不能丢。"这个时候邓小平讲这些话,其实就是再次确认社会稳定对于中国这

---

① 《邓小平文选》(第3卷),人民出版社1993年版,第210—212页。
② 同上书,第244—245页。
③ 同上书,第284—285页。

个人民民主专政的国家十分重要,不能再犯那些方向性的错误。1994年3月,时任中共中央总书记江泽民在八届全国人大二次会议上海代表团讨论会上讲话时指出:"改革、发展、稳定,好比是我国现代化建设棋盘上的三着紧密关联的战略性棋子,每一着棋都下好了,相互促进,就会全局皆活;如果有一着下不好,其他两着也会陷入困境,就可能全局受挫。所以把握好改革、发展、稳定的关系,是现代化建设的一项重要领导艺术。"

为了更加准确地考察扶贫、反腐与社会稳定是中国政府治理经济、社会问题时非常重要的一个制度安排,笔者分别在中国知网、维普网搜索了过去这四十多年以"扶贫""反腐败"以及"社会稳定"为篇名的文献数量及其年度变化情况。

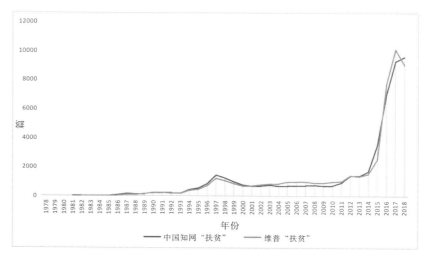

图4.3 中国知网和维普网中有关"扶贫"文献数量年度变化情况

资料来源:笔者根据中国知网、维普网数据搜索整理。

图4.3给出了笔者以"扶贫"为篇名搜索词在中国两大文献检索平台——中国知网和维普网上所搜索到的文献数量变化情况。从中可以看出,1982年以前这样的文献几乎没有。20世纪80年代,这类文献数量逐步增加。1997年后,这类文献的数量上升了一个量级。2013年后,这类文献的数量突飞猛进,大幅度上升。这说明国家对扶贫的重视程度又上升了一

第四章　中国改革开放以来政府治理的核心构成要素

个级别,已经提高到非常重要的地步。

图4.4给出了笔者以"反腐"为篇名搜索词所搜索到的文献数量。从中可以看出,"反腐"这个词在1988年前很少在中国文献平台中出现,当时的主要任务是改革开放、发展生产,可能这样的问题还未引起重视。20世纪90年代之后一直到2014年,有关"反腐"的文献数量一直呈现上升趋势,到2014年之后,这一词在文献库中出现的频率才有下降。

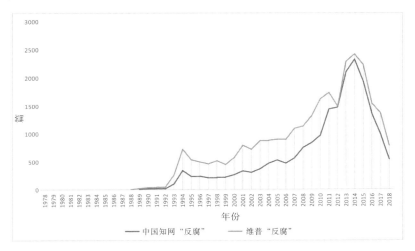

图4.4　中国知网和维普网中有关"反腐"文献数量年度变化情况

资料来源:笔者根据中国知网、维普网数数据搜索整理。

图4.5中给出了笔者以"社会稳定"为篇名检索词所搜索到的文献数量年度变化情况。从图中可以发现,社会稳定问题在改革的最初十年中,似乎并没有引起太大的关注。到1988年后,有关社会稳定的问题开始吸引全国研究者、媒体的注意力,相关的文献数量不断提升。这一趋势似乎一直在持续,只是到近段时间,关注度才有所下降。

中国经济奇迹：政府治理的作用

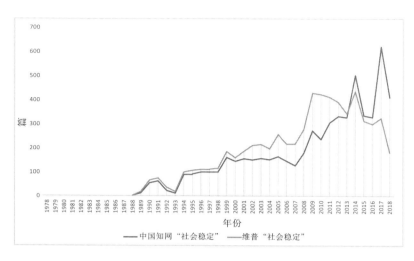

图4.5　中国知网和维普网中有关"社会稳定"文献数量年度变化情况

资料来源：笔者根据中国知网和维普网数据搜索整理。

上述有关扶贫、反腐与社会稳定的文献贯穿了过去四十多年的发展进程，成为中国学术界的研究热点，这从另一角度表明，政府如何应对这些问题对推动改革开放行稳致远具有十分重要的意义。

第三，从国际比较看，在中国改革开放的过程中，中国经济和社会总体上是稳定的，没有出现颠覆性的错误。换句话说，即使出现了一些状况，但最终还是比较稳妥地渡过了这些难关。其中的经验和教训是什么？就是扶贫、反腐和保持社会稳定这些最为基本的共识与相关的制度安排，在关键时刻保全了国家，保全了和平与安宁。

反观俄罗斯，它不顾自己国家的国情，简单地套用了新自由主义货币理论作为经济改革的理论指导；同时推行所谓全盘西化的政策，恢复私有制，采用西方"休克疗法"，一刀切式地向自由市场经济快速过渡。最终导致工业生产、社会产品和国民收入大幅度下降，通货膨胀急剧上升，社会生产率严重下降，失业剧增。"与1990年相比，GDP下降了50%多，轻工业下降了62%，加工工业和现代技术生产下降到15%—20%的红色警戒线。科学和技术遭到严重破坏，固定资产投资缩减3/4……居民实际收入一落千丈，大量居民陷入最低生活线以下，社会各阶层的收入差距急剧拉大，10%最富和10%最穷的人之间的收入差距1991年为4.5倍，1994年达到15.1倍。"①回过头来看，俄罗斯改革走向不可控的局面，主要问题就在于没有结合自己的国情，而是简单照搬照抄西方的理论与政策；在改革的过程中，也没有处理好轻重缓急，而是一股脑地实行改革。在改革的过程中，更没有注意到对可能影响社会稳定的诸多因素进行很好控制和应对。最终，俄罗斯经济被金融寡头所垄断，科学技术一落千丈，有约10万名的科学家和技术人员被西方挖走。

4.6 政府治理能力和治理体系的发展

党的十八届三中全会是一个里程碑，因为它将国家治理能力和治理体系现代化列为全面深化改革的总目标。以前，"治理"这个词主要属于政治学研究范畴，且显得比较敏感。在政府改革领域，我们很少用"治理"一词。相反，作为与其相关的另外一个词——"管理"我们却用得很多。

笔者在中国知网中分别以"管理"和"治理"两个词作为篇名进行文献搜索（见图4.6），结果发现，以"治理"为篇名的文献数量远远少于以"管理"为篇名的文献，这就非常清楚地说明了"管理"相对于"治理"而言在中国更具有普遍的意义。从变化趋势看，改革开放以来，以"管理"为篇名的文献数量快速上升，1992年以后上升速度非常快，这一趋势一直持续到2017—2018年。从篇名为"治理"的文献看，趋势到1991年后一直稳步上升，2012年后跃升到一个更高水平。这一对比说明，国内学术界普遍比较认可"管理"这个词，而不是"治理"。但是，十八届三中全会以来，"治理"一词开始"热"起来，并且在文献中也比较明显地反映出来了。

中国学术界为什么会出现这种由"管理"向"治理"的转变？主要的原因是，这种转变是人类文明发展的趋势，也是世界各国政府管理发展的趋势；另外一个重要的原因就是中国政府日益明智、日益开明，越来越向世界前沿迈进。

---

① 李新：《叶利钦时代：经济的崩溃、教训与现状》，载《世界经济文汇》2001年第2期。

中国经济奇迹：政府治理的作用

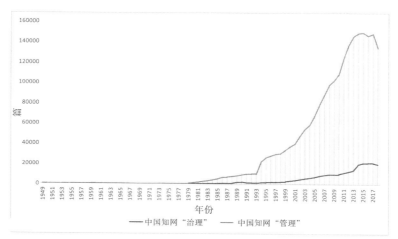

图4.6 中国知网中以"治理""管理"为篇名的文献数量

资料来源：笔者根据中国知网数据搜索整理。

为了更加清楚地看出这一趋势，在图4.7展示了以"治理"为篇名的文献占以"管理"为篇名的文献的百分比情况。从这幅图中可以看出，1994年以前，这一比重忽高忽低，呈现不稳定状态。到了1997年后，这一比重总体开始稳步上升。特别是十八届三中全会将国家治理能力和治理体系现代化确认为全面深化改革的总目标之后，这一比重跳升到一个新的高度。这说明，的确是由于政府认识与治理理念的变化，而导致了社会包括学术界研究话题的相应变化。

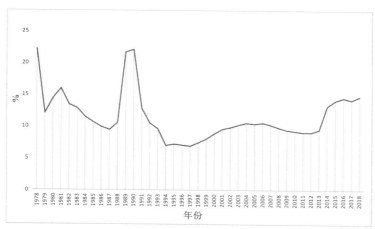

图4.7 以"治理"为篇名的文献占以"管理"为篇名的文献的比重

资料来源：笔者根据中国知网数据搜索整理。

第四章 中国改革开放以来政府治理的核心构成要素

我们为什么要将政府治理能力和治理体系的发展看作改革开放以来中国政府治理的核心构成要素之一呢？原因主要就在于，这代表了一种理念上的根本性变化，也是通过党的十八届三中全会得以确认的，并且它很快就变成了各级政府、学术界、公司、学校工作和学习的一个重要的努力方向。因为朝着这一方向和目标前进，就是符合主流意识形态，也能得到国家的各类支持，反之，则不符合国家的主流意识形态，也较难得到国家和各级政府的支持。上述图表就是一个证明。因为这种理念的变化，以这些词汇为篇名的文献不断增加；反之，如果一个理念不受到政府鼓励，那么以这一词汇为篇名的文献数量就难以增加，甚至发表的时候也会面临一定的困难。

为了进一步说明这一观点，笔者再次以"治理"为篇名加上以"现代化"为关键词在中国知网中进行搜索，结果如图4.8所示。

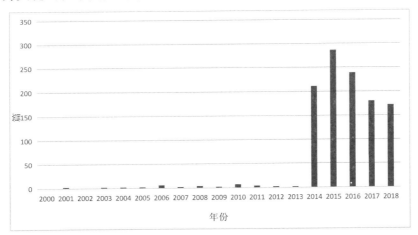

图4.8　以"治理"为篇名加上以"现代化"为关键词的文献数量

资料来源：笔者根据中国知网数据搜索整理。

从该图中可以发现非常明显的一个特点，那就是2014年之前，以"治理"为篇名加上以"现代化"为关键词的文献数量非常少，但是在2013年11月9日到12日召开的十八届三中全会之后，这方面的文献数量快速增加，并成为此后四五年的高频词汇。这说明，的确是由于党和政府执政理念的变化，影响了在此基础上的学术和科学研究，当然这也会影响与此相关的其他方面。

中国经济奇迹：政府治理的作用

图4.9显示了这些文献中各个主题出现的频率情况。从该图中可以清楚地看出，在这些文献当中，如果按照主题来划分，很显然，治理能力现代化、国家治理体系、国家治理现代化等占据了较高的频率。而只有少部分的文献是在此之外的其他领域，诸如社会治理、大学治理、基层治理、依法治国等。仔细阅读十八届三中全会的有关报告，我们会发现，这些领域都是报告中要着力改革的一些领域。这就意味着，中国这个国家的确拥有众多与国外非常不同的制度传统与特色，这些特色和传统恰恰表明，在外国人看上去非常奇怪的一些事情，在中国人看来却是非常合理的。因此，只有清楚理解中国的制度特征、制度传统，才能真正理解中国政府治理的核心构成要素。

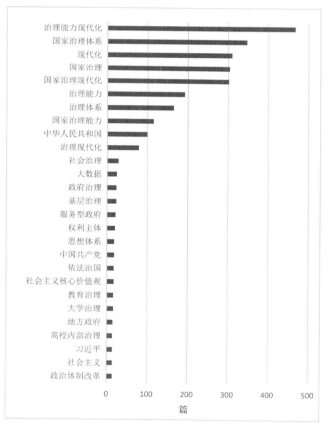

图4.9 以"治理"为篇名加上以"现代化"为关键词的文献主题分类情况
资料来源：笔者根据中国知网数据搜索整理。

4.7 本章小结

以上所罗列的改革开放以来中国政府治理的核心构成要素，可能还非常不全面。但截至目前，我们似乎还不可能再添加更多核心构成要素，因为我们所谓的改革开放以来中国政府治理的核心构成要素，必须具备这样几个特点：一是改革以来行之有效，且经常使用，具有一定的普遍意义，而不能仅仅是一项临时性的改革制度安排；二是作为一种制度安排，具有激励和约束的功能；三是能够体现改革开放以来中国政府治理的鲜明特点。也许有人会问，家庭联产承包责任制是否应该属于中国政府治理的核心构成要素之一？笔者的回答是，这是一种具体的改革，就像乡镇企业改革、外汇体制改革一样，虽然它也具有某种激励和约束功能，但并非一项具有普遍意义的、经常使用的制度安排。也许有人会问，依法治国，能不能算作改革开放以来中国政府治理的核心构成要素？笔者的回答是，还不能。主要是因为依法治国作为一项重要的治国方略，仅仅是在十八届四中全会上通过，至今的时间还比较短，并且在企业的经营、政府的管理活动中体现得还不是特别充分。因此，暂时未将之列为改革开放以来中国政府治理的核心构成要素。另外，依法治国虽然是一种重要的治国方略，但它和本章所说的政府治理能力和治理体系发展这一核心构成要素还是存在着较大重叠。那么，为什么政府治理能力和治理体系现的发展被列入，而依法治国却没有被列入？主要是因为国家治理能力和治理体系现代化是十八届三中全会确定的全面深化改革的总目标，而依法治国仅仅是一个重要的治国方略。毕竟，手段和方法与目标相比，还是处于相对从属的地位。

第五章 改革开放以来政府治理作用于转型发展的制度安排

上一章对改革开放以来中国政府治理的核心构成要素进行了梳理，这使得我们比较清楚地知道了改革开放以来中国政府治理经济和社会问题时经常使用和遵循的，并且被中国改革开放实践证明是管用的一些制度安排或者机制。但是，我们并不完全知晓这些核心构成要素到底通过哪些途径，又是怎样作用于中国的转型与发展进程的。在这一章中，笔者将系统地考察这些问题，并试图为此提供一些比较直接或者间接的经验证据。

5.1 中国共产党全国代表大会及其重要作用

谈到改革开放以来那些政府治理的核心构成要素如何作用于转型和发展时，一个绕不开的重要机制或者制度安排就是中国共产党全国代表大会。改革开放之前，外国人对这一会议重要性的认识并不完全清楚。但如今，无论是国内还是国外对中国共产党全国代表大会的重要性已经有了充分的认识。比如，2012年11月8日，中国共产党第十八次全国代表大会在北京开幕，有超过2700名中外记者报道了这次开幕会的盛况，其中外国记者人数众多。2017年10月18日召开中国共产党第十九次全国代表大会时，有超过3000名中外记者报道了这次开幕会，其中的外国记者人数再创新高。

第五章　改革开放以来政府治理作用于转型发展的制度安排

为什么有这么多的中外记者对中国共产党全国代表大会如此关注？原因主要就在于中国共产党的每次全国代表大会，都是全党对过去五年各方面工作的全面总结和回顾，也是对未来五年各项工作的全面部署和安排。从每次会议对过去五年工作不足的总结看，这些总结越来越客观，对问题的认识越来越清楚；而每次大会对未来工作的部署也越来越详细，主题越来越丰富、全面。

也许有人会问，中国共产党全国代表大会提出那么多的问题，开了那么长的时间，到底在现实中能否发挥作用？怎样发挥重要作用？笔者认为，它将通过以下几种途径和机制发挥出强大的影响力：

第一种途径和机制，我们称之为大会的宣传和宣讲机制，就是在每次全国代表大会召开之后，一般都会由中央选派多名具有丰富从政、管理经验且业绩突出的高层官员奔赴全国各地，对大会的主要精神和部署进行详细宣讲和普及。

以党的十九大为例，在大会开完之后的11月中上旬，中央就选派了36名同志组成的十九大精神中央宣讲团，奔赴全国各地开展宣讲，先后做了36场报告，举办了近60场各种形式的互动交流活动，直接听众接近52万人，通过电视、网络等渠道间接收听的人数约有2100万。[1]表5.1是根据人民网以及新华社发布的党的十九大精神中央宣讲团宣讲综述情况而整理的宣讲团成员及其宣讲覆盖省市的情况。[2]

---

[1] 《用新思想武装头脑 用新作为开创未来——学习贯彻党的十九大精神中央宣讲团宣讲活动综述》，http://www.xinhuanet.com/zgjx/2017-11/16/c_136756034.htm，2019年1月19日访问。

[2] 《学习贯彻党的十九大精神中央宣讲团成立》，http://politics.people.com.cn/n1/2017/1101/c1001-29621647.html，2019年1月19日访问。

中国经济奇迹：政府治理的作用

表5.1 党的十九大精神宣讲团成员与宣讲覆盖省市

宣讲团成员名单	宣讲覆盖的省市
1. 中共中央政治局委员、中央书记处书记、中央纪委副书记杨晓渡；2. 中共中央政治局委员、重庆市委书记陈敏尔；3. 中共中央政治局委员、中央书记处书记、中央宣传部部长黄坤明；4. 中央宣传部副部长、国务院新闻办主任蒋建国；5. 中央政法委秘书长、国务院副秘书长汪永清；6. 中央政策研究室常务副主任、中央宣传部副部长王晓晖；7. 中央改革办常务副主任、国家发展改革委副主任穆虹；8. 中直机关工委常务副书记、中央办公厅副主任孟祥锋；9. 中央文献研究室主任冷溶；10. 中央党史研究室主任曲青山；11. 全国人大法律委员会副主任委员、全国人大常委会法制工作委员会主任沈春耀；12. 全国政协人口资源环境委员会副主任徐绍史；13. 全国政协港澳台侨委员会副主任高虎城；14. 国家发展改革委副主任、国家统计局局长宁吉喆；15. 科技部党组书记、副部长王志刚；16. 工业和信息化部部长苗圩；17. 财政部部长肖捷；18. 农业部部长韩长赋；19. 国家卫生计生委主任李斌；20. 国务院国资委主任肖亚庆；21. 国务院法制办党组书记、副主任袁曙宏；22. 中国社科院院长、党组书记王伟光；23. 中央组织部副部长高选民；24. 中央组织部部务委员、组织一局局长李小新；25. 中央财办副主任易纲；26. 中央财办副主任杨伟民；27. 中央财办副主任韩俊；28. 全国政协副秘书长、办公厅研究室主任舒启明；29. 全国政协社会和法制委员会副主任施芝鸿；30. 最高人民法院副院长姜伟；31. 中央纪委驻国务院国资委纪检组组长江金权；32. 中央纪委驻国务院港澳办纪检组组长潘盛洲；33. 国务院研究室副主任韩文秀；34. 中国社科院副院长蔡昉；35. 国务院发展研究中心副主任张来明；36. 国务院发展研究中心副主任王一鸣	北京、山西、广东、天津、上海、山东、辽宁、四川、海南、云南、黑龙江、福建、贵州、湖南、内蒙古、广西、江苏、河北、浙江、吉林、湖北、宁夏、重庆、江西、甘肃、青海、新疆、河南、陕西、西藏

资料来源：笔者根据人民网以及新华社发布的党的十九大精神中央宣讲团宣讲综述情况整理。

从中可以发现，宣讲团成员的层次非常高，主要是国家各部委、中央研究机构、主管部门的领导干部，或者是高级研究人员，并且他们宣讲的覆盖面也非常广，覆盖全国，宣讲的对象涉及企业、大学、政府机关、农村、厂矿、社区、军队的成员。这样的宣讲主要起到了以下几方面的重要

第五章　改革开放以来政府治理作用于转型发展的制度安排

作用：一是将十九大鲜活的精神及时传递给广大工人、农民、学生、企业和政府等部门的人员；二是将大家的思想尽快统一到中国共产党确定的未来五年的基本路线和方针上来；三是宣讲同时也是一种政治动员，从专家的宣讲开始，全国各地开始进入所谓的密集学习十九大报告的时期。当然与此同时，中共中央政治局、中央宣传部、中央组织部门也会部署下一步有关十九大报告的学习工作。

也许有人会说，党的十九大的宣传工作是最好的，而之前中国共产党全国代表大会之后的宣讲密度没有这么高。实际上，我们这里所说的这一机制一直都是存在的，只是历次大会的宣讲在力度、广度方面可能存在一定程度的差异。

第二种途径是，中国共产党的各级党校，还会经常性地组织各种各样的中高级领导干部、后备干部，或者中青年骨干干部培训班等，进行有关中国共产党全国代表大会内容的学习和讲解活动。

其实，在很早的时候，笔者就有过类似的观点——中国共产党是一个非常善于学习的学习型组织，并且它的这一特点似乎自诞生以来就一直存在。不过，改革开放以来，这一特点表现得更加清楚了。原因是，外部的世界变了，中国实行对外开放了，原先国内的有些东西，在开放的环境下就越来越不适应了。这样，各级中共党校针对领导干部的培训就变得更加重要。

下面我们仅以上海市为例，在当中输入"中共党校"，那么就会出现10余个党校的地址（见图5.1）。除上海市委党校外，还有6个区委党校，全市共有17个党校。设想一下，每个党校每年培训200名党的高级干部，那么，仅仅上海市一年就可以在党校系统培训3400名高级干部了。

同样道理，除了中共党校以外，中国全国各地还有一个类似于中共党校的"党校"，就是社会主义学院。所谓社会主义学院，指的是主要培养民主党派干部、无党派干部等非共产党干部、后备干部和业务骨干的党校。

读者只要大致明白各地党校与社会主义学院的情况，马上就会懂得笔

中国经济奇迹：政府治理的作用

者所说的第二种机制的重要意义，而无须再找各种各样详细的数据来论证。我们只要查看一下这些党校以及社会主义学院成立的时间就知道，它们一定是较好地发挥了各自作用的。

第三种途径就是，中国共产党全国代表大会所通过的报告，自然会在中国共产党的各级委员会进行传达、学习和部署，这样影响的人数将会远远超过8000万人。

一般而言，影响的渠道是这样的，中国共产党全国代表大会通过的报告，会在省市共产党委员会进行学习，之后又会在下一级的地区（市）、县（市）、乡镇等进行相应的学习。与中央宣讲团赴全国各地的宣讲一样，各级共产党的委员会也会聘请当地或者省外比较著名的专家学者、高层政府官员等进行相应的辅导与学习。于是，截止到2017年7月2日，8956.4万名中共党员都会学习党的全国代表大会通过的报告或者决议。想象一下，每名共产党员又可能以网络的形式影响周围的非中共党员群体。因此，中国共产党全国代表大会所通过的报告，就会以网络级数的形式影响整个社会的每个角落，从而对企业的经营、厂矿的运作、机关的运行、政府的治理、社会的运转等方方面面产生深远的影响。

5.2 中国共产党对各级政府的领导及其重要作用

其实，在上面部分的论述中，笔者还未提及这一部分的内容，因为如果考虑到这一作用机制，那么中国共产党全国代表大会的作用机制就显得更加强大，因为中国共产党全国代表大会仅仅是一个会议的形式，而这一部分讲到的内容却是中国政治体制中最为核心也是最为重要的内容，即中国共产党对各级政府的领导。

在中央层面，有中华人民共和国中央人民政府，它的主要机关是国务院，通常设置一个总理，四个副总理，五名国务委员，还要设置秘书长一名，接受中国共产党中央委员会的领导。在省级或直辖市层面，同样设置各省（自治区）或者直辖市人民政府，一般设省长（自治区区长）、直辖市市长一名，若干名副职，以及若干名秘书长。同样，各省（自治区）、

第五章　改革开放以来政府治理作用于转型发展的制度安排

直辖市人民政府也要接受相应级别的中国共产党委员会的领导。再往下是地级市（地区）人民政府，还有县（自治县）人民政府，同样，它们也要接受相应级别的中国共产党委员会的领导。换句话说，各级政府比较重大的事项，基本上都是在中共党委的主导、制定、参与、监督下进行的。相应地，各级政府下属的各级组织，比如，财政局、税务局、人力资源和社会保障局、教育局、商务局、文物保护局等，也基本上实行相同的管理和控制模式，也都需要同级党委的领导、参与与监督。也就是说，通过各级党委对政府的领导，通过对各级政府部门下属的财政、经济、税收等业务的领导，党委与政府就密切结合在一起，形成了一个强有力的行政和执行整体。

西方经常将中国的政府看作党与政府的同一化，也就是说，政府没有自己的主见，没有独立执行公务、行使管理的能力，而完全听从党委的安排。其实，这是一种错误的看法。中国这种政府与同级党委之间的关系，其实就是一种领导与被领导的关系，或者是某种程度上的双重委托代理关系。同级别的市长、省长是代理人，而同级别的党委以及更高一级的党委均是其委托人。政府层面的领导享有一定的独立行政权、业务监管、执行权，而同级别的党委则更多是进行方向把握、思想政治把握、人事组织保障、后勤保障等方面的工作。如果根据业务来划分的话，政府往往负责政府相关业务的运行、执行等，而党委负责人事安排、组织保障。因此，同级别党委与政府的密切配合，往往是推动当地经济发展的最好组织保障。相反，如果政府的领导与党委的领导关系处理不好，那么当地的经济、社会发展就会出现徘徊不前或者效率不高等情形。

为什么中国共产党对各级政府的领导会在转型和发展进程中发挥重要作用？主要是因为这样做，能够在很大程度上保障中国共产党全国代表大会制定的方针、政策与主张，可以通过各级党代会以及同级别地方政府的工作得以落实和贯彻。

在这方面，一个有趣的现象非常值得所有经济学家、政治学家、社会科学工作者认真思考，那就是，关于全球治理指标（world governance indicators）。这一指标的得分值是从-2.5到+2.5，0分是国际平均线。其

中国经济奇迹：政府治理的作用

中通常包含六个方面的针对一国治理指标的评价指标，分别是话语权和责任、政治稳定性与不存在暴力、政府效能、管制质量、法治、腐败控制。我国的评价结果如图5.1所示。

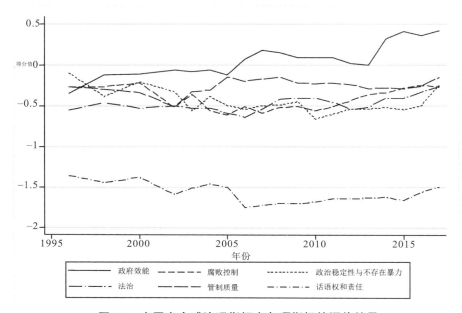

图5.1 中国在全球治理指标中各项指标的评价结果

数据来源：http://info.worldbank.org/governance/wgi/index.aspx#home，2019年1月20日访问。

从图中可以清楚地看出，中国在政府效能方面的分值最高，但也只是在2005年之后才有较大的提高，尽管如此，这一比值的绝对值仍然非常低，到了2017年也只有不到0.5的水平。笔者认为这一有关中国政府效能的评价偏低，原因主要是这些指标完全是按照西方的政治、民主制度和社会治理等特征建构的，而西方对中国政治、社会的运作机制，政府治理经济、社会的独特方式和方法等并不了解，即使说了解的话，也是非常不充分、不完善甚至是有偏见的。

为了更进一步证明笔者的看法，图5.2画出了全球治理指标中政府效能指标与中国1996—2017年GDP增长率之间关系的散点图。

第五章 改革开放以来政府治理作用于转型发展的制度安排

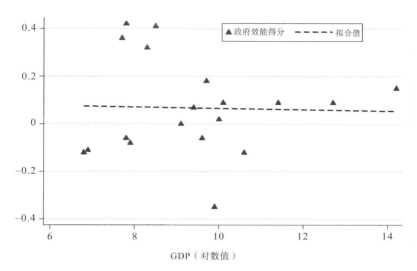

图5.2 政府效能指标与中国1996—2017年GDP增长率之间的关系

从图中我们发现，二者之间存在着负相关的关系，换句话说，1996年以来的中国政府治理效能与中国GDP增长率之间没有正向的关系，很显然，是这个指标出了问题，而不可能是我们的经济增长出了问题，毕竟，中国1996年以后的高速增长令全世界刮目相看。

图5.3是政治稳定性与不存在暴力同中国GDP增长率之间的关系，图5.4是管制质量指标中国与GDP增长率之间的关系散点图。从图5.3中，笔者也发现了十分反常的结果，二者的关系散点图表明，我国的政治稳定性与经济增长率之间存在着比较明显的负相关关系。这一点与笔者的判断和一般人的直觉同样是完全相反的。从图5.4看，我国的管制质量与GDP增长率之间是正相关关系，这一点与我们的直觉是一致的，即中国政府的管制质量的确应该是越来越好了，特别是改革开放后管制质量毫无疑问是提高的，这与中国经济的高速增长之间是相辅相成的。

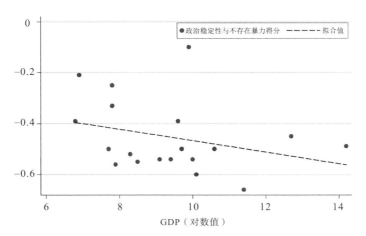

图5.3 政治稳定性与不存在暴力同GDP增长率之间的关系

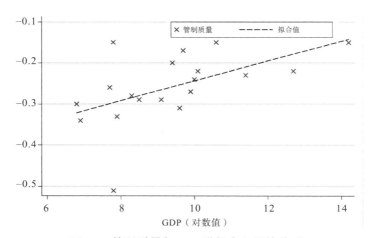

图5.4 管制质量与GDP增长率之间的关系

笔者用一个简单的回归来检验这些治理指标是否能很好地解释我国的GDP增长，结果见表5.2所示。从该表中可见，无论我们使用何种回归方法，结果都发现，政府效能、话语权与责任两个指标对GDP增长的影响显著为负，而法治与管制质量则正向影响中国的GDP增长。想象中应该对中国GDP增长贡献最大的政治稳定性与无暴力在该标准中对经济增长的影响却并不显著。总之，笔者认为，这些指标不能很好地反映中国改革开放

第五章 改革开放以来政府治理作用于转型发展的制度安排

以来政府治理的核心问题,因而,在用这些指标衡量中国政府治理的状况时,就会发现很多难以想象的偏差。原因在于这些指标并没有很好地提取中国政府治理中核心的构成要素,就像是用一个衡量飞鸟的空气动力学衡量一个地上狮子的运动动力学,难免出现非常大的偏差。

表5.2 全球治理指标对中国GDP增长率的解释

被解释	GDP				人均 GDP 差分
方程	(1)	(2)	(3)	(4)	(5)
方法	OLS	Prais_Winsten	New-west Std. errors	Arima (1,0,1)	Arima (1,1,1)
政府效能	**−8.166****	**−8.159****	**−8.166****	**−7.926*****	
	(−3.01)	**(−3.02)**	**(−2.65)**	**(−5.30)**	
腐败控制	−4.673	−4.684	−4.673	−4.677**	
	(−1.62)	(−1.62)	(−1.70)	(−2.28)	
政治稳定性与不存在暴力	2.027	2.026	2.027	1.926	
	(0.75)	(0.75)	(0.84)	(0.92)	
法治	**12.35****	**12.37****	**12.35****	**12.71*****	
	(2.62)	**(2.65)**	**(2.52)**	**(3.92)**	
管制质量	**10.21****	**10.19****	**10.21*****	**9.397*****	
	(3.04)	**(3.04)**	**(3.24)**	**(3.81)**	
话语权与责任	**−11.81****	**−11.80****	**−11.81****	**−12.18*****	
	(−2.70)	**(−2.71)**	**(−2.98)**	**(−4.19)**	
政府效能差分					−8.241
					(−1.49)
腐败控制差分					−3.678
					(−0.33)
政治稳定性与不存在暴力差分					−0.601
					(−0.05)
法治差分					**15.07*****
					(3.28)

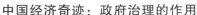

（续表）

管制质量差分					10.41
					(0.60)
话语权与责任差分					−11.21
					(−1.08)
常数项	−1.240	−1.227	−1.240	−1.848	−0.0581
	(−0.22)	(−0.22)	(−0.24)	(−0.45)	(−0.14)
ARMA L.ar				0.141	0.0255
				(0.35)	(0.04)
L.ma				−1.000	−1.000
				(.)	(.)
sigma _cons				0.656***	0.827**
				(3.30)	(2.45)
N	19	19	19	19	15
r2_a	0.668	0.681			

注：t statistics in parentheses，* 表示 $p<0.10$，** 表示 $p<0.05$，*** 表示 $p<0.01$。

5.3　全国人民代表大会制度及其重要作用

全国人民代表大会是西方诟病我国政治制度以及政府治理制度的一个重要内容，主要原因是，西方对我国全国人民代表大会制度及其重要作用并不完全了解。前文已经提到，中国共产党全国代表大会基本上每五年召开一次。但全国人民代表大会通常是一年召开一次。由于它几乎和中国人民政治协商会议差不多同时召开，因此国内外通常将两者合称为"两会"，召开的时间一般是每年三月份。

全国人民代表大会是个什么性质的组织或者制度安排呢？按照《中华人民共和国宪法》（以下简称《宪法》）的规定，全国人民代表大会是中华人民共和国最高国家权力机关，它主要行使国家立法权，由全国各省、自治区、直辖市、特别行政区和军队选出的代表组成，一般而言，每届

第五章　改革开放以来政府治理作用于转型发展的制度安排

任期五年。

《宪法》规定："全国人民代表大会行使下列职权：（一）修改宪法；（二）监督宪法的实施；（三）制定和修改刑事、民事、国家机构的和其他的基本法律；（四）选举中华人民共和国主席、副主席；（五）根据中华人民共和国主席的提名，决定国务院总理的人选；根据国务院总理的提名，决定国务院副总理、国务委员、各部部长、各委员会主任、审计长、秘书长的人选；（六）选举中央军事委员会主席；根据中央军事委员会主席的提名，决定中央军事委员会其他组成人员的人选；（七）选举国家监察委员会主任；（八）选举最高人民法院院长；（九）选举最高人民检察院检察长；（十）审查和批准国民经济和社会发展计划和计划执行情况的报告；（十一）审查和批准国家的预算和预算执行情况的报告；（十二）改变或者撤销全国人民代表大会常务委员会不适当的决定；（十三）批准省、自治区和直辖市的建置；（十四）决定特别行政区的设立及其制度；（十五）决定战争和和平的问题；（十六）应当由最高国家权力机关行使的其他职权。"

为什么全国人民代表大会制度对中国的转型和发展进程会产生重要的影响呢？原因就在于它通常会通过以下几个机制发挥重要作用：

第一，通过它的授权和讨论，选举产生中华人民共和国主席、副主席，以及国务院、监察委员会、最高人民法院、最高人民检察院等部门主要领导的人选等。由于这些人选要么是根据国家主席的提名进行选举的，要么是根据国务院总理的提名进行选举的，因而，通过人大的选举，来自全国的人大代表就从法律上认可了这些人选，而这些重要领导也就有了领导国家各项事务、管理各方面工作的权力。

第二，审查和批准国民经济和社会发展计划以及预算执行情况。这一点是全国人民代表大会比较重要的、也是能对国家的转型与发展产生较大作用的制度安排之一。一般而言，所有的全国人大代表，都要参加并审议国务院总理所做的政府工作报告。该政府工作报告通常分为两个部分，第一部分通常要回顾过去一年的主要工作及其取得的主要成绩，第二部分就

中国经济奇迹：政府治理的作用

是部署下一年度的主要工作。全国人大代表在听取报告之后，一般要分为若干小组，分别审议政府工作报告，提出每个代表自己的意见和建议。国家主席、国务院总理、全国人大常委会委员长、政协主席等国家领导人通常会参加分组讨论，听取并与分组代表进行充分的交流与沟通。

其实，这个讨论的过程就是一个上情下达、下情上达的过程，也是一个广泛听取民意的过程。一般而言，所有参加全国人民代表大会的代表，通常都会提前准备相应的提案，到了开会的时候，提交给全国人大常务委员会。会议中，一些全国人大代表的优秀提案会得到交流；会议之后，这些提案会由全国人大交给相关的政府部门参考落实，全国人大也会督办这些提案的落实情况，政府无论是否采纳，通常都要给予相应的正式答复。如果提案切合现实情况，并有现实指导意义，政府机关还要就有关提案进行充分调研、协商、讨论，以决定是否纳入政府部门的工作之中。

一般而言，在全国人民代表大会召开之前，地方各级人民代表大会通常会事先召开各级人民代表会议，全国各地的代表也都事先做好各项调研工作，这样，等到全国人大召开会议的时候，就能保证他们提交的提案具有一定的针对性、现实性和可操作性。

第三，全国人大还有一项重要的任务，就是收集、制定和修改有关刑事、民事、国家机构的和其他的基本法律。全国人大休会期间，一般由常务委员会代行其职权。该任务一个重要的方面就是修订各项法律。

在过去的这些年，全国人大制定了相当多的法律。但是，据笔者所知，目前还未有一个比较全面的公共数据库来反映这些信息。笔者对全国人民代表大会网站"立法专题"里面公布的立法法条进行了简单的统计，并绘制了图5.5。从该图中可以看出，2007年至2018年，全国人大每年都审议、修改和制定多项法律。这些法律在中国的经济、社会发展进程中，都发挥着重要的作用。

第五章 改革开放以来政府治理作用于转型发展的制度安排

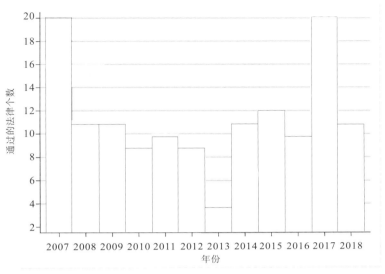

图5.5 2007—2018年全国人大通过的法律个数

资料来源：http://www.npc.gov.cn/npc/zt/node_1848.htm，2019年1月20日访问。

总而言之，全国人大通过法律的制定、领导人的选举、对同级政府的监督、与人大代表的定期沟通、对同级政府的财政和预算授权及监督等途径，对中国的转型和发展发挥了重要的作用。

5.4 中国人民政治协商会议及其重要作用

中国人民政治协商会议（以下简称"人民政协"），是个非常独特的政治制度。一般外国人对此并不了解，甚至很多中国人自己也不了解。它的名称虽然是一个会议名称，但事实上，它却是类似于"议会"的一个政治机构，更是一个具有中国特色的重要政治制度安排。

在中央层面，它的机构被称为中国人民政治协商会议全国委员会，在省（自治区、直辖市）、地区（市、自治州）、县（自治县）级层面，通常也有相应的委员会。人民政协主要是团结和带领民主党派、无党派人士以及海外侨胞等人士的爱国统一战线组织，是中国共产党领导的多党合作和政治协商的重要机构，是中国政治生活中发扬社会主义民主的一种重要形式。

中国经济奇迹:政府治理的作用

改革开放之前,人们对人民政协还不是特别熟悉,因为那个时候吃饱穿暖就是最大的政治。改革开放以后,人民政协随着时代的发展而日益重要起来。图5.6显示了笔者以"中国人民政治协商会议"和"人民政协"为篇名在中国知网中搜索到的文献数量。其实,1950—1955年也有少数有关人民政协的文献,但"文革"期间几乎没有一篇相关的文献,故此幅图中只显示了1981年以后的文献。从该图提供的信息可以发现,改革开放以来,以这两个名称为篇名的文献不断增加,这说明学术界有关人民政协的作用、意义等各方面的信息和研究在不断增多,特别是20世纪90年代中期以后。

图5.6 中国知网中以"中国人民政治协商会议"和"人民政协"为篇名的文献数量

资料来源:笔者根据中国知网数据搜索整理。

为了详细地了解这些文献大致的主题和领域,表5.3罗列了这些文献涉及的主题。从中可以发现,有关人民政协的研究已经深入到方方面面,比如协商民主、政治协商、民主监督、履行职能、履职能力、参政议政、无党派人士,等等。

第五章 改革开放以来政府治理作用于转型发展的制度安排

表5.3 中国知网中以"人民政协"为篇名的文献主题与领域

主题以及篇数
人民政协（2646）协商民主（603）政治协商（511）人民政协协商民主（317）中国人民政治协商会议（295）中国共产党领导（281）民主监督（274）民主党派（265）多党合作和政治协商制度（258）习近平总书记（251）共产党（243）履行职能（207）人民政协民主监督（187）社会主义协商民主（136）中华人民共和国（111）中共中央（111）思想体系（108）履职能力（105）参政议政（105）人民政协制度（96）政协委员（94）社会主义民主政治（91）政协民主监督（86）多党合作（80）无党派人士（77）人民团体（73）社会主义（72）协商民主制度（72）

资料来源：笔者根据中国知网资料整理。

人民政协到底会怎样作用于中国的转型与发展呢？根据我们的梳理，它的作用主要体现在以下几个方面：

第一，《中国人民政治协商会议章程》总纲中明确表示："中国人民政治协商会议根据中国共产党同各民主党派和无党派人士长期共存、互相监督、肝胆相照、荣辱与共的方针，促进参加中国人民政治协商会议的各党派、无党派人士的团结合作，充分体现和发挥我国社会主义新型政党制度的特点和优势"。

从经济学的角度看，人民政协可以被看作一个代表中国各民主党派的政治组织，在它的团结下，中国八个民主党派就可以协助中国共产党，进行更加充分、效果也更好的民主协商、参政议政和民主监督。想象一下，中国共产党拥有9000多万名党员，而8个民主党派中最小的民主党派只有2500多人。如果由一个最小的民主党派与最大的中国共产党协商某一件事情，监督中国共产党的某一项事务，其中的影响力是可以想象得到的。但是，当八个民主党派联合在一起，通过人民政协这个平台，它们的力量就会大大增强。这样，一是可以更好地发挥民主监督、参政议政、政治协商的作用；二是不同的党派从不同的角度出发，通过人民政协汇总和梳理，促使中国共产党和各级政府作出答复，其效果肯定就大大提高。

值得注意的是，中国各民主党派与中国共产党的关系，与国外的在野党和执政党的关系存在着较大差异。国外在野党的最大目标是谋求执政，

中国经济奇迹：政府治理的作用

当它作为在野党的时候，主要的任务就是挖墙脚，弹劾执政党甚至挑执政党的毛病，然后"广而告之"，为自己将来执政创造条件。中国的民主党派不是谋求执政，而是参政议政、民主监督和政治协商。西方执政党、在野党是平起平坐的竞争关系，中国共产党和各民主党派是友党关系。从这个意义上说，人民政协就类似于一个"议事厅"，各民主党派经常来这里议事，在重要的议事过程中，也邀请中国共产党参与，并且政府还要作出严肃的答复。如果用比较官方的语言来说明，那就是十六字方针——"长期共存、互相监督、肝胆相照、荣辱与共"。

第二，从人民政协下属设立的各委员会能够看出，人民政协在改革和转型中发挥了重要作用。打开人民政协全国委员会的网站，我们就能发现其下分别设立了提案委员会、经济委员会、人口资源环境委员会、教科卫体委员会、社会和法制委员会、民族和宗教委员会、港澳台侨委员会、外事委员会、文化文史和学习委员会等。另外，在人民政协下面还设立了三个社会团体，分别是中国经济社会理事会、中国宗教界和平委员会、中国人民政协理论研究会。这些委员会都是由来自全国相关领域的知名人士、专家学者、企业家代表、港澳台同胞代表等组成的。正是由于人民政协联系的广泛性、代表性、爱国性和统一战线的鲜明特征，习近平总书记在庆祝人民政协成立65年座谈会上的讲话中指出："人民政协是国家治理体系的重要组成部分，要适应全面深化改革的要求，以改革思维、创新思维、务实举措大力推进履职能力建设，努力在推进国家治理体系和治理能力现代化中发挥更大作用。"[1]

第三，协商民主是中国特色的民主形式，也是适合中国国情的民主形式。习近平总书记在纪念中国人民政治协商会议成立65周年大会上的讲话，对于我们理解协商的重要性，中国特色形式协商民主对于中国改革、

---

[1] 《习近平：在庆祝中国人民政治协商会议成立65周年大会上的讲话》，http://www.cppcc.gov.cn/zxww/2017/12/16/ARTI1513309244142366.shtml，2019年1月21日访问。

第五章　改革开放以来政府治理作用于转型发展的制度安排

发展和转型进程的重要性意义重大。"在中国社会主义制度下,有事好商量,众人的事情由众人商量,找到全社会意愿和要求的最大公约数,是人民民主的真谛。涉及人民利益的事情,要在人民内部商量好怎么办,不商量或者商量不够,要想把事情办成办好是很难的。我们要坚持有事多商量,遇事多商量,做事多商量,商量得越多越深入越好。涉及全国各族人民利益的事情,要在全体人民和全社会中广泛商量;涉及一个地方人民群众利益的事情,要在这个地方的人民群众中广泛商量;涉及一部分群众利益、特定群众利益的事情,要在这部分群众中广泛商量;涉及基层群众利益的事情,要在基层群众中广泛商量。在人民内部各方面广泛商量的过程,就是发扬民主、集思广益的过程,就是统一思想、凝聚共识的过程,就是科学决策、民主决策的过程,就是实现人民当家作主的过程。这样做起来,国家治理和社会治理才能具有深厚基础,也才能凝聚起强大力量。古今中外的实践都表明,保证和支持人民当家作主,通过依法选举、让人民的代表来参与国家生活和社会生活的管理是十分重要的,通过选举以外的制度和方式让人民参与国家生活和社会生活的管理也是十分重要的。人民只有投票的权利而没有广泛参与的权利,人民只有在投票时被唤醒、投票后就进入休眠期,这样的民主是形式主义的。"[①]

由以上的论述就能清楚地看出,人民政协对转型与发展进程的作用,主要就在于汇集全国各政治派别、各民主党派的意见,集思广益,充分协商,就国家的大政方针达成一致的意见,然后在中国共产党的领导下,朝着既定的目标努力奋斗。打个比方,人民政协类似于中国政治进程中的一个头脑风暴过程。在这一过程中,不是要提出不同的政见,互相批评,而是就国家的未来、大政方针充分协商,最终达成一致意见,形成推动社会进步的合力。

[①] 《习近平:在庆祝中国人民政治协商会议成立65周年大会上的讲话》,http://www.cppcc.gov.cn/zxww/2017/12/16/ARTI1513309244142366.shtml,2019年1月21日访问。

中国经济奇迹：政府治理的作用

5.5 中国各级党委与政府在转型发展进程中的作用

中国各级党委与政府在转型发展进程中的作用，可以用"核心"或者"重要"这两个词汇来概括，原因是中国转型与发展进程中遇到的问题通常都是利益交织、错综复杂的"老大难"问题，但改革开放以来的中国转型和发展，正像十九大报告中所说的那样，我们还是"干了很多过去不敢想、不敢干的大事"。其中的原因是各级党委和政府拥有推动转型与发展的如下重要机制和途径，并且很好地发挥了这些机制和途径的作用。

第一，各级党委推动转型和发展的一种重要途径就是每五年召开一次代表大会，然后，党委所通过的会议报告，将会指导此后五年的政府工作，而政府对于党代会内容的落实，就体现在每年一度的政府工作报告中。需要澄清的是，政府并不仅仅将党代会所列出的计划写在自己的政府工作报告中就完事了，而是要让党代会的报告结合政府工作的实际情况，分阶段、分步骤地落实这些内容。然后，还要接受地方人民代表大会、人民政协的监督。

第二，政府能够很好地推动当地的转型和发展，还有一个重要的抓手就是财政分权或者说是税收包干。四十多年来，中国大部分地方政府与中央均签订了所谓的财政包干协议，换句话说，只要地方政府在推动地方经济发展进程中成绩显著，那么，地方政府就能获得更多的税收和财政分成。这也被外界称为财政分权和分税制。这一机制落实到地方层面以后，又会以层层分包的形式，落实到更低一级的地方政府。于是，中国的地方政府从上到下都会以类似的形式实行财政分权和分税制。这样，各级政府部门都有很强的激励以推动当地的经济转型与发展。具体而言，地方政府下属的各个部门，也都按照政府工作报告被分配了相应的改革任务和目标。到了年终，政府还要按照当初的目标，对下属各级部门进行绩效考核与评价。正是按照从上到下的任务指标、业务分包等形式，中国的各级地方政府才能对当地的改革发展和转型发挥非常重要且关键的作用。

第三，政府在转型发展进程中的重要作用，在很大程度上是通过"官员晋升锦标赛"这一机制而发挥作用的。政府除了按照绩效指标，对属下

第五章 改革开放以来政府治理作用于转型发展的制度安排

的官员、部门实行一定的经济激励之外，晋升奖励也是地方官员梦寐以求的一种激励方式。从20世纪80年代以来，这一晋升激励相对于经济激励的作用就变得越来越强了。

为了验证这一观点，笔者引用了罗党论、佘国满、陈杰研究中的一个表格（见表5.4所示），其中所用的数据是1999—2009年全国所有地级市的数据。

表5.4 按GDP增速分组统计晋升概率和城市特征

GDP增速	市委书记晋升比重	人均GDP（元）	人口（万人）	人口密度（人/平方千米）	采矿人员占从业人员比重（%）	临近大城市属于同省	人均道路面积（平方米）	二产比重（%）	三产比重（%）	签订外资合同数
后20%	0.67	11971.71	458.21	438.88	0.08	0.46	7.18	42.14	35.65	65.27
60%—80%	0.67	16672.87	388.19	346.49	0.08	0.36	8.18	45.20	36.73	81.60
40%—60%	0.70	18915.09	487.96	528.56	0.06	0.38	7.32	47.91	36.50	152.55
20%—40%	0.71	15314.39	400.23	423.09	0.08	0.27	7.48	48.60	35.15	96.44
前20%	0.82	30064.11	272.50	295.13	0.11	0.22	9.69	51.85	33.79	171.27

资料来源：罗党论、佘国满、陈杰：《经济增长业绩与地方官员晋升的关联性再审视——新理论和基于地级市数据的新证据》，载《经济学（季刊）》2015年第3期。

从该表可以清楚地看出，那些GDP增速排在前20%的城市的市委书记的晋升概率为82%，要比那些GDP增速排在后面40%的市委书记的晋升概率高出15%，比排在前40%—60%的市委书记的晋升概率高出12%，要比排在前20%—40%的晋升概率高出11%。从人均GDP情况看也是如此，人均GDP越高地方的市委书记获得晋升的概率普遍越高；签订外资合同数似乎也与市委书记晋升的概率之间存在正相关关系。除此之外，诸如人口多少、人口密度、采矿人员占从业人员比重、临近大城市属于同省比重、人均道路面积、二产比重、三产比重等并不对市委书记的晋升产生明显的影响。

5.6 国有企业与民营经济的重要作用

说国有企业在转型发展进程中发挥了重要作用，几乎没有人怀疑。因为国有企业本身就是国家的企业，也是政府的企业，因此，党和政府"指"到哪里，一般而言，我们的国有企业基本上就能"打"到哪里。但是，如果要从经济学学理上来分析国有企业作为政府治理的一个重要方面，到底怎样在转型发展进程中发挥作用，却要静下心来好好想想，才能作出比较全面的回答。但在细想这个问题的时候，另一个问题无法回避，那就是民营经济在我国转型与发展进程中是否发挥了不同于国有企业的重要作用。要比较清楚地回答这个问题，就必须同时将国有企业和民营经济放在一起，在相互的对照中，来讨论它们在我国转型发展进程中的定位、作用及其与我国政府治理之间的关联等。

第一，国有企业要承担起有关国防安全及与国家发展命脉相关的资本密集型的战略性产业，比如航空、航天、大型舰船、核心芯片等产业，但值得注意的是，有关这类产业的发展，国家并未表示民营经济不可进入。其实，这样一个事实，恰恰反映了我国政府在治理经济问题、推动政府治理能力和治理体系发展时一个不容忽视的思路，那就是这些产业虽然以国有为主，但这也不妨碍民营为辅这个事实。这意味着，今后这样的发展思路也许会成为这些产业发展的常态。

为什么这类战略性产业主要以国有企业的形式来进行？主要就是出于国家安全的考虑。大家都非常清楚，我国有计划经济的传统，所以完全不顾这一传统，像美国那样将航空、航天、军工等产业完全交由民营经济运营，在当前的中国肯定不可行。但这类产业在由国有企业主导的同时，也可以允许一些民营经济发挥作用。有这样一条新闻值得关注。2015年，习近平总书记非常强调"军民融合发展"的战略，甚至多次强调将它上升到国家战略层面；与此同时，我国政府开始就商业航天立法广泛征求社会意见，这意味着，中国商业航天的政策窗口已经逐步开启。就是在这种形

第五章　改革开放以来政府治理作用于转型发展的制度安排

势下，国内民营资本开始进入航天领域，由此掀起了商业航天发展的新浪潮。习近平总书记为什么要力推"军民融合发展"战略？笔者判断，他的目的就是要以民营经济的活力及它在行业内所造成的"鲇鱼效应"，提高整个行业的竞争力、活力、创新力以及研发层次和水平，以尽快壮大这一行业。

来看一个例子。北京零壹空间科技集团有限公司就是一家民营的火箭公司。该公司2015年8月才成立，2016年10月就获得了A轮融资一亿元。2017年，该公司获得重庆市人民政府的资金支持。2017年12月，该公司的固体发动机联合试车圆满成功。2018年1月，该公司的液体发动机试车成功。2018年5月17日该公司实现首飞，随后，首枚民营资助研发的商用亚轨道火箭就成功发射。2018年7月，该公司进行了其"M系列"火箭一级主发动机和尾段舵联合试车试验。

我们可以想象一下，中国航天集团等国有企业在看到这一新闻时心里是一种什么滋味？恐怕更多的是压力和竞争。其实，这恰恰是习近平总书记以及国家相关部门力促商业航天立法背后的真正原因。

第二，对于关系国计民生的那些自然垄断行业，比如电信、电力、水务、能源、交通等产业的发展、产品或者服务的提供等，目前也主要是由国有企业承担的，但根据笔者的判断，今后这些行业也将大踏步朝着所谓混合所有制的方向发展。换句话说，在这些行业，民营企业可以参股国有企业，国有企业当然也可以参股民营企业，这种互相参股肯定将形成整个行业良性竞争的格局，这样才能为十九大报告中所说的"创造世界级的一流企业"奠定扎实的基础。

比如，据业界新闻报道，中国联通于2017年8月启动了混合所有制改革，诸如阿里巴巴、腾讯、百度等知名的民营公司入股，并成为其战略投资者。2017年8月20日，中国联通发布关于混合所有制改革概况的专项公告，这次混改前，公司总股本约为211.97亿股。在混改中，公司将向战略投资者非公开发行不超过约90.37亿股股份，筹集资金约617.25亿元。①

---

① 《中国移动完成改制，此前联通已启动混合所有制改革》，http://cnews.chinadaily.com.cn/2017-12/27/content_35388378.htm，2019年1月21日访问。

中国经济奇迹：政府治理的作用

应该说，这是个不小的动作，也是值得鼓励的一个进步。类似的是，根据业界的报道，中国移动公司混合所有制改革也已经启动，只是相关的报道目前还不是特别多。另外，根据国家发改委的相关信息，今后几年，诸如电力、油气等原先所谓的自然垄断行业的混合所有制改革将会更加深入。何谓混合所有制？就是公有资本包括国有资本和集体资本，与非公有资本包括民营资本与外国资本，共同参股组成新型企业形式。国家为什么要在原先具有一定自然垄断性质的行业推行混合所有制？目的也是一样的，那就是以此激活这些行业、企业的核心竞争力、创新力，这样，才能在国外"狼群"来临之前培育世界级的一流中国企业。

第三，公有制经济和非公有制经济一个都不能少，二者都是社会主义市场经济的重要组成部分，毫不动摇地巩固和发展公有制经济，毫不动摇地鼓励、支持和引导非公有制经济发展，已成为新时代坚持和发展中国特色社会主义的基本方略。

中央为什么要将"两个毫不动摇"写进十九大报告中？习近平总书记在2018年11月1日的民营企业座谈会上对民营企业家发表重要讲话，目的就是再次强调中央有关公有制经济与非公有制经济协调健康发展的基本原则：一方面，要发挥我国独特的制度优势，用习近平总书记的原话说，那就是"我们有党的坚强领导，有集中力量办大事的政治优势"。我国的哪类企业能够很好地发挥这样的作用？毫无疑问，那就是国有企业。坚持"两个毫不动摇"其实是经济学中一个非常聪明、也最适合企业健康成长的充分竞争的生态系统。而这一点，恰恰是中国特色社会主义制度的独特优势，也是中国政府治理体系和治理能力的发展方向，即一方面要坚持国际化和市场化的改革方向，因为这样能充分利用国际化和市场化推动中国经济的发展，推动政府治理能力和治理体系的发展；另一方面，我们也要保持自己的特色，按照自己确定的道路和方向，坚定不移地前进，不能迷失自我，更不能迷失方向。

邓小平有一句名言："两手都要硬"，经济学界也有一句名言："真正好的经济学家永远都有两只手"。笔者认为二者的道理一定是相通

第五章 改革开放以来政府治理作用于转型发展的制度安排

的,即二者不是非此即彼或者相反,而是相互竞争与合作的关系。

5.7 厂长(经理)负责制及其在转型发展进程中的作用

说起"厂长(经理)负责制",很多人都已经不太熟悉这个词了,也许他们还会反问,现在,中国还有厂长(经理)不负责任的企业?其实,这个说法恰恰反映了一个事实,那就是今天的中国已经在很大程度上走上市场经济了。在市场经济下,所有企业都得对自己负责任,否则,迟早会被市场淘汰。这个词出现于1988年4月全国人大七届一次会议通过的《中华人民共和国全民所有制工业企业法》里的一条重要规定,即国有企业实行厂长(经理)负责制,厂长是企业的唯一法定代表人。其中规定,厂长的产生方式有:(1)政府主管部门委任或者招聘;(2)企业职工代表大会选举。政府主管部门委任或者招聘的厂长人选,须征求职工代表的意见;企业职工代表大会选举的厂长,须报政府主管部门批准。厂长最主要的职权是经营决策权、指挥权和用人权,还包括职工奖惩权等。该法还规定,企业要建立管理委员会,协助厂长决定企业的重大问题,管理委员会由企业各方面的负责人和职工代表组成。厂长任管理委员会主任。

这一规定在中国改革开放的历史上意义重大,因为国有企业实行厂长(经理)负责制,意味着中国国有企业改革向前迈出了重要一步。

第一,厂长(经理)被赋予依法决定、管理工厂和企业的大权。这能在很大程度上调动厂长(经理)的积极性和主动性,使得厂长(经理)肩膀上的"担子"压到了实处。我们可以将这个改革称为国企"赋权"的过程。正是由于"赋权"使得我们在很大程度上能够解决国有企业所谓权责不分的重要问题。"赋权"后,厂长(经理)成了企业的法定代表人,就有权掌管企业,相应地,也要负起相应的责任。

第二,中国国有企业的改革也迈上了新的阶段。1978年底,国有企业的改革实行所谓的"利润留成",也就是如果国有企业盈利,那么新增盈利的12%留给企业,其余88%上交给国家。到了20世纪80年代中期,国

中国经济奇迹：政府治理的作用

有企业改革看到农村家庭联产承包责任制改革的好结果，于是也模仿农村家庭联产承包责任制，由国有企业的厂长或经理跟国家签订承包合同，以实行所谓的"承包制"改革试点。实行厂长（经理）负责制以后，毫无疑问，企业的自主经营权会大大扩展，积极性也会大大提高，于是，国家的利益也就能得到保障。①

在经济学的视角下考察厂长（经理）负责制，就会发现这也是"惊险的一跳"。因为厂长（经理）在一定程度上变成了其所经营的国有企业的法定代表人，虽然他并不是企业所有权或者产权的真正所有人，但厂长（经理）负责制为厂长（经理）赋予了决策、经营等很大的权力。这个探索就使得国有企业的所有权和经营权可以在很大程度上分离。这为当时国有企业的改革开了先河，也是20世纪80年代中国改革开放中令人激动的场面之一。

为了清楚地看到这一点，笔者在中国知网中，分别以"厂长负责制"和"厂长（经理）负责制"作为篇名进行文献搜索，结果获得了如图5.7所示的文献数量分布图。从该图中可以看到，1984年以前，学术界有关这一话题的研究并不多。20世纪80年代中期以后，以这两个词为篇名的文献迅速增加，但到1989年以后，这类文献迅速减少，而中间这个时间段，恰好是国内厂长（经理）负责制推出前后的时间，也是业界和学术界讨论比较热烈的时期。其中有一个时间点值得我们注意，那就是《中华人民共和国全民所有制工业企业法》通过的时间，即1988年，但学术界有关这一问题的研究其实早在四五年前就已经展开了。到了1989年，有关这一问题的研究开始迅速下降。这说明，中国学术界学以致用的程度还是比较高的，能够及时为党和政府的科学决策提供很好的支撑，当这个任务完成了，有关主题的研究也就偃旗息鼓了。

---

① 林毅夫：《新结构经济学视角下的国有企业改革》，载《社会科学战线》2019年第1期。

第五章 改革开放以来政府治理作用于转型发展的制度安排

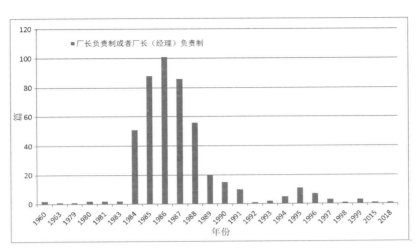

图5.7 中国知网中以"厂长负责制"或"厂长（经理）负责制"为篇名的文献数量

资料来源：笔者根据中国知网数据搜索整理。

说起厂长（经理）负责制在转型与发展进程中的作用，其实是非常容易理解的。原因是，厂长（经理）负责制是全国人大通过的《中华人民共和国全民所有制工业企业法》里规定的内容，这一法律为什么要被通过？目的就是更好地推动国有企业的改革。而20世纪80年代中晚期的国企改革，经过"利润留成"改革之后，效果开始递减，于是又到了国企改革"再出发"的时候了。此时，承包制或者厂长（经理）负责制便被提到了议事日程上。之后这一制度通过法律的规定，并在全国颁布实施，对转型与发展的影响就被落实到国有企业的改革实践中了。证明这一点需要非常细致的数据支持，但笔者尚未找到令人满意的数据。因此，对这一点的论述暂时到此为止。

第六章 改革开放以来政府治理应对国内外冲击的历史经验

前两章分别对改革开放以来政府治理的核心构成要素、政府治理怎样作用于我国转型与发展的逻辑和制度安排进行了论述,但是,目前的讨论在某种程度上都具有提出和论证观点的性质,还未看到较多的经验证据。在这一章中,笔者将讨论改革开放以来中国的政府治理到底是怎样应对各种各样来自国内外的冲击的。

从1978年算起,中国走上改革开放的道路并不容易,其中充满了各种各样的坎坷。回顾这些坎坷,一方面,我们感到心惊胆战,但另一方面,也为政府能够顺利应对这些冲击和挑战而感到欣慰。不过,若只对这些往事感到欣慰恐怕并不能着眼于长远,只有将这些经验总结出来才算得上是一个有良心的经济学研究。

6.1 1987—1989年的通胀危机及政府应对

说到改革开放中的那些坎坷,1987—1989年的通胀危机肯定是无法绕开的。之所以说它是一场危机,是因为这次通货膨胀的程度比较严重,特别是它给人们的感觉过于强烈,以至于当时社会上出现了比较大的震动甚至某种程度上的恐慌。

第六章 改革开放以来政府治理应对国内外冲击的历史经验

图6.1是笔者用商品零售价格指数衡量的通货膨胀率，也就是相对于上一年的零售价格指数计算出来的通货膨胀率（记为通货膨胀率1）和以城市居民价格指数衡量的相对于上一年的通货膨胀率（记为通货膨胀率2）。

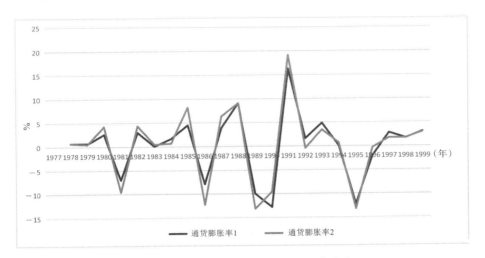

图6.1 1977—1999年中国的通货膨胀率

注：物价指数部分由笔者计算。
资料来源：国家统计局：《中国统计年鉴——2000》，中国统计出版社2000年版。

由图6.1可以清楚地看出，按照两个指标衡量的通货膨胀率在1985年都有较大幅度的上升，分别为4.5%和8.21%。虽然1986年通货膨胀率控制得比较好，但一下子又陷入了通货紧缩局面，1987年和1988年的通货膨胀率几乎都超过5%。为了准确起见，笔者将图6.1中的两个通货膨胀率分别换算为以1977年为基期的通货膨胀率，以便说明相对于1977年的物价而言，20世纪80年代的物价水平到底涨了多少，详情见图6.2所示。

中国经济奇迹：政府治理的作用

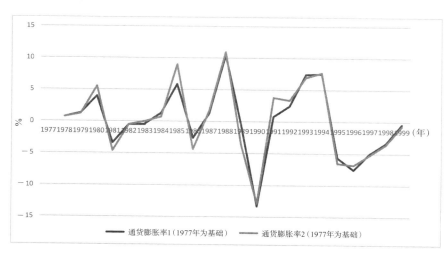

图6.2　以1977年为基期计算的通货膨胀率

注：物价指数部分由笔者计算。

资料来源：国家统计局：《中国统计年鉴——2000》，中国统计出版社2000年版。

图6.2的信息与图6.1几乎是一致的，也就是说相对于计划经济时期的1977年而言，改革开放以后的20世纪80年代，出现了物价水平"上蹿下跳"式的大幅度变化。1980年，物价突然涨了5%左右，1981年又下降到-5%左右，1985年突然上升到5%—10%，1986年又下降至近-5%，1988年一下子升到10%左右。两个图相互对比后的基本结论是，如果不看20世纪90年代的物价水平，那么，20世纪80年代，随着价格管理的适度放开，的确出现了物价忽高忽低、上蹿下跳的局面。其实，这种物价上下摇摆的情形，若放在成熟市场经济体中并不算特别严重，但放在20世纪80年代的中国，情形就显得特别严重。之所以这么说，主要可以从以下几个方面来考虑：

一是全社会已经习惯了计划经济时期物价几年甚至几十年不变的情形，怎么一到了价格自由化，物价就产生了"过山车"式的变化？从工人、农民、干部等人群的心理感受看，这样的物价变化让大多数人完全适应不了。

二是20世纪80年代，随着物价的起伏不定，出现了一种让全国人民

第六章 改革开放以来政府治理应对国内外冲击的历史经验

特别反感的现象。一些"官倒"利用手中的权力贩卖彩电、钢材、水泥等主要生活用品和生产物资,并且这在当时已经形成一种趋势甚至风潮。这与计划经济时期人人平等,几乎没有差别的生活、生产活动形成了鲜明对照。

三是长期以来,中国的经济建设奉行所谓的"赶超"战略,做事往往追求急于求成。于是,当价格管制一放开,原先被压抑的需求就一下子爆发了出来。1984—1987年,全社会固定资产投资分别增长28%、38.7%和20.5%,职工工资分别增长21.3%、22%和13%。结果,无论是投资需求还是消费需求的增长,都大大超过了同期国民生产总值的增长水平,并推动了全社会物价水平的上涨。①

在意识到通货膨胀问题的时候,无论是中国的领导层,还是学术界,都展开了如何治理通货膨胀的大讨论。比如,著名金融学家刘鸿儒认为,20世纪80年代中国的通货膨胀是伴随着改革与发展而产生的,我们在经济建设指导思想上的急于求成,经济结构的剧烈变动,财政的分灶吃饭,层层包干,各地争项目、扩大基建,企业搞业务承包,经济效益与工资奖金挂钩等促进了消费的膨胀,也推动了地方的盲目涨价行为等。因此,他建议通过调整经济结构,增加有效供给,推迟转化过大的货币购买力,减缓市场压力;同时,通过增强中央宏观调控,管住总量,促进结构调整,来应对通货膨胀。②

20世纪80年代,针对中国的改革,美国大力推荐他们所谓的"放开价格,管紧货币"的"华盛顿共识",主张"价格改革一步到位"的"忍受阵痛闯关"的激进改革主张,这一主张一度在中国占据了上风。当时中国很多经济学家竭力反对。比如,杨培新等老一辈经济学家就极力反对。杨培新提出新的稳定价格的主张与坚持将人民利益和社会稳定放在首位的改革方针。③张卓元认为,经济稳定发展需要治理通货膨胀,而治理通货膨

---

① 刘鸿儒:《在改革中治理通货膨胀》,载《经济学家》1989年第2期。
② 同上。
③ 杨斌:《中国改革初期治理通货膨胀、失业经验——1980年代杨培新的经济思想与实践效果》,载《探索》2014年第4期。

中国经济奇迹：政府治理的作用

胀，就要改革价格的结构，理顺粮、棉、油价格，提高一些重要的原材料价格，同时还要加强宏观调控与计划指导。①谢伏瞻指出，中国的通货膨胀应该通过调整消费结构、推进股份制、优化产业结构、回笼部分货币、紧缩财政、加强税收管理等来应对。②刘国光认为，20世纪80年代的通货膨胀与政府货币决策行动有关，要治理通货膨胀，必须从适度放缓经济增长速度，制定一个中长期的货币政策目标以及保持经济稳定发展等角度来综合治理。薛暮桥指出，用增发货币来加速生产增长，要注意是否会导致社会不稳定。③

从中国学术界的讨论看，中国经济学家对当时通货膨胀治理的分析与美国等西方经济学家存在着较大的不同。中国经济学家作为中国改革开放的"内部人"，大多着眼于社会稳定的角度，在此基础上，再对20世纪80年代的通货膨胀进行很好的分析；并且他们的观点也基本上是客观的、辩证的，即20世纪80年代出现的通货膨胀是改革中的问题，其中既有结构性的原因，也有改革的原因，还有货币政策控制不力的原因，但在应对通货膨胀、保持社会稳定方面，大家的观点基本上是非常一致的。

反观美国等西方国家的经济学家，他们的政策建议大多依赖所谓的"华盛顿共识"。什么是"华盛顿共识"？其实主要就是以美国经济学家为主提出的一步到位的激进改革疗法。他们是否了解中国的国情？他们是否了解中国的政策？在中国实行这样的"疗法"是否见效？很显然，中国没有采取他们的方案，而采取了一种类似于中医的所谓"辩证施治"的疗法，先着眼于社会稳定，然后着眼于治理通货膨胀，不能以治理通货膨胀为由，让社会稳定丧失，因为这样的通货膨胀治理对于国家无任何助益。西方通货膨胀治理思路与儒家思想中的"中庸"思想，也就是修身、齐家、治国、平天下的主流思想完全不同，因此，最终未得到中国经济学界的接受并不奇怪。

从领导和政府层面也能清楚地看出，政府主要领导有关如何治理通货

---

① 张卓元：《继续治理通货膨胀 伺机改善价格结构》，载《经济研究》1989年第12期。
② 谢伏瞻：《回笼货币、综合治理通货膨胀的政策建议》，载《管理世界》1989年第5期。
③ 转引自吴俊扬：《认真治理通货膨胀》，载《价格理论与实践》1988年第9期。

第六章　改革开放以来政府治理应对国内外冲击的历史经验

膨胀的说法也与"华盛顿共识"或者所谓的激进价格闯关的思想完全两立。比如，邓小平有关治理通货膨胀的思想就引人注目。早在1987年，邓小平就指出："一九八四年第四季度到一九八五年，（经济）发展速度比较快，但也带来了一些问题"[①]。1989年3月22日，在会见时任乌干达共和国总统穆塞韦尼时，邓小平讲道："我们现在的问题是通货膨胀，物价上涨得太快，给国家和人民都带来了困难……我的一条经验是，发展顺利时要看出现的新问题，发展要适度，经济过热就容易出毛病"[②]。1992年，邓小平在南方谈话中又进一步明确指出，"经济过热确实带来一些问题，比如，票子发得多一点，物价波动大了一点，重复建设比较严重，造成了一些浪费"[③]。

就有关治理通货膨胀的必要性和紧迫性，邓小平也多次强调过。比如，早在1988年，他就明确指出："通货膨胀，物价上涨，需要进行调整，这是不可少的"[④]。到了1992年，邓小平又重申，"治理整顿，我赞成的，而且确实需要"[⑤]。但他特别强调，我们治理通货膨胀时不能损害改革开放的大局，也不能以通货膨胀来否定改革开放的大局。邓小平强调，"没有改革开放，怎么会有今天，这十年人民生活有较大的提高，应该说我们上了一个新的台阶，尽管出现了通货膨胀等问题，但十年改革开放成绩要充分估计够"[⑥]。同时，他还强调，治理通货膨胀，也不能以牺牲经济发展为代价。比如，"现在特别要注意经济发展速度滑坡的问题，我担心滑坡……世界上一些国家发生问题，从根本上说，都是因为经济上不去，没有饭吃，没有衣穿，工资增长被通货膨胀抵消，生活水平下降，长期过紧日子。如果经济发展老是停留在低速度，生活水平就很难提高。人民现在为什么拥护我们？就是这十年有发展，发展很明显。假如我们有五年不发展，或者是低速度发展，例如百分之四，百分之五，甚至百分之

---

① 《邓小平文选》（第3卷），人民出版社1993年版，第224页。
② 同上书，第228页。
③ 同上书，第376页。
④ 同上书，第227页。
⑤ 同上书，第376页。
⑥ 同上书，第306页。

二，百分之三，会发生什么影响？这不只是经济问题，实际上是政治问题"①。不仅如此，邓小平还多次强调了像中国这样的发展中国家对待通货膨胀应该持有的正确态度。"对于我们这样发展中的国家来说，经济要发展得快一点，不可能总是那么平平静静，稳稳当当。"②"如果发现错误，要赶快纠正，不要掩饰，不要回避。"③"我看我们中国还是有希望的，世界上许多国家的通货膨胀比我们厉害，只要全国人民思想统一，治理也不难。"④

邓小平作为我国改革开放的总设计师，作为中华人民共和国第二代领导集体的核心，他有关治理通货膨胀的态度、对经济发展的信心、对以经济发展来应对通货膨胀的坚持，对后来政府应对通货膨胀的政策出台、扎实实施等都起到了很好的推动作用。这在很大程度上彰显了中国特色的政府治理在应对诸如通货膨胀冲击时的那种坚定信心：一是全党全国思想统一，战略上藐视，战术上重视；二是综合治理，多管齐下，从各个角度应对通货膨胀的冲击，而不是搞一刀切；三是中长短期政策共同发力，短期着重应对，中长期重在改革，绝不能搞一时痛快，长期受苦，不能顾此失彼；四是改革、发展中始终将人民的利益和社会的稳定放在第一位，这是中国政府治理始终能克服各种各样困难、走向胜利的坚强思想和政治保障。

6.2　1997年东南亚金融危机及中国应对

东南亚金融危机是指酝酿于1997年2月，发端于5月中旬的泰国，横扫东南亚各国的一场金融风暴。⑤有关这场金融危机，国内文献中惯常使用三个词汇来描述它，"东南亚金融危机"就是其中之一，仅中国知网中以此为篇名的文献数量就多达831条。为了明确我们的讨论主题，图6.3给出

---

① 《邓小平文选》（第3卷），人民出版社1993年版，第354页。
② 同上书，第377页。
③ 同上书，第288页。
④ 同上书，第289页。
⑤ 李克华、曾牧野：《东南亚金融风暴与我们的防范对策》，载《特区经济》1998年第6期。

第六章 改革开放以来政府治理应对国内外冲击的历史经验

了以此为篇名的文献发表年度分布图。

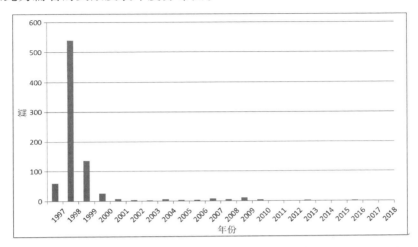

图6.3 中国知网中以"东南亚金融危机"为篇名的文献数量年度分布情况

资料来源：笔者根据中国知网数据搜索整理。

中国学术界有关东南亚金融危机的研究带有很大的时效性和应用性，在东南亚金融危机爆发之前，根本没有相关主题的预见性研究。从该图中可以清楚地看出，1997年一开始爆发，相关的研究快速增加，但2000年之后，就相对较少了；2007年和2009年，在美国次贷危机和欧债危机之际，关于这一主题的研究再次增加，此后就不太多了。

除了"东南亚金融危机"这一词汇之外，还有两个常用的词汇，一是"东南亚金融风暴"，仅中国知网中以此名称为篇名的文献数量就多达53条，其主题涉及金融风暴、金融危机、金融机构、索罗斯、财政金融、本位币、东南亚、股票市场、外国资本、外汇储备、北美洲、国际储备和国际游资等，发表的时间主要集中在1997年和1998年；二是"东南亚金融动荡"，相应地，中国知网中以此为篇名的文献数量有44条，发表的主题几乎差不多，文献发表的年度也基本上集中在1997年和1998年。

有关东南亚金融危机的中国应对，中国经济学界存在着两种截然不同的看法。一种看法是，东南亚发生了金融风暴，对中国经济产生了消极影响，因此，改革开放的步子不能大。另一种观点与此截然相反，认为东南亚金融危机之所以发生，原因在东南亚国家本身的经济体制上，在于那里

中国经济奇迹：政府治理的作用

的政府与市场的关系存在很多不正常现象、扭曲现象，因此，只有加快国内体制改革的步伐，才能承受这次风暴的冲击，只有加快改革开放的步伐，才能避免发生这样的冲击。①最终，后一种观点占据了主流，也就是说，中国鉴于东南亚金融危机的发生，从中寻找到了借鉴的经验，并强调以主动的国内改革开放，加快改革开放的步伐来进行应对。这种应对的思路是非常正确的，体现了"他山之石"的借鉴和启示意义，也昭示了中国改革开放进程中所拥有的那种正确的方法论，即搞好国内的改革，才是应对东南亚金融危机的最好办法。

中国应对东南亚金融危机的治理举措在香港地区体现得最为清晰。当时，泰铢、印尼盾、菲律宾比索、马来西亚林吉特等货币贬值幅度分别超过65%、47%、35%和35%。就连经济比较稳健的新加坡和韩国的货币也贬值超过10%。②1997年香港刚刚回归中国，英美等国普遍不看好中国对香港恢复行使主权，认为中国没有能力保持香港繁荣稳定。在这样的背景下，海外投资者曾经先后三次冲击港元汇率。第一次是1997年7月，第二次是8月。同年10月20日开始，出现第三波冲击，当时，"部分欧美基金的港元沽盘大量涌入外汇市场，22日晚，伦敦外汇市场上出现一笔为数高达30亿美元的港元沽盘，显示有炒家大量抛售港元，使港元远期汇价一度跌至1:8.44的历史低位。23日上午，香港外汇市场上大批港元沽盘涌现，使港元现货汇价迅速超过1:7.75这个预定警戒线……在这次港汇风暴中，国际机构投机者采取了立体式的进攻，情况较以往数次猛烈得多，亦复杂得多：他们一方面猛烈攻击港元联系汇率，不但攻击现货汇价，还大量沽售远期港元兑美元的合约来套利；另一方面则大量累积期指淡仓，然后狂沽股票，再供外资基金公开唱淡港股……据估计，这些机构投资者在这次港股暴跌中获利超过百亿港元"。③

香港特区政府的应对举措主要有：通过外汇基金在市场上抛售美元，吸纳港币，收紧银根，并警告各银行不得大力超额贷出港元；通过土地基

---

① 厉以宁：《东南亚金融风暴对中国经济的影响和我们应有的对策》，载《人民论坛》1998年第7期。
② 冯邦彦：《东南亚金融风暴冲击港元联系汇率》，载《港澳经济》1998年第1期。
③ 同上。

第六章　改革开放以来政府治理应对国内外冲击的历史经验

金在股市低位时大力吸纳蓝筹股。比如，10月23日上午，总值171亿美元的土地基金开始大力吸纳汇丰控股、长江实业等股票。为了配合，汇丰、渣打以及中国银行宣布将银行最优惠利率调高3/4，到9厘半。各大银行又相继采取措施拒绝提取未到期的定期存款。经过激烈较量，10月28日，时任香港特区行政长官董建华公开表示，国际大炒家已经离场，香港捍卫了港元联系汇率制度。①

总结起来，东南亚金融危机虽然没有直接发生在中国，但中国主流观点认为应该主动应对，应该扩大开放，深化改革。从中国香港地区的情形来看，香港雄厚的外汇储备、港元联系汇率的灵活体制，以及香港回归祖国、"一国两制"的稳妥实施，等等，都是香港顺利渡过东南亚金融危机的重要原因。

6.3　1998年的洪水冲击及政府应对

为什么本书将1998年的洪水看作一次自然冲击，并讨论其中的政府治理应对？原因主要是：第一，这次"洪水量级大、涉及范围广、持续时间长，洪涝灾害非常严重。截至（1998年）8月22日初步统计，全国共有29个省（区、市）遭受了不同程度的洪涝灾害，受灾面积3.18亿亩，成灾面积1.96亿亩，受灾人口2.23亿，死亡3004人（其中长江流域1320人），倒塌房屋497万间，各地估报直接经济损失1666亿元。江西、湖南、湖北、黑龙江、内蒙古、吉林等省（区）受灾最重"②。第二，巨大的自然冲击，其实是检验政府治理能力的最好时机，因为任何理论上的政府治理、文件上的政府效率在巨大的自然冲击面前，都将面临真实的考验。因此，通过考察此次洪水冲击中的政府应对，就能很好地回答本章的主题。

首先，在此次抗洪抢险的过程中，从中央到基层，从主要领导到普通老百姓，从共产党员到群众，都紧紧地团结起来，并迅速行动起来。中国

---

① 冯邦彦：《东南亚金融风暴冲击港元联系汇率》，载《港澳经济》1998年第1期。
② 温家宝：《关于当前全国抗洪抢险情况的报告——1998年8月26日在第九届全国人民代表大会常务委员第四次会上》，载《中国水利》1998年第9期。

中国经济奇迹：政府治理的作用

政府在洪水面前的这种资源动员能力、人员调动能力、指挥行动能力都得到了很好的展现。无论是与中华人民共和国成立之前还是与外国政府相比，都明显地体现了中国制度优势。

据统计，截至1998年8月底9月初，政府拨付了防汛抗洪资金30.29亿元，国家防汛抗旱总指挥部把价值4.7亿多元的抗洪物资运抵湖南、湖北、黑龙江、吉林等地。中国民航保证部队抗洪抢险救灾飞行1000多架次、400多个航班和5架包机，运送救灾物资和设备560多吨。铁道部开行抗洪救灾军用专列278列，运送部队官兵达12万余人，紧急运送救灾物资50943车，计284万吨。① 根据湖北省的间接统计，1998年抗洪抢险期间，高峰时期投入的人员数达到230万人，经常性的人员投入达到100万人左右，地市级领导干部324人参加，县级以上领导7000多人参加。② 根据全国的数据，截至1998年8月23日，解放军、武警部队共投入抗洪抢险部队433.22万人次，组织民兵预备役部队500多万人，动员车辆23.68万台次、舟艇3.57万艘次、飞机和直升机1289架次。③

中国人民为什么在这次抗洪抢险面前具有这么强的动员能力？正如时任总书记江泽民所说的，一是党中央高度关注灾区群众的生命安全和切身利益，直接指挥这场斗争，始终与抗洪军民心心相连，同舟共济；二是人民解放军和武警部队坚决响应，出动了30余万名官兵投入抗洪抢险斗争；④ 三是人民群众包括灾区人民和非灾区人民众志成城，以大无畏、舍生忘死的精神投入战斗；四是共产党员的先锋、模范、带头冲锋陷阵的精神，鼓舞了千千万万抗洪抢险的群众。

首先，中国特色的制度优势，在重大自然灾难面前表现得最为明显。具体来讲，在抗洪抢险的过程中，中央领导非常重视并不断亲临一线指挥，于是，相关省市的党政领导干部的抗洪抢险工作就做得非常扎实和细

---

① 中共武汉市委宣传部理论处：《98抗洪——一座精神的富矿》，载《学习与实践》1998年第9期。
② 王忠法：《98抗洪的启示与思考》，载《中国水利》2008年第15期。
③ 温家宝：《关于当前全国抗洪抢险情况的报告——1998年8月26日在第九届全国人民代表大会常务委员会第四次会上》，载《中国水利》1998年第9期。
④ 江泽民：《在全国抗洪抢险总结表彰大会上的讲话》，载《防汛与抗旱》1998年第4期。

第六章　改革开放以来政府治理应对国内外冲击的历史经验

致；与此同时，财政、水利、气象、铁路等相关部门的配合和实施也比较有力；基层群众在各级党委和政府的坚强领导下，那种大无畏、舍生忘死的精神就会被激发出来；再加上军队的冲锋陷阵、军民团结万众一心，于是，就形成了"万众一心、众志成城，不怕困难、顽强拼搏，坚忍不拔、敢于胜利"的伟大抗洪精神。如果放在经济学的框架下分析这种制度优势，那就是集中力量办大事，在资源稀缺的条件下，在应对诸如洪水、地震等重大灾难时，这种制度优势就能得到最为明显的体现。

其次，不断增强综合国力，增强抵御各种风险的能力，才是国家应对各种自然冲击最坚强的物质基础。经济学界在评论一国政府治理能力的时候，往往撇开一国的经济实力来评价政府治理能力的强弱，虽然一国的政府治理能力的确非常重要，但如果没有强大的经济实力和综合国力作为保障，强大的政府治理能力是难以存在的。1998年这次抗洪抢险之所以取得最终的胜利，在很大程度上就是因为自1978年以来，我国始终坚持以经济建设为中心，坚持改革开放，所以我国的科技水平，经济实力，人民生活水平，预测气象、自然灾害的能力，科学研究等综合国力得到了大幅度的提升。

温家宝在《关于当前全国抗洪抢险情况的报告》中就进行过一个对比。1931年长江流域也发生了特大洪水，当时是国民党统治时期，也是军阀混战时期；1954年，中华人民共和国刚刚成立不久，各方面百废待兴。1931年，干堤决口300多处，长江中下游几乎全部被淹，长江流域死亡14.5万人；1954年，干堤口决口60多处，分流洪水1023亿立方米，江汉平原、岳阳、黄石、九江、安庆、芜湖等城市被淹，京广铁路中断100多天，死亡3.3万人。而1998年长江干堤只有九江大堤一处决口，而且几天之内就堵口成功，沿江城市和交通干线没有被淹，死亡人口也只有1320人。①

最后，正是因为中国政府对诸如自然灾害等重大现象应对客观规律的深刻认识，包括中国历朝历代所积累的自然灾害应对知识和经验积累，在这次抗洪抢险的过程中，我们才能清楚地看到中国政府那种着眼于对策建

---

① 温家宝：《关于当前全国抗洪抢险情况的报告——1998年8月26日在第九届全国人民代表大会常务委员会第四次会上》，载《中国水利》1998年第9期。

设、着眼于未来建设的强大执行能力。

比如,《关于当前全国抗洪抢险情况的报告》第三部分就报告了抗洪抢险工作的下一步部署和工作情况,诸如,继续严防死守,确保大江大河干堤安全;做好北方地区防汛抗洪和沿海地区防台风的准备工作;切实安排好灾区群众生产和生活;加强灾区防疫防病等工作。第四部分又重点阐述了加强水利建设、实行综合治理、提高防御洪涝灾害能力的长远规划与工作,比如,增强水患意识,加大水利建设力度;植树造林,治理水土流失,改善生态环境;加强大江、大河和大湖治理,提高防洪标准;加强城市防洪工程建设和海堤建设,认真贯彻落实《中华人民共和国防洪法》,坚持依法防洪;采用现代化技术,实行科学防洪。①

中国政府这种敢于向社会宣布下一步抗洪抢险对策与加强长期防御洪涝灾害能力建设的做法,至少可以起到以下几个方面的作用:第一,告诫全社会、海内外,包括参与抗洪抢险的群众、领导干部,抗洪还未成功,还需继续努力;第二,向全国人大常委会报告了当前抗洪抢险的情况,介绍下一步的工作部署,以及长远的规划,展示了政府战胜此次洪涝灾害以及下一步努力开展相关工作的强大信心;第三,及时向全国人大常委会以及全社会告知下一步的工作,也是希望社会继续形成合力,进行后续的水利建设,推动后续的综合治理,从而提升下一次自然灾害到来时的防御和应对能力。

6.4 2001年的"入世"冲击及政府应对

2001年12月11日,经过长达13年的谈判,中国终于正式获得世界贸易组织(以下简称WTO)成员的资格,这标志着中国正式加入世界贸易组织,也标志着中国对外开放进入新的阶段。如今,中国已加入WTO超过19年,站在这一新的时间点上,重新回顾和讨论加入WTO,即"入世"带给中国的冲击及政府的应对,一定具有新的意义:一是能更加客观地评价

---

① 温家宝:《关于当前全国抗洪抢险情况的报告——1998年8月26日在第九届全国人民代表大会常务委员会第四次会上》,载《中国水利》1998年第9期。

第六章 改革开放以来政府治理应对国内外冲击的历史经验

WTO对中国经济的影响或者说冲击；二是回首往事也能更加清楚地看出中国政府在应对这种冲击中的作用。

（一）WTO在中国学术界的影响

首先，我们需要了解WTO在中国学术界的影响，以及中国学术界有关这一问题的研究情况。图6.4给出了中国学术界以"WTO"为篇名的文献的年度分布情况。从该图中可以清楚地看出，中国学术界对WTO的关注早从1985年就开始了，1994年后不断增多，但每年均不超过100篇。从1999年也就是中国"入世"前两年开始，有关WTO的研究开始大幅度增加，一下子提升到755篇。2000年，这一趋势继续上升，增加到5117篇，2001年增加到6099篇，2002年增加到11411篇，此后，这一趋势延续了五六年。之后，篇数稳步缓慢递减，2018年仍然有233篇文献。由于我国加入WTO的时间为2001年12月11日，因此，为了清楚地看出加入前后文献变化情况，我们以2002年作为时间界线。从前后文献篇数的对比看，国内相关研究的高峰提前两三年就出现了，而之后由于中国成为WTO成员，并且其规则已经开始日益密切地影响中国，因此，加入后对WTO的关注也持续了较长时间。

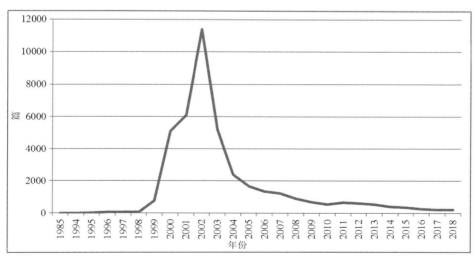

图6.4　中国知网中以"WTO"为篇名的文献数量

资料来源：笔者根据中国知网数据搜索整理。

这些文献涉及的研究主题覆盖面非常广。图6.5给出了这些文献按照主题的分布情况。从中可以发现，国内有关WTO的研究主题涉及WTO的贸易争端解决、不发达国家、北美洲、美国、上诉机构等相对国际性的一些主题，也涉及中国加入WTO之后银行业、外资银行、竞争力、企业管理、财政管理、农产品等具体问题。

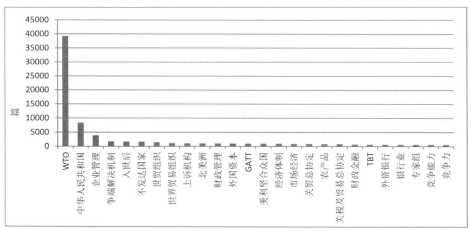

图6.5　中国知网中以"WTO"为篇名的文献按照主题的分布情况

资料来源：笔者根据中国知网数据搜索整理。

通过两幅图可以发现，中国学术界有关WTO的研究具有较强的实用性和政策指导性，的确构成了国内了解WTO、认识WTO的重要知识传递基础，当然对于指导中国在面临"入世"冲击时的政府应对、行业应对以及企业应对等，肯定也发挥了不小的作用。

（二）中国加入WTO与中国主要经济标志关联关系的分析

学术界有关WTO问题的研究，在很大程度上能够反映中国学术界甚至政府对这一问题的关注程度，然而，要准确地反映出WTO对中国的冲击，却需要比较准确和客观地考察中国主要经济指标与WTO之间的关联度。比如，中国的汇率是否受到了WTO的冲击？中国的进出口是否受到了影响？中国的外国直接投资是否也对此作出了反应？为此，笔者将结合相关指标进行论述。

第六章 改革开放以来政府治理应对国内外冲击的历史经验

图6.6给出了中国加入WTO与以1978年不变价格衡量的中国GDP总量之间的关系。从该图可以看出,的确在2001年底加入WTO前后,中国经济增长转入加速上升的通道。值得注意的是,加入WTO只为中国经济增长提供了一个比较好的外部环境,而中国是否拥有较好的经济增长还取决于国内的很多条件,比如,相关的改革是否能为加入WTO后中国经济创造有利的国内条件。

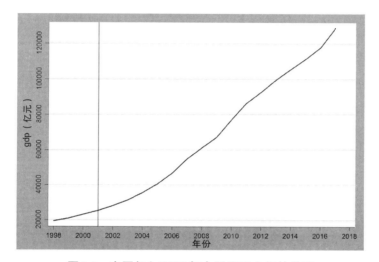

图6.6 中国加入WTO与中国GDP之间的关系

资料来源:笔者根据历年《中国统计年鉴》绘制。

图6.7给出了中国加入WTO与以1978年不变价格计算的中国历年进出口额变化情况。从这幅图可以清楚地看出,中国加入WTO的确很好地创造了中国产品出口和进口的外部市场条件,这对于扩大中国产品的国外市场规模,推动中国经济增长,增加国内急需的各类设备、技术、产品的进口,进而推动中国发展都起到了非常重要的正面作用。

中国经济奇迹：政府治理的作用

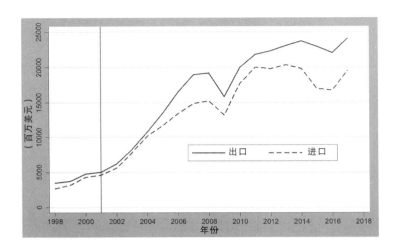

图6.7 中国加入WTO与中国进出口额之间的关系

资料来源：笔者根据历年《中国统计年鉴》绘制。

图6.8给出了中国加入WTO与美元兑人民币、日元兑人民币以及欧元兑人民币的汇率关系。

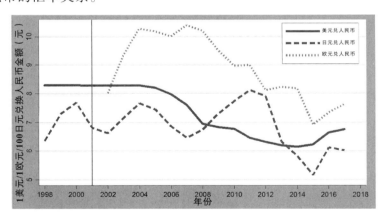

图6.8 中国加入WTO与人民币兑美元、日元、欧元汇率之间的关系

资料来源：笔者根据历年《中国统计年鉴》绘制。

从中可以看出，中国加入WTO似乎与美元兑人民币的汇率之间存在着相对明显的关系，但值得注意的是，这一关系并非是即时的，而是在滞后一段时间也就是2004年后才变得相对密切，自此以后，美元兑人民币的汇率似乎变得市场化了。中国加入WTO与日元和欧元与人民币汇率之间的关

第六章 改革开放以来政府治理应对国内外冲击的历史经验

系,却没有那么明显。但令人惊讶的是,中国加入WTO之后,主要货币对人民币的汇率都出现了下降,也就是说人民币存在着较为明显的共同升值的趋势。这在某种程度上意味着,加入WTO对于中国汇率的市场化以及人民币的升值起到了比较重要的作用。

图6.9给出了中国加入WTO以及以1978年为基期的全社会固定资产投资(fix)和城镇固定资产投资(urfix)之间的关系。

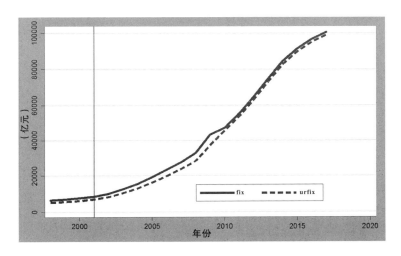

图6.9 中国加入WTO与中国全社会和城镇固定资产投资之间的关系

资料来源:笔者根据历年《中国统计年鉴》绘制。

从中可以发现,加入WTO之后,全社会固定资产投资和城镇固定资产投资的确都呈现比较强劲的增长态势,这与加入WTO后世界市场带给中国广阔的市场前景或者良好的未来预期有关,但这种良好的未来预期和前景,是否会转变为现实的机会,中间还有一个重要的环节,那就是地方政府怎样将这些前景和预期转变为现实的机会,以及如何很好地防范加入WTO对中国的冲击。

图6.10显示了中国加入WTO的时间与全球治理指标中的政治稳定度以及腐败控制之间的关系。从中可以发现,随着中国加入WTO,中国社会的政治稳定度曾经一度下降,原因是无论企业、市民还是投资者都拥有了越来越多的外部知识,这对国内的政治稳定会产生一定负面影响,但随着

中国经济奇迹：政府治理的作用

时间的延续，当所有主体对外部世界的了解增多之后，外部知识对政治稳定的冲击就可能降低。在图中，这一拐点出现在2010年前后，此后，中国社会的政治稳定度开始上升。而中国加入WTO与中国腐败控制程度关系的轨迹与之相似，即随着中国加入WTO，中国社会对腐败的控制程度快速下降，但在2004年以后，中国对腐败的控制程度开始上升，说明随着中国对外开放，无论是从国际通行规则的角度，还是从中国社会进步的角度来说，中国都加强了针对腐败的控制程度。特别是2010年后，中国社会的腐败控制程度大幅度提升。

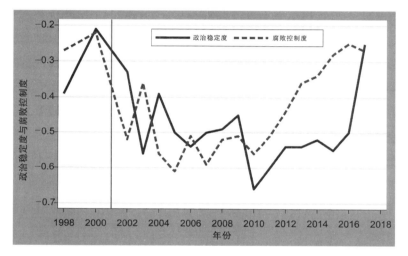

图6.10　中国加入WTO与中国政治稳定度、中国腐败控制度之间的关系

资料来源：笔者根据全球治理指标绘制。

通过针对中国加入WTO与相关经济指标关联关系的分析，我们可以发现，加入WTO，的确既为中国带来了难得的历史性机遇，也给中国带来了很大的挑战。外部知识的不断传来，国外有利和不利信息的不断流入，使得中国社会的政治稳定度曾经一度下降，针对腐败的控制程度也一度下降，但随着进一步深化改革，中国社会的政治稳定度、对腐败的控制程度等都有了较大的提升。

第六章 改革开放以来政府治理应对国内外冲击的历史经验

（三）中国针对WTO冲击的政府应对

中国在加入WTO后十多年的主要经济指标已经显示，WTO并未对中国经济产生非常严重的冲击，相反，由于受到加入WTO效应推动，过去这些年中国经济发展迎来了巨大的发展机遇，中国的实际表现不仅超出专家的预测，也超出了"十五"规划和专项规划设定的各种目标。无论是基于全球贸易分析模型还是可计算的一般均衡模型的定量预测，都与实际情况发生了偏差，出现了"预测失灵"。①如今，基于加入WTO后18年的长期数据可以发现，10年前有关中国成功应对WTO冲击的说法并没有发生太大的变化。

笔者认为，中国能成功应对WTO冲击的原因，主要在于政府的未雨绸缪、长远规划以及应对过程中强有力的执行力。

（1）中国政府加入WTO的计划，并不是出于短期的考虑，而是长远考虑之后的慎重选择，所以，在此基础上，中国政府对WTO冲击的应对其实早在加入WTO之前就开始了。

中国的改革开放始于1978年，直到1985年，中国的改革基本上在农村展开，家庭联产承包责任制的实施，在农村产生了非常好的效果。从1986年开始，中国的改革开始转向城市。其实从这个时候起，中国与WTO的谈判就开始启动了。为什么要在这个时候启动谈判？主要是因为中国高层认识到WTO是一个关税减免的"俱乐部"，世界上绝大多数国家都是其成员，中国经济要实现长期可持续发展的目标，就不能绕开这个"俱乐部"，必须正面接触，与之谈判。于是，1986年6月至9月，中国开始了恢复在《关税与贸易总协定》中缔约国地区的申请手续。紧接着，1987年2月，中国开始了"复关"的多边谈判进程。可以这样说，如果没有中国政府这种未雨绸缪的长远规划、早期了解与认识，恐怕日后我们对WTO的那种冲击应对就不会那么顺利。

笔者先前的研究发现，WTO资格的获得能够在很大程度上有效降低成

---

① 陈泰锋：《对中国成功应对WTO的思考：实际表现与原因探索》，载《国际商务研究》2008年第3期。

员的关税水平，并且这一资格早从各自获取资格之前就开始了，并且这一成员资格对于成员的关税削减效应往往会持续8年的时间。

图6.11中显示的是中国加入WTO前后关税税率的变化情况，1997年，中国用各种标准衡量的关税水平均在15%左右；到了2000年，中国的关税水平相对于1997年出现了上升；到了2001年，中国的关税水平大幅度下降50%左右；此后，中国的关税水平基本保持稳定，呈小幅度下降趋势。

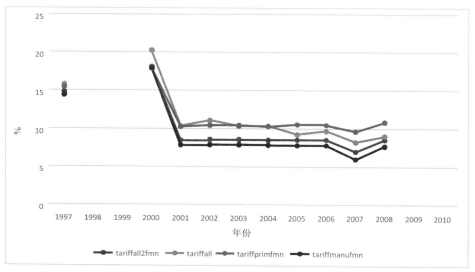

图6.11 加入WTO前后中国关税税率的下降情况

注：其中tariffall2mfn指的是中国所有产品的最惠国关税税率，tariffall指中国所有产品关税率，tariffprimmfn指中国制造业产品最惠国关税税率，tariffmanumfn指中国农产品最惠国关税税率。

资料来源：笔者绘制。

（2）中国政府开创的"政府主导型"应对模式是中国成功应对WTO冲击的根本原因。相关的例子有很多，比如2002年2月25日，时任总书记江泽民就在中共中央省部级主要领导干部"国际形势与世界贸易组织专题研究班"上发表题为《在激烈的国际竞争中掌握主动》的讲话，以此为开端，全国上下兴起了声势浩大的学习WTO规则和应对WTO挑战的浪潮。以中共中央政治局集体学习为例，自2002年12月26日起，截至2007年9月28日，共进行了44次集体学习，平均每40天左右就学习一次，其中与改革

第六章 改革开放以来政府治理应对国内外冲击的历史经验

开放和应对加入WTO挑战直接相关的就有13次之多。①

另外,从2001年加入WTO开始,中国几乎每年发表一份"中国WTO报告",详细阐述中国加入WTO之后的各项政策进展及其所取得的成绩。以《中国WTO报告·2003》为例,该报告分为综合篇、行业篇、区域篇、资料篇,全面展示了中国加入WTO后的进展。在综合篇中,通过八个部分介绍了中国的努力:一是根据WTO的要求进一步完善了中国的法律体系,主要涉及货物贸易法律制度的修改与完善、服务贸易法律制度的修改与完善、知识产权保护法律制度的修改与完善、外商投资法律制度的修改与完善等方面。二是积极依法推进政府规制改革,比如,国务院2001年10月18日批转了监察部、国务院法制办、国务院体改办和中央编办联合制定的《关于行政审批制度改革工作的实施意见》,其中提出了行政审批制度改革的指导思想和总体要求、行政审批制度改革应遵循的原则以及实施步骤和需要注意的问题。在改革中,中国政府对加入WTO之前共4800万项规制,包括中央政府至少28000项规制、每个省政府至少10000项规制、市政府平均7500项规制、县政府平均2500项规制、乡政府镇平均1000项规制等进行了估计和排查,在此基础上制定了加入WTO每年减少规制项目的长远规划。三是对中国非市场经济地位影响中国应对反倾销的情况做了报告。四是对中国知识产权保护水平提高的情况做了报告。比如,2002年,国家知识产权局受理国内外专利申请252632件,比上一年的203586件增长24.1%,其中国内申请205396件,比上一年的165697件增长24.0%,占总量的81.3%;国外申请47236件,比上一年的37889件增长24.7%,占总量的18.7%。2002年,国家知识产权局专利局授权专利132401件,比上一年的114252件增长15.9%,其中国内专利112088件,占总量的84.7%,比上一年的99271件增长12.9%;国外专利20313件,占总量的15.3%,比上一年的14981件增长35.6%。②该报告其余的几个部分,还对外汇管理改革、

---

① 陈泰锋:《对中国成功应对WTO的思考:实际表现与原因探索》,载《国际商务研究》2008年第3期。
② 《中国WTO报告,我国知识产权保护水平进一步提高》,http://www.china.com.cn/zhuanti2005/txt/2003-06/23/content_5352057.htm,2019年2月4日访问。

中国经济奇迹：政府治理的作用

人民币汇率的制度选择、"入世"后的海外投资、我国对外劳务合作等进行了详细介绍。在报告的最后，还附上了美国贸易代表办公室对中国"入世"一年的积极评价。

在此后的2005年，中国还发表了《中国WTO报告·2004—2005》，其中对中国加入WTO三周年进行了回顾与展望，对这三周年中国对外贸易发展、政府职能转变与体制改革、利用外资、农业发展等进行了详细的评估，在附录中同样加上了美国对中国加入WTO三周年的评价。

（3）中国对WTO冲击的应对还与不少国家形成了鲜明的对比，那就是中国对WTO的应对涉及国内几乎每一个部门、每一个企业，中国从中央到地方，都全面、正面地进行应对；另外，中国对WTO的各项政策应对并不是孤立的，而是将这种应对内化于国内的改革、发展之中，从而形成了中国"以开放促改革，以改革迎开放"的独特改革开放逻辑。

从应对的全面性看，以加入WTO三周年的评估为例，其中涉及政府职能转变与体制改革、对外贸易发展、利用外资、农业发展、纺织工业、汽车制造业、IT产业、分销服务业、银行业、中国经济开发区、"走出去"战略、省市的进展等方面。有关经济摩擦这一部分，分别分析了反倾销摩擦、技术性贸易壁垒摩擦、保障措施摩擦等方面。

从开放与改革关系的角度看，从改革开放一开始，中国就清晰地认识到二者之间的辩证关系，即开放不是目的，而是手段，改革也不是目的，同样是手段，二者相互促进，相互推动。中国加入WTO是一项重大的对外开放事件，这就要求中国的各级政府、企业必须进行相应的改革，以适应这种对外形势的极大变化。以利用外资为例，加入WTO后可以更好地利用国外的技术、管理经验，包括人才、技术开放与使用能力、管理能力、对客户需求的理解能力，这些对于改善中国企业的素质、结构，优化中国市场的竞争主体，提升中国企业的竞争力都会起到很好的推动作用；此外，这些外资企业进来之后，就必然要求中国政府的监管、政府服务、行政法治化水平等与国际接轨。

（4）中国对WTO冲击的应对还有一个值得强调的鲜明特点，那就是

第六章　改革开放以来政府治理应对国内外冲击的历史经验

中国在与WTO谈判的过程中、对WTO承诺的履行中都极力强调所谓"缓冲期""宽限期"的重要性，这与中国整个改革开放进程中的渐进改革策略是完全一致的，当然也是理性地应对WTO冲击的一个有利策略。

根据《中华人民共和国加入世界贸易组织议定书》和《中国加入世界贸易组织工作组报告书》，中国对外开放并不是毫无保留的开放，而是分步骤、分阶段、分领域地逐步加大开放的过程。这样做，一方面，中国就可以利用WTO法律文件中的缓冲保护机制，避免对国内的产业造成严重的负面影响；另一方面，中国企业、政府就有了一个使用准备和思想准备的阶段。以金融业或者银行业为例，中国在加入WTO之后，并不是毫无保留地全面开放，而是采取有步骤、分阶段的开放措施。这一点可以从中国人民币汇率的变化趋势上清楚地看出，2001年12月中国加入WTO，但中国汇率并没有迅速转向完全的浮动汇率制，而坚持在有管理的基础上采取渐进市场化的策略。

6.5　2003年的非典冲击及政府应对

2003年的非典对中国的冲击不同于2001年"入世"。"入世"虽然对于中国而言是一场经济政治制度的大冲击，但这场经济政治制度的冲击早在多年前，中国政府就做好了心理和思想上的准备，并且在"入世"之后还有3—5年的缓冲期或者宽限期，所以，其影响并没有当初想象的那么严重。而2003年的非典来得非常突然，猝不及防，程度还非常严重，而且其影响范围无法准确掌控。

（一）非典冲击的鲜明特点

说起这场非典冲击，有必要对它进行一个简要的说明，因为它与经济学中通常所说的冲击（shock）存在较大差异。经济学中的冲击，意味着那些难以预期或者不可预测的因素、事件对一国经济体所造成的正向或者负向影响。按照冲击的来源，一般将冲击划分为供给冲击和需求冲击两类。本节所说的非典冲击显然是一次典型的自然冲击，也就是来源于经济系统

中国经济奇迹：政府治理的作用

之外的冲击。它具有这样几个突出的特点：（1）突发性。由于非典的传播需要一定的气候条件，同时，还需要借助于不可预知的动物，因此，没有人确切地知道它何时发生，首先在哪个地方发生。对于其后果，人们也无法预知。（2）危害性。非典在传播给人类之后，它会借助于人际交流存在于人群之中，再借助人类的流动快速传播，因此，其危害性不仅体现在物质层面，而且还体现在心理层面。特别是，它所带来的那种恐慌、不安全感，还可能会影响政府的公信力。（3）不确定和未知性，时间上的紧迫性。非典是一种典型的借助于呼吸系统传播的疫情，其病菌不断变种迭代，因此，当时的医学技术对之还无法完全应对，但不断传染的疫情又需要社会作出快速应对。（4）对整个经济和社会系统造成冲击，政府原先是否存在着相应的公共卫生应急机制，是否存在相应的危机管理系统等，也会在冲击面前暴露无遗。同时，它还可能影响需求系统，带来强大的需求冲击。比如，口罩与消毒产品的消费大幅度增长。此外，它还会带来整个社会交通出行、跨地区交易、贸易、投资活动等的大范围减少，因而是对全社会的一场大冲击。

由于这样几个显著的特点，有关非典冲击的政府应对就非常值得关注。事实上，当时由于非典是一种尚未被人类完全认识的新型传染病，即使世界卫生组织（以下简称世卫组织）也未完全掌握此疫情的特点，所以，中国预防和应对非典冲击的经验就引起了世卫组织的极大关注。在中国应对的过程中，世卫组织特意派出三批专家组到中国进行考察。2003年2月，在获悉中国广东发生一种新型传染性肺炎后，世卫组织就派出专家组到中国考察。之后，世卫组织专家组多次来到广州进行考察。再后来，专家组成员莫格尔深入北京各个医院，包括军队的医院，亲历了中国应对非典的过程，见证了当时的中国卫生部部长以及北京市市长因为应对非典不力被撤职等事件。莫格尔在亲历中国非典防治过程后深有感触地说："如果没有亲身经历，你无法体会过去短短一个多月间，中国经历了怎样的进步，这是中国开放历程中的一个里程碑。"①

---

① 钟雪冰：《世卫组织三个"没想到"》，载《扬子晚报》2003年5月7日。

第六章 改革开放以来政府治理应对国内外冲击的历史经验

（二）非典冲击的中国政府应对

现在，非典冲击已经过去了十多年，各方面的信息已经非常全面，这时我们可以系统全面地总结非典冲击中的中国政府应对。

（1）中央最高决策层高度重视、统一部署。这是中国取得应对非典胜利的最可靠组织保障。一是党中央、国务院直接领导非典防治工作。比如，2003年4月23日，成立了由时任国务院副总理吴仪任总指挥的防治非典型肺炎指挥部，统一指挥、协调全国非典型肺炎的防治工作。4月26日，十届全国人大常委会二次会议决定免去张文康的卫生部部长职务，任命国务院副总理吴仪兼任卫生部部长。一批地方官员由于防治非典工作不力，而被查处。比如，截至2003年5月3日，内蒙古就查处了63位在防治非典工作中违纪的干部，其中县处级3人；湖南省有207名国家工作人员，因防治非典不力而受到党纪政纪处分或组织处理，其中14人受到党内严重警告或者行政记大过处分，12人受到党内或者行政撤职处分，38人被就地免职；江苏省也查处了122名在防治非典工作中失职的人员。[①]二是颁布各项政策，采取有力措施保证防治非典工作的有序进行。三是中央和地方主要领导亲临非典第一线，极大地增强了国民齐心协力抗击非典的信心和勇气。

（2）中国政府是勇于面对困难、高度负责任的政府，始终坚持把人民健康和生命安全放在第一位。时任总理温家宝在向东盟领导人通报中国非典疫情和防治工作中的主要经验教训时介绍了五个方面的经验：

一是全面加强预防，控制疫情蔓延。中国政府已将非典型肺炎列为法定传染病进行管理。建立公开透明的疫情报告和信息发布制度，每天向世界卫生组织通报疫情，同时向社会公布；要求做到早发现、早报告、早隔离、早治疗；采取各种措施，加强传染源的有效控制；对公共交通工具、重点部位以及出入境口岸，实行严格检疫和防范。二是全力开展救治，设立防治基金。中央财政拨款20亿元人民币，设立防治基金。三是建立突发

---

① 金太军：《"非典"危机中的政府职责考量》，载《南京师大学报（社会科学版）》2003年第4期。

中国经济奇迹：政府治理的作用

疫情应对机制，提高应急处理能力。国家已拨款35亿元人民币，用于全国疾病预防控制机构的基础设施建设和中国疾病预防控制中心工程建设。四是加强科研攻关，研究诊治办法。①五是密切国家社会合作，重视借鉴国外经验。

  这些经验并不是表面的，而是落实为各项具体的对策。其中，第一点着眼于短期的非典疫情防治；第二点为非典防治提供了各种制度、条件和资金保障；第三点着眼于长远，主要是完善全国突发公共卫生事件的应急处理机制，建立疾病监测、信息网络和实验室网络等；第四点主要从科研攻关角度，探索诊断和治疗的方法；第五点主要通过国际合作和交流提高全人类应对非典的能力。

  （3）中国政府应对非典冲击的主要经验，值得好好总结。一是要进行跨部门、跨区域的综合防治，而不是单部门防治。政策的设计者是最高决策部门，措施的执行者包括所有有关部门和组织。具体而言，就是非典防治的政治承诺和政治支持程度高；财政政策力度大；强调综合性的技术措施，从预防、治疗、新产品开放等各个方面联合开展技术攻关；全面动员。②二是政府反应速度快。自然灾害与公共卫生事件发生时，灾情就是命令，时间就是生命，速度就是生命。2003年的非典从发病到公布历时4个月，导致最佳控制时机丧失，疫情迅速扩散。但痛定思痛后，政府迅速组织全民展开非典疫情歼灭战，并用7天7夜建起一座各项设施达到国际水平的传染病医院，20天出台一部传染病法规，24小时建立一套疫情报告直通网络……一个个令人赞叹的"中国速度"，为遏制疫情扩散争取了宝贵的时间。③

  这种从最高层到各部门的通力合作、快速应对，正是中国特色社会主义最强大的制度优势，这种制度优势对于应对这种具有很大公共性、外部性的冲击或者大规模的社会或者经济危机，显示出不可替代的强大作用。

---

① 温家宝：《坚决打好同"非典"疫情做斗争这场硬仗》，载《对外大传播》2003年第5期。
② 孟庆跃：《公共政策、公共财政和公共卫生："非典"防治策略对公共卫生体系改革与发展的启示》，载《中国卫生经济》2003年第7期。
③ 任学丽、蒋盛云：《改革开放以来我国政府处置重大突发事件与提高执政能力的经验与启示》，载《重庆理工大学学报（社会科学）》2015年第7期。

第六章　改革开放以来政府治理应对国内外冲击的历史经验

因为只有政府才具有如此强大的控制能力，才能动员各种资源和社会力量，有效预防、及时控制和消除突发公共卫生事件的危害，保障公众身体健康与生命安全，维护正常的社会秩序。[①]

（4）中国应对非典冲击的教训也值得总结。一是中国在非典应对初期反应迟滞，在很大程度上与当时疫情信息发布不及时、不公开、不透明存在很大关系。疫情信息收集与统计、监测管理、追踪调查等方面的工作机制不健全，信息收集渠道不通畅，信息资源管理能力较低。二是防治非典之前，中国政府推动经济增长的方式主要以各地政府对当地GDP增长贡献的大小作为依据，对于那些GDP增长以外的其他难以量化的指标，比如教育、社会治安、安全、精神文明、公共卫生等考虑不足。在这种体制下，就出现了比较普遍的"报喜不报忧"、重政绩的"面子工程"，在社会上形成了"数字出干部，干部出数字"的现象。三是在制度层面缺乏应急管理和处理的体系和制度支持。在2003年7月全国防治非典工作会议上，时任总书记胡锦涛、总理温家宝明确提出要加快突发应急机制建设。2005年，党的十六届四中全会全面部署了加强党的执政能力建设的各项任务，其中就包括建设应急预警体系，提高保障公共安全和处置突发事件的能力建设。如今，应急管理部已经在国家层面建立，省市一级的应急管理机构也已经全面建立。四是非政府组织在非典应对中的作用和潜力远未发挥。

6.6　2008年汶川大地震及政府应对

2008年对中国来说，似乎又是一个坎。这一年发生了震惊全球的汶川大地震。汶川大地震像是一场在人间与地狱、生存与死亡之间的奔跑，在这场奔跑中，我们只能勇往直前，而不能自我放弃。

汶川大地震的损失是惨痛的。据国务院新闻办发布的数据显示，大地震共造成69226人死亡，17923人失踪，共计87149人。四川、甘肃、陕西三省的极重灾区和重灾区数量分别是39个、8个和4个，共51个灾区县，总

[①] 金太军：《"非典"危机中的政府职责考量》，载《南京师大学报（社会科学版）》2003年第4期。

中国经济奇迹：政府治理的作用

面积达到13万多平方公里。此次汶川大地震造成的直接经济损失达8451亿元人民币，其中四川占总损失的91.3%，甘肃占5.8%，陕西占2.9%。在这些损失中，民房和城市居民的住房损失占27.4%，包括学校、医院、其他非住宅用房的损失占总损失的20.4%，另外还有基础设施、道路、桥梁和其他城市基础设施的损失占总损失的21.9%。①截至2008年9月1日12时，我国地震台网监测记录到余震27000多次，其中6级以上余震8次，最大余震为6.4级。②

相比于2003年的非典，汶川大地震中中国政府的应对层次和水平、应对效率、应对能力都出现了翻天覆地的变化。

（1）中国政治体制的优越性在应对诸如汶川大地震这样的公共危机或者安全事件中得到了更大程度的彰显，也就是效率很高的集中统一领导与决策，广泛有效的社会和资源动员能力，体制内为主、体制外为辅的组织保障能力。

有关这一点可以从中国汶川大地震、美国卡特里娜飓风、日本阪神大地震的政府应对比较中得到清楚的说明。在汶川大地震中，地震发生后的1小时22分，中国人民解放军总参谋部就启动应急预案；2小时30分钟后，时任国务院总理温家宝就赶赴灾区；地震发生后的一个半小时，也就是下午4时，国家减灾委、民政部紧急启动国家Ⅱ级救灾应急响应；当晚，时任总书记胡锦涛主持召开中央政治局常委会，全面部署抗震救灾工作，强调灾情就是命令，时间就是生命。2008年5月12日22时15分，根据对灾情的进一步了解和判断，国务院决定紧急启动Ⅰ级救灾响应。③4小时后，2900名武警人员抵达灾区；5小时后，部队先遣指挥组已经进驻灾区。随后，抗震救灾指挥部在温家宝的带领下迅速在灾区部署救灾工作，数十万解放军陆续进入灾区，整个国家在短时间内被动员起来，救灾物资从国内外源源不断进入灾区。④灾后72小时内，温家宝9次前往灾区7个地区视察，走

---

① 《四川汶川地震及灾害损失评估公布》，载《西部大开发》2008年第10期。
② 同上。
③ 李明锦：《我国应对汶川大地震呈现"十大亮点"》，载《中国减灾》2008年第7期。
④ 刘亚伟：《从汶川地震看中国应对公共危机》，载《合作经济与科技》2008年第21期。

第六章　改革开放以来政府治理应对国内外冲击的历史经验

在抗震救灾的最前线。5月16日上午，在抗震救灾的危急时刻，胡锦涛亲赴四川地震灾区指导抗震救灾工作。地震发生后100小时内，已有3位中央政治局常委抵达四川灾区，另有多位党政军领导奔赴抗震救灾第一线，及时、全面、有力地安排部署、指导指挥、统筹协调抗震救灾工作。①

反观卡特里娜飓风时美国的政府应对，却松散、低效得多。此次飓风是美国历史上5次最致命的飓风之一，受灾面积相当于一个英国的面积，1300多人丧生，经济损失达960亿美元。从一开始，美国政府就饱受批评。批评者说，政府对飓风的应对准备不足，灾害发生后反应太慢、管理不善、领导不力。比如，飓风登陆5小时后，美国联邦紧急救援局要求派遣1000名救援人员在"两天内"赶赴灾区；36小时后，白宫救援指挥部成立，决定在第二天开展救援工作；3天后，6500名国民警卫队队员奉命赶到灾区。时任总统布什本人也成为舆论攻击的靶子，因为飓风来袭时，他正在度假，两天后，他才决定提前结束休假，乘专机在灾区上空巡视，十余天后，他才深入灾区实地视察。②

类似的是，我们也看到，阪神大地震中日本政府应对的迟缓。1995年1月17日清晨发生的阪神大地震波及整个关西地区，摧毁了神户市老城区，造成近6000人死亡，4万余人受伤，30万人无家可归。日本政府在救灾中的表现成为众矢之的。政府出动自卫队反应迟缓。震中神户市的灾民在地震发生后的一个白天都没有等来救援的自卫队。最先赶来的是驻扎在当地的"第三特科联队"，但明显力量不足，而政府派遣的其他地方自卫队救援人员过了三天才赶到灾区中心。此外，志愿者组织混乱、救灾款没有及时到位、临时住宅建设速度太慢、临时住宅地点偏远等问题都让人们对政府产生诸多抱怨。时任日本首相村山富士受到强烈指责。因为他下令驻扎在其他地方的自卫队和消防队增援神户的时机太晚，结果这些队伍因为道路破坏而遭遇严重的交通拥堵。地震爆发后，美国驻横须贺的第

---

① 李明锦：《我国应对汶川大地震呈现"十大亮点"》，载《中国减灾》2008年第7期。
② 刘亚伟：《从汶川地震看中国应对公共危机》，载《合作经济与科技》2008年第21期。

中国经济奇迹：政府治理的作用

七舰队要求赴日本前往救援，但日本政府却以"合作体制未备""政治上有问题""码头设施受损不能保障"等原因予以拒绝，导致村山富士的支持率大降。①

从政府治理的角度看，中国实行集中统一领导，执行力强，办事效率高。而美国与日本在执行前要进行漫长的讨论甚至投票，执行力相对较弱。中国这种政治集中的政治体制非常有利于诸如汶川大地震等自然灾害、社会公共危机的应对，因为它政令集中、组织机构呈上下级管理，有利于集中力量办大事。值得注意的是，虽然中国总体上属于所谓的集中体制，但是从近年来的发展变化看，越来越具有政治集权与经济分权兼备的混合体制的特点。一方面，诸如各级政府机构、事业单位、国有企业等体制内的机构仍然发挥着重要作用；另一方面，体制外的机构数量增多，其规模以及发挥的作用也越来越强。比如，汶川大地震中，大量的志愿者队伍加入，规模达300万人以上。②

（2）中国自然灾害的应急管理体制，从无到有，到汶川地震发生时已经基本形成，在汶川大地震中经受了考验，并且在汶川地震之后日益完善。

2003年的非典，让中国政府注意到全面加强应急管理工作以及建设应急管理体系的重要性。2007年，中国政府提出以应急管理预案的制定为先导，逐步完善应急管理法制、应急管理体制和应急管理机制的战略。③到2008年，应急管理体制框架基本成型。2008年发生的汶川大地震，再一次给予全国上下审视中国应急管理体制建设的机会。以《国家自然灾害救助应急预案》为例，该预案自2005年建立以来逐步完善。该预案从中国的国情出发，参考国际做法和经验，明确规定了应对自然灾害的各项原则、任务、职责、分工、措施，特别是应急响应机制。预案规定，我国自然灾害

---

① 刘亚伟：《从汶川地震看中国应对公共危机》，载《合作经济与科技》2008年第21期。
② 中华人民共和国国务院新闻办公室：《中国的减灾行动》，http://news.cntv.cn/china/20120508/105843.shtml，2019年1月20日访问。
③ 华建敏：《依法全面加强应急管理工作——在全国贯彻实施突发事件应对法电视电话会议上的讲话》，载《中国应急管理》2007年第10期；闪淳昌：《利在当代 功在千秋——国家突发公共事件应急预案体系建设回顾》，载《中国应急管理》2007年第10期。

第六章　改革开放以来政府治理应对国内外冲击的历史经验

事件分为特别重大、重大、较大、一般灾害四个等级，其中应对特别重大自然灾害，启动I级响应，由国务院成立抗灾救灾指挥部，统一领导、指挥和协调自然灾害应急与救灾工作。① 正是因为有了这一规范的预案，所以汶川大地震发生后，国家迅速启动I级响应，从而在第一时间有序、有力、有效地采取了相应的抗震救灾步骤、措施，极大地提高了救灾工作的效率。②

2010年，国务院应急管理办公室专门研究了应急管理机制，形成了"四阶段×五模块"模式的全流程应急管理机制框架，其中与应对重大灾害相关的是"应急处置与救援"阶段的先期处置、快速评估、决策指挥、协调联动和信息发布五个机制。③ 2011年和2016年，《国家自然灾害救助应急预案》分别两次进行修订，其中明确了国家自然灾害救助应急由政府统一领导，实行分级管理，条块结合，以块为主，部门密切配合，分工协作，各司其职，各尽其责，依靠群众，充分发挥基层群众自治组织和公益性社会团体的作用。如今，国家应急管理部作为国务院的部级组成部门，依据2018年3月十三届全国人大第一次会议批准，正式设立，同时全国各地的应急管理局也组建完成。

史培军、张欢分别从决策指挥机制、生命救援机制、转移安置机制、资源动员机制等方面对汶川大地震中的应对机制进行了详细的分析。他们认为，总体上，汶川地震中的政府应对可圈可点，取得了很大的成功。他们将之总结为巨灾共识、以政府为中心的组织方式和体制内资源动员路径三个应对机制的鲜明特征，并认为这种应对体制与体育运动中的那种举国体制是类似的。

（3）汶川地震中信息报道的公开、透明，正在日益显示中国灾害应急与管理方面的信心和实力。

恩格斯说过，没有哪一次巨大的历史灾难，不是以历史的进步为补偿

---

① 李明锦：《我国应对汶川大地震呈现"十大亮点"》，载《中国减灾》2008年第7期。
② 史培军、张欢：《中国应对巨灾的机制——汶川地震的经验》，载《清华大学学报（哲学社会科学版）》2013年第3期。
③ 闪淳昌、薛澜主编：《应急管理概论——理论与实践》，高等教育出版社2012年版。

的。在汶川大地震的应对过程中，透明、公开的信息传播不仅为地震的应对做出了贡献，而且也彰显了中国日益公开、透明的应急管理体制和机制。

2008年5月12日14时28分，汶川大地震发生。当天14点46分，新华网就最先发布消息"四川汶川发生强烈地震"。当天15时，中央电视台新闻频道整点新闻头条报道了地震消息。当天16时29分，中国地震局召开了新闻发布会，新闻发言人张宏伟通报了地震灾情，称中国地震局已启动I级预案。紧接着，成都本地媒体也迅速出击，在第一时间就向受众播报了地震的新闻。[1] 除电视媒体外，5月12日14时55分55秒，在余震不断的情况下，成都交通广播电台果断中断正常节目，推出抗震救灾特别报道《我们在一起》。报纸方面，《成都商报》《成都晚报》分别加印号外33万份，免费送到市民手中，及时传播抗震救灾情况。[2] 正是由于媒体迅速、及时、公开地报道，公众才能在第一时间了解地震灾情的真实情况，起到了稳定人心的作用。另外，媒体全方位、多角度的报道，不仅全面满足了受众对突发事件信息的需求，还起到了在危机时刻鼓舞斗志、振奋精神、坚定信心的作用，宣传了伟大的抗震救灾精神。[3]

6.7　2008—2009年次贷危机中美国、欧盟与中国应对的比较

2008—2009年的美国次贷危机，与汶川大地震以及非典冲击不一样，因为后者是典型的自然冲击，而前者是经济冲击。这次经济危机是第二次世界大战以来最为严重的一次经济危机，美国、欧盟与中国都深受其害。因此，我们就来看看，作为发源地和受害者的美国、作为受害者的欧盟以及中国分别是怎样应对的。

---

[1] 石云龙、崔彬、安海忠：《汶川地震紧急救援应对策略、经验与思考》，载《资源与产业》2010年第6期。
[2] 同上。
[3] 同上。

第六章　改革开放以来政府治理应对国内外冲击的历史经验

（一）美国怎样应对次贷危机

金融危机发生以后，美国政府采取了一系列应对金融危机的政策组合。这可以从美国财政部《紧急经济稳定法案》以及自2008年9月以来美国所采取的一系列政策中看出来。正如美国前财政部长亨利·M.保尔森在2008年10月所说的那样："这一法案中的相关政策如果能与现有的管理机构和资源相互结合的话，就会保护我们金融体系，并充实其资本，正像我们在信贷市场上做的那样。"

按照美国财政部的说法，该法案的目的在于：

（1）立即给联邦政府以及相关机构提供可以用以恢复金融体系流动性和稳定性的各种工具。

（2）保证相关机构运用相关的政策工具，能够保护房产价值、大学基金、退休账户和居民生活储蓄的价值不再受到金融危机的影响；保障房屋产权，提供工作岗位，推动经济增长；保障美国纳税人的各种收益最大化；提高有关政策执行的透明度和公众监督。

具体而言，美国的危机应对政策可分为以下几个方面：

第一，减轻现有问题资产的影响。比如，政府出资购买有关银行和金融机构的资产，目的是防止这些金融机构大批倒闭，并稳定金融秩序。根据该法案，美国的公共机构、私人企业和小型企业都可以向财政部提出申请。截止到2009年1月23日，美国政府收购的各州的公司及其资产就达到1944.17亿美元，收购的公司达到319家。比较知名的美国银行、高盛集团、摩根士丹利、花旗集团、摩根大通、富国银行、纽约银行梅隆公司、道富银行、美林证券等有问题的资产都已经被美国政府收购。由此可见，美国政府有关减轻现有问题资产的财政救助涉及美国大多数受到影响的州和地区。

第二，专项投资计划是针对那些仍然具有潜力，并没有被金融危机击垮的公司采取的一项针对性的计划。比如2008年12月31日，美国财政部和花旗银行就签署了一份证券收购协议，以200亿美元的价格购买了花旗银行的证券。另外，美国财政部还于2009年1月16日对美国银行进行了200

亿美元的专项投资。其目的是通过针对性的投资，来保持美国金融系统的健康。

第三，对存在系统性较大失误的机构进行收购，比如2008年11月25日，美国财政部对纽约美国国际集团进行了收购，收购价格标的达到400亿美元。

第四，根据法案，美国财政部还会针对汽车产业进行融资。截至2009年1月23日，美国政府共对通用、克莱斯勒等五家汽车公司进行了207亿美元的融资。表6.1显示了财政部对汽车产业融资的相关细节。从该表中可见，美国政府负起了联邦储备之外的最后借贷者的责任。

表6.1　金融危机以来美国对汽车业的融资计划

日期	公司	地理位置	交易类型	融资金额
2008年12月29日	通用汽车金融公司	密歇根底特律	优先股购买	50亿美元
2008年12月29日	通用汽车公司	密歇根底特律	债务	8.84亿美元
2008年12月31日	通用汽车公司	密歇根底特律	债务+凭证和票据	94亿美元
2009年1月2日	克莱斯勒控股	密歇根奥本山	债务+相关票据	40亿美元
2009年1月16日	克莱斯勒金融服务公司	密歇根法明顿山	债务+相关票据	15亿美元

资料来源：U.S. Treasury Department, Office of Financial Stability, Transaction Report, January 23, 2009.

第五，美国政府还为有些公司的资产提供保证。截止到2009年1月23日，美国财政部已经为花旗银行50亿美元的资产提供了政府保证。在美国自由市场经济体制下，大多数的担保和保证都是私人信用，因而都要经受市场的考验。但在金融危机的危难时刻，美国政府已经顾不到那么多了。

第六，美国政府还为消费者提供信贷便利。比如美国联邦储备当时出台了一种以资产为后盾的定期证券借款，它的目的是便利以资产为后盾的证券发行，改善这种以资产为后盾的证券发行市场环境，专门针对消费者和小型企业的借贷提供服务。在这一借款规定下，纽约联邦储备答应提供

第六章　改革开放以来政府治理应对国内外冲击的历史经验

总额2000亿美元为期1年的定期借款，但这种借款并不是没有条件的，而是以合适的资产证券作为担保。为此，美国财政部还拨出200亿美元来兑现这一承诺。

第七，美国政府还承诺在诸如风险管理、项目执行、股票分析、金融机构分析、资产管理、合同管理、经济分析、社区事务、住房和社会发展政策分析等领域进行人员招聘，以解决目前已相当严峻的就业问题。

同时，美国白宫、财政部、商务部、农业部、劳工部、住房与城市发展部、联邦中小企业局、联邦存款保险公司等还为美国普通民众、工人以及中小企业和金融机构提供专门的服务和救助，并专门开通了一个名为"经济恢复"（economicrecovery.gov）的政府网站，服务的内容涉及如下方面：

（1）对美国普通民众而言，服务的内容包括如何防止抵押品赎回权的丧失、如何保护自己的退休生活、消费者的自我保护建议、自己账户安全保护、金钱紧张情况下的生活权利维护、危机时期的营养资助计划等。比如，打开"危机时期的生活权利"这一栏目，普通市民就进入了美国农业部的"营养救助计划"栏目，其中不仅介绍家庭如何做饭，如何买到便宜的蔬菜、水果，而且还介绍如何进行购物，选购中要注意的问题，以及购物后如何保存，如何分批量进行保护以方便老人和小孩，如何先用临期食品，此外还列出了低收入家庭、妇女、儿童、婴儿、学校可以免费获得的辅助食品营养计划的领取资格、领取地址、电话、网址等。

（2）对工人而言，提供服务的内容有各州工作和就业机会介绍、如何为联邦政府工作、各州失业保险信息、一站式职业中心、残疾障碍人士服务等方面。比如，通过这个网站，工人就可以直接找到各州政府的网站，了解在该州如何申请失业救济，该州需求最多的工作岗位，该州最低工资标准，该州职业健康和安全管理局、老兵就业和培训办公室、职工津贴安全管理局、劳动力投资委员会、联邦合同履行办公室、就业标准管理局、残疾人就业办公室，以及煤矿安全管理机构办公室等部门的联系方式等。

（3）针对中小企业和金融机构，所提供的服务有企业借款项目、少数企业的海外发展、少数民族企业支持计划、保护投资者、帮助制造业者成

长和具有竞争力、农民或者农场借款计划、企业和社会发展等。

比如，随便打开"农民或者农场借款计划"这个栏目，就会进入美国农业部美国农场借款计划的页面，其中会介绍该计划主要针对那些从商业机构、借贷系统或其他机构得不到贷款的农户家庭或农场，或者那些在自然灾害中受到打击的农户或者农场等，该借款可以让农民或者农场购买土地、修建农场建筑、购买机器、种子、化肥、饲料等。此外还有该项目各州办公室的电话、联系地址、申请表格以及负责人等。

（二）欧盟如何应对次贷危机[①]

2008年10月后，源于美国的经济危机已经进入影响全球实体经济的重要阶段，各国政府已使出浑身解数，先后拿出各种各样应对金融危机的方案。欧盟作为当今世界经济舞台上的一大"玩家"，自然拿出了自己应对金融危机的方案，看看欧盟出台的一整套应对金融危机的政策方案，对同样处于危机之中的中国不无裨益。

1. 有决心就有希望

2008年11月26日，欧盟各成员在位于布鲁塞尔的欧盟总部制定了一个详细的欧洲经济复苏计划。正像欧盟委员会在提交给欧盟理事会讨论的文件中所说的那样，"采取行动的时候到了，考验欧盟政府、各成员国的时候到了，此时此刻，我们需要的不仅是想象，而且还有决心、灵活性，以及对家庭、社会、企业的关注"。欧盟各国政府并没有将目前的金融危机当作一场灾难，相反他们将之看作彰显欧盟以人为本、众志成城、协同行动的一次机会。欧盟认为，危难的时刻，最大的恐惧就是手足无措和无能为力。而欧盟不是这样，它拥有聪慧、协同一致的各国政府，拥有各种各样的政策工具。这次危机将成为欧洲团结、协作的范例。从此次出台的欧洲经济复苏计划的主要内容、覆盖面、相关的政策措施以及很多细节就可以看出欧盟在应对金融危机方面的巨大决心。

[①] 赵红军：《欧盟的"经济复苏计划"及其启示》，载《西部论丛》2009年第4期。

第六章　改革开放以来政府治理应对国内外冲击的历史经验

2. 两个基本点，一个重要原则

在此次的欧洲经济复苏计划中，除了能够看到欧洲政府应对金融危机的巨大决心之外，我们还看到，欧盟应对金融危机的两个基本点和一个重要原则：

第一个基本点是向经济体中注入购买力和信息，以刺激市场需求，恢复市场的信心。欧盟作出承诺，各个成员国以及欧盟政府将紧急注资2000亿欧元，也就是欧盟GDP规模的1.5%用以刺激《稳定与增长法案》中所说的需求。

第二个基本点是通过短期的行动增强欧洲在长期中的竞争力。该计划旨在通过一系列的行为，对经济体进行"聪明的投资"，也就是投资于未来发展所需要的技能，能创造就业和节省能源的能源技术、清洁技术，比如低能耗建筑、汽车，能提高效率和创新的基础设施和国家间的网络互联等方面。与此同时，通过欧盟经济复苏计划，还要帮助成员国开放对重要企业的新型金融形式，降低企业的行政负担，进行基础设施的现代化。

一个基本原则是内部的团结和社会的公正，通过调整社会收费，保护就业，关注那些失去工作的人的长远职业前景；通过提高能源使用效率，降低能源成本，关注那些还未能使用互联网进行互联的人们。

3. 四个优先领域

此外，欧盟还着力强调了四个需要优先投资和解决问题的领域：

第一个重点和优先的领域是与人民生活、就业、福利、安全等密切相关的领域，也就是把人放在第一位；

第二个是与企业的投资、生产、产品销售、运营成本降低、管理、创新等密切相关的领域；

第三个是基础设施和能源领域，主要是解决整个欧洲国家的基础设施建设、清洁能源的开发、住房清洁能源的使用等方面；

第四个是关注未来的研究与创新，增加研究与开发、教育的投资[①]以及开发清洁技术等方面。

---

① 赵红军：《欧盟的"经济复苏计划"及其启示》，载《西部论丛》2009年第4期。

4. 十个方面的行动

具体而言,这四个优先解决的领域涉及以下十个方面的行动计划:

第一,就业支持行动。欧洲委员会提议简化个人申请"欧洲社会基金"支持的程序,并允诺从2009年开始对个人进行提前资金支付,总额为18亿欧元,主要用于低技能工人的职业规划、强化培训、再就业培训以及技能提升培训,给予自主创业资金支持,给企业开办成本方面的资助;给予那些最需要救助的弱势群体资金支持和融资,与大学、公共就业服务和社会力量密切合作,让人才能够与企业的发展、所需的技能相匹配。此外,通过欧洲全球化调整基金干预重点领域,为企业提供补贴和资金支持,让他们保留工作岗位,储备人才,以备经济好转之需。①

第二,创造劳动力需求岗位。比如降低对企业雇用低收入人员的社会收费,目的是促进低技能工人就业;同时引进一些具有创新性的解决方案,比如对家庭和婴儿看管发行服务票据,对弱势群体就业发放暂时补贴,并对劳动密集型服务业给予增值税减免等。

第三,增加对企业的融资。比如欧洲投资银行为中小企业提供了总额为300亿欧元的贷款,这一数字比往年上涨了足足30%;同时,对欧盟经济关键领域的中型企业追加10亿欧元的贷款;简化国家资助企业的程序,根据《里斯本条约》,推进研究、创新、培训、环境保护和清洁技术、交通和能源效率方面的资助;并且对那些投资超过欧盟环境标准的企业给予补贴和贷款优惠。

第四,减少企业的行政负担并促进企业家才能的培养。在《小企业法案》的基础上,为了大幅度减少企业的行政负担,增加公司的现金流,让更多的人成为企业家,欧盟以及各国政府承诺:(1)无论人们在欧盟什么地方成立新的企业,都会在三天之内办完所有手续,并且不收任何费用。(2)取消个体企业每年的账户资金限制,将开办新企业的资本数额限定为1欧元。(3)从2009年开始,中小企业进行跨国经营不受任何限制,且面临的公司规章全部统一。(4)就中小企业一个月之内的供应和服务而言,

---

① 赵红军:《欧盟的"经济复苏计划"及其启示》,载《西部论丛》2009年第4期。

第六章 改革开放以来政府治理应对国内外冲击的历史经验

公共机关可以接受电子发票，任何公共机构的欠款都应该及时解决；减少专利申请和持有时75%的收费，欧盟商标收费减半。

第五，通过投资建设现代化的基础设施。在2009年和2010年，欧盟将动用额外的50亿欧元用于欧洲内部能源互联和宽带网络基础设施建设；2007—2013年，向各个成员国和地区提供3470亿欧元的金融支持；另外，欧盟承诺提前融资45亿欧元用于企业的结构转型；此外，欧盟还提出一系列措施，目的是推动主要投资项目的实施，促使企业使用金融工程基金，简化贷款的提前支付规定，在均等比率的基础上扩大基金的支出。到2009年3月，欧盟将推出价值5亿欧元的跨欧洲交通项目；欧洲投资银行将提高向气候变化、能源安全、基础设施方面的投资，每年的投资将达到60亿欧元，同时加快实施风险分担促进计划，以支持研究与开发，并投资跨欧洲的交通项目，刺激私人部门参与；另外，欧洲复兴和开放银行还投资50亿欧元，通过给私人部门融资，提高能源效率、减轻气候变化，为政府和其他基础设施进行融资。

第六，提高建筑的能源利用效率。欧盟和各成员国还将采取紧急措施，提高居民住房和公共建筑内的能源利用效率，推进绿色节能产品的使用。比如，欧洲将实施最高级别的能源使用效率标准，并颁发相应的能源证书；对于那些达到能源效率或者节能的企业给予财产税收减免等；通过重新制定欧洲的结构基金让更多的投资进入具有能源效率的项目中；同时，欧盟还会和欧洲投资银行及相关国家的银行发起一个"2020能源、气候变化和基础设施基金"，并敦促各成员国和相关产业开发创新融资基金。

第七，促进绿色产品的快速普及。比如，降低对绿色产品和服务的增值税率，旨在提高建筑的能源利用效率，给予消费各种激励，鼓励消费者使用环境友好型产品；此外，各成员国还应该对外部的电力设备、备用电力消费、安装顶灯和日光灯等实施环境绩效标准检验；同时，对其他节省能源的电视、内部照明、冰箱、冰柜、洗衣机、电饭煲、空调等给予相关的经济激励。

第八，增加在研究与开发、创新和教育上的投资。各成员国和私人部

门都应该增加在研究与开发上的投资,目的是促进经济增长和生产效率的提高;同时还应该增加私人部门在研究与开发上的投资,为这些行为提供财政和经济上的刺激、补助或者补贴。

第九,发展企业和建筑的清洁技术。为了支持制造业中的创新,特别是建筑业和汽车业的创新,欧盟建议建立三种公共和私人部门的合作关系,一是在汽车部门推出欧洲绿色汽车行动,促进在可再生能源和非污染能源使用、安全和交通快捷性方面的技术突破,为汽车制造厂和生产者提供贷款,投资额为50亿欧元。二是在建筑领域推进绿色技术和高效能源体系、材料等建设,鼓励地区和当地政府采购网络和标准的建立,投资总额为10亿欧元。三是促进制造业的技术应用,帮助中小型企业通过开发和一体化,比如工程技术、工业工艺和先进材料等的使用,应对全球竞争压力,估计总投资额为12亿欧元。

第十,建立普及大众的高速因特网。高速因特网的使用可以促进快速的技术溢出,促进创新性产品和服务的需求,其重要性不亚于19世纪的铁路建造。为了使欧洲成为固定和无线通信方面的领先者,并提升高附加值的服务,欧洲应该加速因特网技术的升级和延伸,目的是在2010年让高速因特网覆盖全欧洲。同时升级现有网络的质量和运行效率,促进光纤网络的投资,建造无线宽带技术。2009—2010年该方面的总投资为10亿欧元。

经过2008年12月11日各成员国政府首脑的讨论,欧盟的这一欧洲复兴计划开始实施了。2009年2月5日,欧盟召开了欧洲议会,评估这一计划所取得的进展,并根据情况采取了更进一步的应对金融危机的措施。

(三)中国政府如何应对次贷危机

美国次贷危机中的中国政府应对集中体现在2008年11月5日国务院常务委员会会议之中,会议研究部署了进一步扩大内需促进经济平稳较快增长的措施。会议认为,美国次贷危机以来,"世界经济金融危机日趋严峻,为抵御国际经济环境对我国的不利影响,必须采取灵活审慎的宏观经济政策……出台更加有力的扩大国内需求措施,加快民生工程、基础设施、生态环境建设和灾后重建,提高城乡居民特别是低收入群体的收入水

第六章　改革开放以来政府治理应对国内外冲击的历史经验

平，促进经济平稳较快增长"①。具体而言，这些举措主要有：

一是加快建设保障性安居工程。加大对廉租住房建设支持力度，加快棚户区改造，实施游牧民定居工程，扩大农村危房改造试点。

二是加快农村基础设施建设。加大农村沼气、饮水安全工程和农村公路建设力度，完善农村电网，加快南水北调等重大水利工程建设和病险水库除险加固，加强大型灌区节水改造。加大扶贫开发力度。

三是加快铁路、公路和机场等重大基础设施建设。重点建设一批客运专线、煤运通道项目和西部干线铁路，完善高速公路网，安排中西部干线机场和支线机场建设，加快城市电网改造。

四是加快医疗卫生、文化教育事业发展。加强基层医疗卫生服务体系建设，加快中西部农村初中校舍改造，推进中西部地区特殊教育学校和乡镇综合文化站建设。

五是加强生态环境建设。加快城镇污水、垃圾处理设施建设和重点流域水污染防治，加强重点防护林和天然林资源保护工程建设，支持重点节能减排工程建设。

六是加快自主创新和结构调整。支持高技术产业化建设和产业技术进步，支持服务业发展。

七是加快地震灾区灾后重建各项工作。

八是提高城乡居民收入。提高下一年粮食最低收购价格，提高农资综合直补、良种补贴、农机具补贴等标准，增加农民收入。提高低收入群体等社保对象待遇水平，增加城市和农村低保补助，继续提高企业退休人员基本养老金水平和优抚对象生活补助标准。

九是在全国所有地区、所有行业全面实施增值税转型改革，鼓励企业技术改造，减轻企业负担1200亿元。

十是加大金融对经济增长的支持力度。取消对商业银行的信贷规模限制，合理扩大信贷规模，加大对重点工程、"三农"、中小企业和技术改造、兼并重组的信贷支持，有针对性地培育和巩固消费信贷增长点。

---

① 《国务院常务会议部署扩大内需促进经济增长的措施》，http://www.gov.cn/ldhd/2008—11/09/content_1143689.htm，2019年2月7日访问。

中国经济奇迹：政府治理的作用

初步匡算，实施上述工程建设，到2010年底约需投资4万亿元。为加快建设进度，会议决定，当年四季度先增加安排中央投资1000亿元，下一年灾后重建基金提前安排200亿元，带动地方和社会投资，总规模达到4000亿元。

2008年12月9日，国家发展改革委就扩大内需促进经济增长10项措施答记者问中，详细讨论了10项措施的重点，明确了4万亿元的大致分配情况。主要是，加快建设保障性安居工程约2800亿元，加快建设农村民生工程和农村基础设施约3700亿元，加快建设铁路、公路和机场等重大基础设施建设约18000亿元，加快医疗卫生、文化教育事业发展约400亿元，加快建设生态环境工程约3500亿元，加快自主创新和结构调整约1600亿元，加快灾后重建约10000亿元。另外，明确在中央4万亿元的基础上，全国各地的地方政府还将推出10多万亿元的投资。①

对比美国、欧盟和中国政府应对美国次贷危机的对策，我们可以发现如下基本事实：

（1）如果仅仅从用于金融危机应对的总金额角度看，美国《紧急稳定经济法案》中明确列出来的金额为5201.7亿美元，欧盟为6090亿欧元，而中国中央政府用于应对金融危机的资金为4万亿元人民币，我们可以发现，中国中央政府用于危机应对的金额与美国和欧盟旗鼓相当，如果再加上中国地方政府的另外10多万亿元的危机应对金额，那么，中国政府应对金融危机的力度要比美国和欧盟大很多。

（2）美国、欧盟和中国的危机应对举措支持的重点存在较大不同。美国《紧急稳定经济法案》的主要目的是稳定和恢复美国金融系统的流动性，复兴和再造美国在金融行业的竞争力，保证相关机构运用相关的政策工具，能够保护房产、大学基金、退休账户和生活储蓄的价值不再受到金融危机的影响；保障房屋产权，提供工作岗位，推动经济增长；最大化对美国纳税人的各种收益；提高有关政策执行的透明度和公众监督。与此相反，欧盟的金融危机应对举措则主要关注与人民生活、就业、福利、安全

---

① 《国务院常务会议部署扩大内需促进经济增长的措施》，http://www.gov.cn/ldhd/2008—11/09/content_1143689.htm，2019年2月7日访问。

第六章　改革开放以来政府治理应对国内外冲击的历史经验

等密切相关的就业和民生领域；关注与企业的投资、生产、产品销售、运营成本降低、管理、创新等密切相关的要解决的问题；关注基础设施和能源问题；关注未来的研究与创新，增加在研究与开发、教育上的投资，开发清洁技术等方面。中国的金融危机应对则处于美国和欧盟中间，主要关注基础设施和灾后重建，而对与民生相关的教育、卫生、医疗等投资并不多，对研发、创新的资助也不多。

（3）美国《紧急稳定经济法案》以及欧盟《欧洲经济复苏计划》基本上都是以法案的形式通过并下发、实施的，而中国2008年的金融危机应对举措则是在国务院常务委员会的一次会议上通过，是以部门内部会议的形式通过，然后通过国家发展改革委、地方各级发展改革委出台类似的计划的形式直接推动的。从这一点，我们可以清楚看出，中国中央人民政府也就是国务院具有相对于美国和欧盟而言更大的政府权力。另外，从应对危机的有效性和及时性看，中国的应对最为及时，而美国和欧盟的应对速度则比较慢。

6.8　欧债危机中的中国应对

欧债危机的全称是欧洲主权债务危机，主要是指2009年以来在欧洲部分国家爆发的主权债务危机，也就是这些国家以主权信用作为担保的贷款或者债券由于种种原因不能按时偿还，从而引发了违约风险。这次欧债危机以2009年10月希腊的债务危机为开端。2010年3月，投资者在抛售希腊国债的同时，爱尔兰、葡萄牙、西班牙等国的主权债券收益率也大幅度上升，这样，欧洲债务危机全面爆发；[①]2011年6月，意大利政府也出现了类似的债务问题；2012年6月，西班牙正式向欧盟和国际货币基金组织提出申请援助；紧接着，塞浦路斯、匈牙利、比利时也相继陷入债务危机，法国等国也处于债务危机的边缘，于是，欧元区国家的经济开始陷入深度衰退。尽管欧盟和国际货币基金组织采取了一定的短期援助计划，并成立了

---

① 魏玥：《欧债危机根源分析及对中国经济发展的启示》，载《吉林金融研究》2016年第11期。

中国经济奇迹：政府治理的作用

欧洲稳定机制，使得欧债危机在2013年和2014年得到暂时缓解。但2015年7月，希腊债务危机再次爆发，似乎预示着欧债危机仍未结束。[①]

欧债危机并不像2008—2009年的美国次贷危机：一是它的发生不像美国那样是突然爆发，并对全球经济造成巨大震荡，而是先在希腊等少数国家发生，之后又一步步蔓延，因此，全球对欧债危机的关注似乎并没有像对当前的美国金融危机那样强和密集；二是欧债危机先在欧洲内部，比如欧元区、欧盟范围内的一个国家爆发，而不是在一个类似于美国、中国这样的主权国家内或者主要经济体内爆发。国际经济学界的普遍看法是，假若欧洲范围内的一个小国发生主权债务危机，诸如国际货币基金组织这样的机构尚不必援助，因为类似于欧洲央行或者欧盟这样的一体化组织会首先负责应对，因而全球对其重视程度也不高；但当欧债危机从欧洲的A国蔓延到B国，再从B国蔓延到C、D、E、F等更多的国家时，这场危机便引起了各国的重视。

事实上，只要看看2009—2018年中国政府所采取的那些旨在深化改革的国内经济政策，我们就会发现，此次的中国政府应对欧债危机与应对美国次贷危机的思路、举措是存在较大不同的，这种不同主要体现在以下两个方面：

第一，在美国次贷危机中，中国政府应对有明确的针对和指向性，即快速应对美国次贷危机，使之不要对中国经济造成太大的影响。而欧债危机的发生、蔓延时间较长，因而，中国政府并没有专门针对欧债危机出台类似于2008年的应对举措，而是将应对举措内化于中国改革开放与经济发展进程之中。换句话说，此次主要是以"强身健体"为目标间接应对的。

第二，由于2009年以来中国发展的主要目的不是应对欧债危机，因此，我们就很难一目了然地看出中国应对欧债危机的所谓"十大举措"，或者一揽子方案或计划，而必须有赖于我们自己的归纳，才能看出中国是怎样通过"强身健体"来达到抵御外部风险的目标的。

---

① 魏玥：《欧债危机根源分析及对中国经济发展的启示》，载《吉林金融研究》2016年第11期。

第六章 改革开放以来政府治理应对国内外冲击的历史经验

为了清楚地解释上述逻辑，我们从两个角度对我们所说的中国政府的间接危机应对方案进行论述。

第一个角度是中国学术界对欧债危机的关注度，以此来分析中国学术界、政策界或者舆论界对欧债危机的关注情况。主要做法是，以"欧债危机"为篇名或者摘要，在中国知网中检索相关主题的文献数量。图6.12给出了搜索结果。中国知网中对欧债危机的关注主要从2010年开始，之前的年份，没有任何以此为篇名或摘要的文献。2010年，关注度开始上升，2011年大幅度上升，2012年关注度达到最高，2013年关注度下降，此后，对此主题的关注开始大幅度减少，2014年，关注度回到了与2010年相差不大的水平。此后，关注度就非常低了。

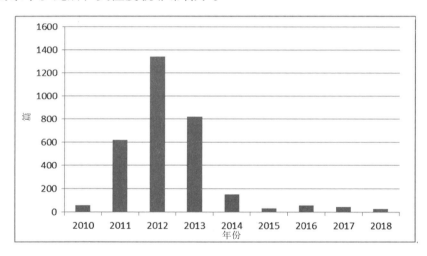

图6.12 中国知网中对欧债危机的关注度

资料来源：笔者根据中国知网资料搜索整理。

为了证明我们的观点，我们同样以"次贷危机"为篇名或者摘要，在中国知网中进行了同样的搜索，结果如图6.13所示。从这幅图中，我们可以清楚地看出几乎类似的趋势。2007年，中国知网中开始出现有关次贷危机的文章，2008年文章数量快速增加，2009年达到高峰，此后一直递减，2014年之后，关注度恢复到2007年的水平。

中国经济奇迹：政府治理的作用

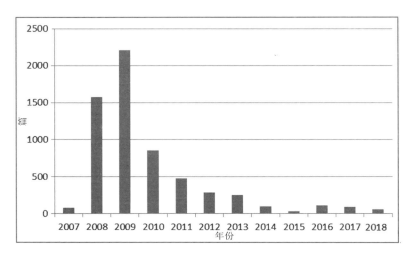

图6.13 中国知网中对次贷危机的关注度

资料来源：笔者根据中国知网资料搜索整理。

为了更加清楚地显示中国知网中学者们对这两个主题关注度的对比情况，我们将两幅图进行合并，如图6.14所示。两相对比，就会发现，"欧债危机"的关注度的确有限，并且也低于次贷危机。从关注度的前后持续时间看也是如此，有关次贷危机的关注集中于2007—2014年，而有关欧债危机的关注集中于2010—2015年，相对来说，也比对次贷危机的关注时间短。

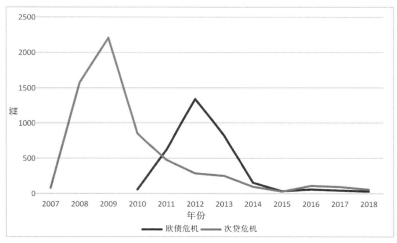

图6.14 中国知网中对欧债危机或次贷危机的关注度

资料来源：笔者根据中国知网资料搜索整理。

第六章　改革开放以来政府治理应对国内外冲击的历史经验

第二个角度是2009年以来中国宏观政策关注的主题到底是什么,以此来分析中国到底是怎样"强身健体"以间接应对欧债危机的。

比如,在中华人民共和国中央人民政府网站的"国务院公报"栏目中,以"债务"为搜索词,以2009年1号公报到2018年第35号公报为范围,就能搜索到如表6.2所示的与债务相关的国务院公文信息。

表6.2　2009—2018年中华人民共和国国务院公报中有关"债务"的公文情况

序号	公文名称	公报发布时间	公报文号	类别
1	中国保监会、财政部《关于加强保险资金运用管理支持防范化解地方政府债务风险的指导意见》	2018.07.10	2018年第19号	地方政府债务
2	财政部关于印发《地方政府一般债务预算管理办法》的通知	2017.07.10	2017年第19号	地方政府债务
3	财政部关于印发《地方政府专项债务预算管理办法》的通知	2017.07.10	2017年第19号	地方政府债务
4	国务院办公厅关于印发《地方政府性债务风险应急处置预案》的通知	2016.11.30	2016年第33号	地方政府债务
5	财政部关于对地方政府债务实行限额管理的实施意见	2016.03.30	2016年第9号	地方政府债务
6	财政部关于印发《地方政府存量债务纳入预算管理清理甄别办法》的通知	2015.02.28	2015年第6号	地方政府债务
7	国务院关于加强地方政府性债务管理的意见	2014.10.20	2014年第29号	地方政府债务
8	中国保险监督管理委员会令(2013年第5号)中国保险监督管理委员会关于修改《保险公司次级定期债务管理办法》的决定	2013.05.30	2013年第15号	保险债务管理
9	中国保险监督管理委员会令(2011年第2号)保险公司次级定期债务管理办法	2012.05.10	2012年第13号	保险债务管理

中国经济奇迹：政府治理的作用

（续表）

序号	公文名称	公报发布时间	公报文号	类别
10	国务院办公厅转发发展改革委财政部卫生部关于清理化解基层医疗卫生机构债务意见的通知	2011.07.20	2011年第20号	卫生机构债务
11	中国证券监督管理委员会公告（〔2010〕23号）证券公司借入次级债务规定	2011.01.30	2011年第3号	证券债务

资料来源：笔者根据中华人民共和国中央人民政府网站资料整理。

从中可以发现，从2009年1号到2018年35号的国务院公报中，仅与债务有关的公文就有11份，其中有7份是与地方政府债务有关的，其余4份与保险或者证券债务或者卫生机构债务有关。由于地方债务是欧债危机产生的重要原因，所以从这一信息可以看出，自2009年以来，国务院就非常关注这一问题，多次就地方政府债务的管理、存量、预算、风险管理等向全国各级地方政府以及机构发文，规范相关管理。由此看来，中国政府自2014年以来一直高度重视这一问题。

类似的是，我们也以"房地产"为搜索词，在2009年1号公告至2019年35号公告中进行搜索，得到了如表6.3所示的与房地产有关的国务院公文情况。从中可以发现，国务院多次出台与房地产开发、销售、管理、调控、平稳发展等相关的文件。其中，题目中明确房地产平稳发展的公文就有两次，一次是2009年，一次是2010年，这两年正好是欧债危机爆发的时间，发布这两个公文的目的就是促进房地产市场的平稳发展；而有关房地产市场调控的也有两次，一次是2011年，一次是2013年，这是欧债危机蔓延的时间。由此可见，在欧债危机爆发以及蔓延的国际背景下，中国政府对于房地产市场的调控和平稳发展重要性的认识已经大大提高，不断通过发布国内相关的管理规定或者政策来应对。这意味着，中国政府对于欧债危机爆发中的房地产泡沫原因应该已经非常清楚了。

第六章 改革开放以来政府治理应对国内外冲击的历史经验

表6.3 2009—2019年中华人民共和国国务院公报中有关"房地产"的公文情况

序号	公文名称	公报发布时间	公报文号
1	国家税务总局公告(2016年第18号) 国家税务总局关于发布《房地产开发企业销售自行开发的房地产项目增值税征收管理暂行办法》的公告	2016.07.20	2016年第20号
2	住房和城乡建设部 国家发展和改革委员会 人力资源和社会保障部令(第29号) 住房城乡建设部 国家发展改革委 人力资源社会保障部关于修改《房地产经纪管理办法》的决定	2016.08.30	2016年第24号
3	国家工商行政管理总局令(第80号) 房地产广告发布规定	2016.02.10	2016年第4号
4	中华人民共和国住房和城乡建设部令(第24号) 住房和城乡建设部关于修改《房地产开发企业资质管理规定》等部门规章的决定	2015.08.10	2015年第22号
5	中华人民共和国住房和城乡建设部令(第14号) 住房和城乡建设部关于修改《房地产估价机构管理办法》的决定	2013.12.10	2013年第34号
6	国务院办公厅 关于继续做好房地产市场调控工作的通知	2013.03.20	2013年第8号
7	国务院办公厅关于进一步做好房地产市场调控工作有关问题的通知	2011.02.10	2011年第4号
8	中华人民共和国住房和城乡建设部 中华人民共和国国家发展和改革委员会 中华人民共和国人力资源和社会保障部令(第8号) 房地产经纪管理办法	2011.08.10	2011年第22号
9	国家税务总局公告(2010年第29号) 国家税务总局关于房地产开发企业注销前有关企业所得税处理问题的公告	2011.05.10	2011年第13号
10	财政部 税务总局 住房城乡建设部关于调整房地产交易环节契税个人所得税优惠政策的通知	2011.02.10	2011年第4号
11	国土资源部 住房和城乡建设部关于进一步加强房地产用地和建设管理调控的通知	2011.02.10	2011年第4号

中国经济奇迹：政府治理的作用

（续表）

序号	公文名称	公报发布时间	公报文号
12	住房城乡建设部关于进一步加强房地产市场监管完善商品住房预售制度有关问题的通知	2010.06.10	2010年第17号
13	国务院办公厅关于促进房地产市场平稳健康发展的通知	2010.01.20	2010年第2号
14	国务院办公厅关于促进房地产市场健康发展的若干意见	2009.01.10	2009年第1号

资料来源：笔者根据中华人民共和国中央人民政府网站资料整理。

此外，笔者还在"国务院公报"栏目中搜索了与"实体经济"有关的公文名称，搜索的结果见表6.4所示。在2009年1号文件到2019年35号文件中，有3份跟实体经济相关的公文，这些公文的主要目的就是促进中国实体经济的发展，比如，如何通过降低物流成本推动实体经济；如何制定降低实体经济成本的工作方案；如何加快众创空间，服务实体经济等。很显然，这些公文的主要内容就是推动中国实体经济的发展。这3份公文之所以会发布，原因不外乎是中国在很大程度上吸取了欧债危机爆发的重要教训之一，那就是欧洲不少国家过去采取去工业化、去实体化发展思路，结果这些国家经济增长的基石在很大程度上被掏空。[①]而德国经济在次贷危机和欧债危机中没有受到太大的影响，在发达国家中率先复苏的主要原因就在于，德国拥有强大的实体经济，特别是先进制造业基础。比如，2010年，德国制造业实现5319亿欧元增加值，同比增长12.1%，制造业增加值对GDP的贡献度高达56.4%，成为推动经济"V"形反弹的支柱力量。2010年，德国甚至创造了出口额的历史新高和自1991年以来最低的失业率。[②]

---

① 转引自余慧倩：《欧债危机对中国经济的影响、启示及应对策略》，载《山东工商学院学报》2015年第3期。

② 同上。

第六章　改革开放以来政府治理应对国内外冲击的历史经验

表6.4　2009—2019年中华人民共和国国务院公报中有关"实体经济"的公文情况

序号	公文名称	公报发布时间	公报文号
1	国务院办公厅关于进一步推进物流降本增效促进实体经济发展的意见	2017.08.30	2017年第24号
2	国务院关于印发降低实体经济企业成本工作方案的通知	2016.09.10	2016年第25号
3	国务院办公厅关于加快众创空间发展服务实体经济转型升级的指导意见	2016.03.10	2016年第7号

资料来源：笔者根据中华人民共和国中央人民政府网站资料整理。

6.9　中美贸易战中的中国政府应对

当前还在如火如荼进行的中美贸易战，毫无疑问应该算得上是一次类似于次贷危机或者欧债危机的经济冲击，但这一贸易战仍然处于快速发展和不断变化之中，因此，我们能够获得的可靠数据并不多。另外，中国政府的应对也难以看出全貌。不过，据非常有限的信息，笔者还是要对中国政府应对中美贸易战的大致情况作一个简单的介绍。

比如，采用同样的办法，在中华人民共和国中央人民政府网站中的"国务院公报"栏目中，以"贸易战"为搜索词，在国务院公报的"内容"中进行搜索，便可以发现四份重要公文，结果见表6.5所示。

表6.5　2009—2019年中华人民共和国国务院公报中有关"贸易战"的公文情况

序号	公文名称	公报发布时间	公报文号
1	同舟共济创造美好未来——在亚太经合组织工商领导人峰会上的主旨演讲	2018.12.10	2018年第34号
2	顺应时代潮流 实现共同发展——在金砖国家工商论坛上的讲话	2018.08.10	2018年第22号
3	在第八届中国—中东欧国家经贸论坛上的致辞	2018.07.20	2018年第20号
4	李克强总理会见采访两会的中外记者并回答提问	2018.04.30	2018年第12号

资料来源：笔者根据中华人民共和国中央人民政府网站资料整理。

中国经济奇迹：政府治理的作用

从该表可见，尽管中华人民共和国国务院的公报中并没有以"贸易战"为题目的公文，但是这4份公文中都涉及"贸易战"这个词。它们在很大程度上都体现了中国最高领导层对贸易战的一些看法以及中国政府应对举措的端倪。

比如，习近平总书记和李克强总理的发言，非常清晰地说明了中国应对中美贸易战的国家战略，即全球治理体系要想公平有效，就必须跟上时代，就要秉持共商共建共享的理念，遇到分歧应该通过协商解决，不能搞小圈子，不能强加于人。历史告诉人们，如果走上对抗的道路，无论是冷战、热战还是贸易战，都不会有真正的赢家。中国愿意坚持合作共赢，中国要建设开放经济。中国不搞单边主义，也不搞贸易保护主义，中国愿意坚持共商共建共享的原则，发展与各国的关系。

从中国的实际行动也能看出来，自2018年以来，中国已经多次主动邀请美方，或者亲赴美方就双方的经贸问题进行磋商。比如，2018年5月3—4日，中共中央政治局委员、国务院副总理刘鹤与美国总统特使、财政部长姆努钦率领的美方代表团就共同关心的中美经贸问题进行了坦诚、高效和富有建设性的讨论。①2019年6月2—3日，刘鹤带领中方团队与美国商务部长罗斯带领的美方团队在北京钓鱼台国宾馆就两国经贸问题进行了磋商。②2018年8月22日至23日，应美方邀请，中国商务部副部长兼国际贸易谈判副代表王受文率中方代表团在华盛顿与美国财政部副部长马尔帕斯率领的美方代表团就双方关注的经贸问题进行了磋商。③2019年1月4日上午，中美双方举行副部级通话，确认美国副贸易代表格里什将于1月7日至8日率领美方工作组访华，与中方工作组就落实两国元首阿根廷会晤重要共

---

① 《中美经贸磋商就部分问题达成共识 双方同意建立工作机制保持密切沟通》，http://xhpfmapi.zhongguowangshi.com/vh500/#/share/3466603?channel=weixin，2019年2月7日访问。

② 《中方就中美经贸磋商发表声明》，http://www.xinhuanet.com/world/2018-06/03/c_1122929973.htm?baike，2019年2月7日访问。

③ 《中美就经贸问题举行副部级磋商》，http://www.mofcom.gov.cn/article/ae/ai/201808/20180802778744.shtml，2019年2月7日访问。

第六章 改革开放以来政府治理应对国内外冲击的历史经验

识进行积极和建设性讨论。[①]2019年1月30—31日,刘鹤带领中方团队与美国贸易代表莱特希泽带领的美方团队在华盛顿举行经贸磋商。[②]这些都是中国政府积极、友善、平等应对贸易战的态度与表现。

[①] 《中美将于1月7日—8日举行经贸问题副部级磋商》,http://www.mofcom.gov.cn/article/ae/ag/201901/20190102823595.shtml,2019年2月7日访问。
[②] 《中美经贸高级别磋商结束》,http://www.gov.cn/xinwen/2019-02/01/content_5363002.htm?_zbs_baidu_bk,2019年2月7日访问。

第七章 中国政府治理模式、体系和能力的未来

近年来,中华人民共和国成立以来的中国政府治理被归纳为各种不同的模式,比如中国模式、中国特色社会主义、北京共识等等。但这些归纳并不一定受到广泛认可,原因主要是,中华人民共和国成立以来的70多年可以明显地划分为两个阶段,一个是所谓的计划经济时期,一个是改革开放时期。从政府治理的角度看,本书前面的分析已经表明,第一阶段是所谓的计划治理,第二阶段是所谓的集权分权结构性的市场化治理,二者之间存在着非常大的区别。甚至与其说后者脱胎于前者,不如说后者是一种在前者基础上的重生。因此,运用"模式"这一词汇概括中国过去70多年,往往会受到学术界的质疑。但要运用"模式"概括未来中国的政府治理,恐怕没有太大的异议,原因是这种所谓的模式主要分析的是未来30年的中国政府治理可能呈现的鲜明特征和现代化方向。在很大程度上,它与改革开放以来中国政府治理之间的关联度肯定要比与计划经济时期政府治理的关联度高;另外,这种做法着眼于未来,尽管不可能完全准确地预测未来,但有预测总比没有预测好,毕竟,在毫无方向的未来世界中,它能为我们提供前进时的某种方向感或者或强或弱的导航信号。

7.1 中国传统政府治理优秀遗产需要继承和创新

笔者曾经对中国自西周以来的政府治理模式进行了长周期的历史研

第七章　中国政府治理模式、体系和能力的未来

究。[①] 在这些研究中，笔者清楚地发现这样一个规律，那就是后继政权的政府治理，毫无疑问地会在前任政权的基础上发展演进，而那些标榜彻底改变了的后继政权最终在很大程度上还是继承了前任政权很多政府治理特征，这是历史延续性的必然产物，也是历史唯物主义和辩证唯物主义的基本观点，恐怕是后继的政权，或者后继的当政者，始终都无法绕开的历史规律。笔者发现，从整个中国历史发展看，在中国历史上有丰富文字记录的时间中，曾经有81%的时间选择了所谓的中央集权式政府治理，只有19%的时间选择了各种各样的非中央集权式政府治理，原因是中央集权式政府治理在管理中国这个以农业为主的国家时，拥有很多方面的优势：

第一，政令统一、文字统一、度量衡统一，文化影响相对同质。在这种背景下，采取中央集权式政府治理，能够在很大程度上保持国家的强大，保持国家的统一。从经济学的角度看，采取中央集权式政府治理的收益很大，成本相对低廉，毕竟前车之鉴可以提供历史借鉴，也能大大降低后继政权面临的风险。

第二，中国中央集权式政府治理是中国历史长时期在地理、气候、生态和文化条件下内生出来的一种政府治理模式，它经过历朝历代无数次的试验，被证明是一种有效的政府治理模式。其强大的生命力体现在很多方面："一是它是建立在小农经济基础之上，只要中国大地上还存在着小农经济生存、发展、繁衍的较大空间，存在着适合于农业耕种、经营、获利的地理和环境因素，存在着国家对这种小农经济的严重经济依赖的话，中央集权式的政府治理模式就有可能继续生存和发展；二是中央集权式政府治理模式是在儒家文化、意识形态基础上发展和延续的，只要儒家文化仍然倡导着君臣、父子、夫妻的'家天下'式伦理秩序，倡导着人与家庭、人与组织、人与社会的和谐社会秩序，只要统治者仍然以儒家思想、儒法文化作为治理国家的主流意识形态，依赖以儒家思想训练的一批知识或技术官僚对社会进行管理的话，中央集权式的政府治理模式就有可能在一定

[①] 赵红军：《小农经济、惯性治理与中国经济的长期变迁》，格致出版社、上海人民出版社2010年版。

中国经济奇迹：政府治理的作用

的时间、一定的条件下继续存在并延续"。①

第三，以改革开放为界，改革开放前的28年，我们曾一度背离中国小农经济的基本规律，试图借鉴和发展苏联式大规模农业集体化，试图重点发展重化工业，运用计划治理模式推动经济和社会发展，结果却发现，这套计划式政府治理存在着巨大的效率损失，且非常不适合中国的历史、文化和政府治理传统。尽管如此，这28年的政府治理探索却为改革开放之后的政府治理实践积累了丰富的经验：一是背离中国地理、自然条件，盲目复制国外的政府治理模式并不一定适合中国国情和文化传统；二是中国历史上所积累的"水能载舟，亦能覆舟"的民本主义哲学理念表明，这28年的政府治理实践虽然没能较快地推动经济和社会发展，但却保证了新生社会主义政权的生存，抵御住了主要资本主义国家对这个新生政权的围追堵截，也为后来的改革开放奠定了坚实的工业化基础。

改革开放以来的40多年，首先在邓小平的卓越领导下，中国共产党从一个革命党转变为以经济治理为中心工作的执政党，中国小农经济的活力得到了很大恢复，儒家思想的传统意识形态虽然一开始受到开放和外来思想的一定冲击，但后来逐步恢复并成为一种治理国家的重要意识形态源泉。特别是近年来，中国的领导人不止一次地在各种场合强调以德治国、和谐社会、科学发展重要思想，新一届中央领导集体也越来越强调"依法治国"、推进中国政府治理体系和治理能力发展的极端重要性。近年来，习近平总书记多次强调在中国改革开放与全面深化改革阶段，更好地借鉴改革开放前后的政府治理经验以及中国历史上传统政府治理优秀遗产的重要意义。这就表明，未来中国政府的治理模式不仅要很好地借鉴传统中国政府治理的优秀遗产，而且还要更好地借鉴全人类社会发展的优秀政府治理遗产。

---

① 赵红军：《从历史视角展望中国政府治理模式的未来》，载《经济社会体制比较》2016年第4期。

第七章 中国政府治理模式、体系和能力的未来

7.2 中国政府治理模式的未来

基于中国历史上政府治理模式变迁规律的分析，我们认为，未来中国政府治理模式的大体方向和特征是比较清晰的：

（一）中央集权式政府治理的一系列关键特征将发生深刻变化

由于以小农经济为主要经济和财税支柱的经济基础已发生了根本变化，中国以家庭为主的男耕女织、"家庭生产＋农副业生产"为主要结构、围绕土地所进行的小农经济时代已成为历史，因此，以此为基础的中央集权式政府治理模式的一系列关键特征也随之发生深刻变化。

比如，中国男耕女织，男主外、女主内的家庭生产方式，家庭内分工模式已发生了实质性变化，中国的妇女已走出家门，走进工厂，成了和男人平分秋色的"天下另一半"。由于人口在空间和地域上的大规模流动以及国家对人口流动管制的日益放松，不少家庭的人口已进入城市，成为城市中的一分子，由此带来的宏观结果是，中国的小农生产方式基本上被现代化的、高效率的工业以及加工、运输、通信、互联网、电子商务、物流等服务业所代替。这种以现代化大工业为动力，大规模生产、定制，标准化与个性化相结合的生产模式，已经成为引领中国经济的火车头。^①在北宋尚未完成的商业革命在40多年改革开放中已基本完成，在明、清出现的"资本主义萌芽"早已经在中国生根发芽。如今大部分国家已经承认了中国的市场经济地位。显然，在未来的若干年内，中国将继续沿着市场经济的康庄大路勇往直前。

特别值得一提的是，在中国历史上，政府通过将土地分配给农民的形式将广大农民捆绑在土地上，国家为农业生产提供救灾，公共救济，编撰农书，为农民提供充分向上流动的人才选拔体制，采用各种针对商人、贩夫走卒的产业压制等，来稳固农业的经济基础地位。随着人口的国内与国际性流动，生产要素、产品在全国甚至国家间的重新配置，中国政府传统

---

① 赵红军：《从历史视角展望中国政府治理模式的未来》，载《经济社会体制比较》2016年第4期。

中国经济奇迹：政府治理的作用

上所采取的人口在城乡之间的流动限制，城乡二元结构，国际企业与国内企业、国内外人士之间的非国民待遇以及中国政府在管理公民与企业的过程中所形成的那种管理者、监督者作风，包括儒家思想，也会受到越来越多元的思想的冲击、碰撞。更加严肃的问题是，中国历史上长期的"重农抑商"的产业政策已经发生了根本变化，现在拥有巨大资产、财富，通过自己能力赚取巨额利润的企业家、工厂主、外国商人等已成为新时代整个中国社会仰慕、学习和崇拜的对象。毫无疑问，中国整个社会的结构以及政府治理经济、社会、政治的方式都面临着前所未有的大转型，中国已不可能倒回历史上的那种小农经济，也不可能再倒回历史上的那种停滞、守旧、墨守成规的治理方式之下。①

（二）西方财政分权式国家治理模式对中国具有借鉴意义

从过去500年来看，世界资本主义各国所采取的政府治理模式大概有这样几种方式：

第一种是所谓的自由民主型国家治理模式，其代表是英国，主要特征是，政府被主要由中产阶级操纵的代表制所控制，而经济上的权利界定则交给市场交换领域来调节。这样，有限的国家权力与市场上的自由交换相结合，就保证了国家这个最大的垄断组织对经济体自由交易的干预被维持在一个有限度的水平上。现在，整个政府对社会和经济的治理并不是像"光荣革命"之前那样为所欲为、从上至下的管制性的，而是一种双向性的治理关系。一方面，国家的治理要获得议会的同意，接受议会的监督；另一方面，这种治理模式的目的是要着眼于整个社会和经济体本身，要服务于企业与大众。②

---

① 赵红军：《从历史视角展望中国政府治理模式的未来》，载《经济社会体制比较》2016年第4期。
② 赵红军：《小农经济、惯性治理与中国经济的长期变迁》，格致出版社、上海人民出版社2010年版，第326页。

第七章　中国政府治理模式、体系和能力的未来

第二种是所谓的社会契约型国家治理方式，其代表是二战后的德国以及北欧国家。在这些国家，工业、企业的经理人员被组织在代表利润获得者利益的产业协会之中，而工人则以产业工会的形式被组织起来，它们各自的最高组织没有选择直接和政府相互勾结，而通过谈判自主地为它所代表的劳动力和资本所有者争取利益，从而保护整个经济社会的产权。① 各产权所有者包括工人依靠代表制选举程序对政府进行民主控制，以限制政府对自治谈判过程的越权干预。

第三种是所谓的市场维护型联邦主义国家治理方式，也就是通过政治分权的形式，使得各地方政府对其管辖范围内的一系列规制自主决策权，从而限制国家的权力，而联邦政府则专门提供全国性的国防、外交等公共产品。这样，地方政府之间的竞争就推动了效率的提高，并对联邦政府形成一定的制约，而中央政府也为经济发展提供了较好的基础设施与公共产品（服务）。②

（三）未来中国政府治理体系和治理能力发展的内容与特征

全面深化改革的总目标是国家治理体系和治理能力的现代化，这一目标可以被归纳为继工业现代化、农业现代化、国防现代化、科学技术现代化之后的第五个现代化。从十八届三中、四中和五中全会的精神来看，这第五维现代化意味着，今后中国要探索适合中国特色社会主义市场经济的所谓良性政府治理模式。笔者以为，这一政府治理模式可能具备如下特征：

（1）作为政府治理核心的政府、市场和社会三者之间的关系应符合市场经济的基本规律，在法治的框架下有效运行。市场要在资源配置中发挥决定性作用；政府要在法治的框架下更好、更有效地提供相关的公共产品与公共服务，促进社会公平、正义，社会稳定，环境保护，为市场经济的健康运行保驾护航；社会组织、中介组织也要发挥更大作用，形成多元治

---

① 赵红军：《小农经济、惯性治理与中国经济的长期变迁》，格致出版社、上海人民出版社2010年版，第326—327页。
② 同上书，第327页。

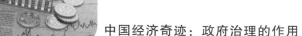

中国经济奇迹：政府治理的作用

理、参与治理的新模式。①

（2）政府治理体系的内容不可避免地要包含经济治理、社会治理、政治治理、文化治理、环境治理、军事与国防治理、国际关系治理、国家安全治理等方面的基本内容。过去两千多年我国政府治理让我们拥有了非常健全的经济治理、社会治理和国际关系治理方面的方法和经验，但教训是没有重视政治治理、文化治理、环境治理、军事和国防治理及其系统化、合理化。如今，我们日益认识到政府治理体系这个系统工程建设的重要性，并着力在政府治理体系与能力建设维度上寻找突破。②

（3）提升政府治理能力要求处理好制度体系、组织体系、执行体系之间的相互关系。制度体系是一个国家的治政法纲；组织体系是一个国家的科层结构；执行体系则是一个国家治理的营运效力。三者中，制度体系和组织体系居于核心地位。执行体系是治理能力的显性系统。没有良好的执行、实施和治理运作能力，再好的制度体系、再完善的组织体系也会形同虚设，导致事倍功半。③有关执行体系的提升，笔者认为，应该在保持政府公共服务效率不变前提下提高公共服务的质量，在公共服务质量不变前提下提升公共服务效率，以及既提升公共服务效率又提高公共服务质量，三个维度上进行改革。在这个过程中，应该以帕累托改进作为策略，从而推动政府治理能力的快速提升。④

7.3　中国能否创造一种全新的政府治理模式？⑤

美国著名学者福山在其1992年出版的《历史的终结与最后的人》一书中写道，苏联解体标志着共产主义的终结，至此，历史的发展就只有西方市场经济和自由民主一条道路了，并且这条道路所代表的政府治理模式

---

① 赵红军：《从历史视角展望中国政府治理模式的未来》，载《经济社会体制比较》2016年第4期。
② 同上。
③ 秦德君：《实现治理能力现代化最紧迫的议题》，载《学习时报》2014年9月8日第A6版。
④ 赵红军：《从历史视角展望中国政府治理模式的未来》，载《经济社会体制比较》2016年第4期。
⑤ 同上。

第七章　中国政府治理模式、体系和能力的未来

很可能是政府管理模式的最终形式。但是，随着中国经济的崛起，越来越多相反的声音正在不断出现。比如，福山曾公开表示，他的历史终结论可能还有待于完善和推敲。①2014年，福山在其新著中坚定地指出，中国可能对自由民主型治理构成最严峻的挑战，但他仍坚信国家、法治和负责制这一政治发展和治理的普遍模式。无独有偶，20多年前，随着中国经济的腾飞，西方学者也在原先的"华盛顿共识"之外提出了所谓的"北京共识"。最近，有关中国模式以及中国政府治理模式的讨论日益激烈。笔者在此想回答的问题是，与中国绵长的政府治理演变史以及与国外现有的政府治理模式相比，中国是否能创造一种全新的政府治理模式？

王辉耀认为，所谓的中国模式实质上是一种对中国社会发展后发理论的总结和概括。其特点可以归纳为：第一，政府的强势和资源集中所带来的高效率。第二，中国在保持政府强势的同时，通过对外开放学习其他模式的成功特质。第三，通过"摸着石头过河"的实用主义逻辑不断修正经济发展的道路。第四，较强的务实性与较快的适应能力。第五，渐变的发展过程，稳定的国内局势。第六，应时而变，适度把握全球化机遇。第七，人口红利和出口导向型的经济发展。黄亚生认为，所谓的中国模式并不存在，无论是从发展的经验还是面临的问题，中国所面临的问题都可以在其他国家找到。

笔者认为，所谓的中国模式并不意味着一种全新的政府治理模式的出现，相反，中国政府治理模式仍然具有很多中国历史上政府治理的特征，比如，强势政府和资源集中就是小农经济基础上中央集权式政府治理的典型特征；又如，稳定的国内局势也是中国历代政府追求的重要目标。但当前的中国政府治理也越来越具有一些不同于中国历史上中央集权政府治理模式的典型特征。比如，以往历史上那种政府仅仅依赖前朝和以往各朝的模式进行统治的惯性治理特征已越来越少，中国政府早就开始通过各种形式的开放和学习，不断借鉴世界各国政府治理模式的优点和成功之处。②

---

① 福山、黄莹：《日本要直面中国世纪》，载《世界知识》2009年第18期。
② 2009年，时任总理温家宝在剑桥大学演讲时就指出，改革开放以来的中国是一个学习型国家。

中国经济奇迹：政府治理的作用

在中国历史上，各朝代的政府治理大多是封闭性的，而改革开放这40多年，中国政府已变得越来越开放和灵活，越来越借助国际资本、国际市场和实用主义逻辑来发展国内经济与国际关系。历史上，各朝代政府都不太懂得经济学的基本原理，也不懂得通过控制人口增长来获得相对较快经济增长的基本规律，而改革开放以后的中国政府却日益务实，更多地先从经济层面考虑和解决问题。儒家学说在中国历史上发挥着十分重要的作用，改革开放以后，这一学说的重要性有所下降。"发展才是硬道理""三个有利于"等已成为执政党的执政纲要。很显然，中国政府的治理模式还远未定型，所谓的"中国模式"只是一个相对宽泛的与西方模式相区别的概念范畴，而远不是一种对未来中国政府治理模式的恰当概括。

以奈斯比特夫妇为代表的未来学家提出了另一种有关中国未来政府治理模式可能趋势的观点。他在《中国大趋势：新社会的八大支柱》中乐观地认为，中国社会正在建立一种区别于西方的新型社会和管理体系，其中的八大支柱分别是：解放思想、自下而上与自上而下相结合、政府规划"森林"和让经济体的"树木"自由生长、摸着石头过河的渐进实验主义、艺术与学术之间的萌动、对外开放、融入世界、自由与公平等。

笔者认为，从东西方文化、历史发展的角度看，中国是一个父权社会，西方是一个个人主义社会；中国是一个儒家学说长期占主导地位的社会，西方是一个宗教、政治、政府相互独立的竞争性社会；中国是一个长期大一统的社会，西方是一个大多数时间处于分裂状态，多个林立小国相互争斗的社会；中国是一个适合农耕的小农经济社会，西方是一个不太适合农耕的经济社会。所有这些不同的特征表明，尽管未来中国将沿着与欧洲一样的工商经济大道前进，但这是否就意味着未来中国政府治理模式将完全与西方的市场民主型政府治理趋同？现在看来，是完全不可能的。不过有一点是肯定的，即只要中国沿着工商经济的大道前进，西方有关产权保护的制度，有关契约、市场竞争法规、规则的制度，有关如何限制政府无限权力的制度与方法，有关"法律面前人人平等"的一些做法，有关政府如何更好、更快捷、更高质量、更高效率地提供公共服务的做法，如何恰当地处理分权与集权的关系，如何处理政府与社会关系的做法等都值得

第七章 中国政府治理模式、体系和能力的未来

未来中国政府借鉴和学习。①毫无疑问,中国政府治理模式将日益受到全球化时代其他国家政府治理模式的影响,但完全抛弃自身特征、全盘向西方政府模式趋同却是不大可能的。换句话说,未来中国的政府治理模式正在同时向两个维度发展:一方面,正在借鉴越来越现代化的治理模式和治理框架来管理中国经济、社会;另一方面,中国传统政府治理模式的一些元素正在与新的元素结合起来,并呈现出新的表现形式。因此,准确地说,未来中国的政府治理模式正在形成与建构当中,它不适合我们惯常所用的非A即B的两分法思维,而是如中央相关文件所准确界定的那样,是一种"中国特色"的社会主义政府治理。

7.4 中国政府治理体系和治理能力的发展方向与路径

(一)未来中国政府治理体系和治理能力的发展方向

(1)中国政府对经济、社会的管理模式将日益走上良治、善治、法治的服务型政府轨道。其表现是,十八大以来,中央接连出台了一系列关于国家治理体系和治理能力现代化的重大决定。比如,十八大确定了全面建成小康社会和全面深化改革的目标,十八届三中全会将国家治理体系和治理能力现代化确定为全面深化改革的总目标,同时强调让市场在资源配置中发挥决定性作用以及全面正确地履行政府职能,提供有效政府治理的重要性。十八届四中全会作出了将全面推进依法治国作为治国理政基本方略的重要决定。十八届五中全会又对今后五年的经济工作做了全面部署,其中不再单纯强调GDP增长目标,相反则要求在创新、协调、绿色、开放、共享的新发展理念下提高经济增长的质量和效率,平衡发展结构,改善生态环境,实现合作共赢,并增加人民福祉。十九大报告更是以《决胜全面建成小康社会 夺取新时代中国特色社会主义伟大胜利》为标题,清晰地确定了2035—2049年的奋斗目标。毫无疑问,这些都将推动中国政府朝着良

---

① 赵红军:《小农经济、惯性治理与中国经济的长期变迁》,格致出版社、上海人民出版社2010年版,第328—329页。

治、善治、法治的方向前进。①

与此同时,在微观层面又出台了诸多反腐、廉政体系改革的具体举措。比如,在思想和行动层面,先是推出"八项规定""党的群众路线教育实践活动""'三严''三实'专题教育活动",以强化领导干部自律,树立为人民服务的新公仆形象。另外,在制度层面,比如2013年12月31日出台了《中国共产党纪律处分条例》,之后又多次对该条例进行修订;2015年8月3日和2017年7月1日,又对2009年7月2日印发的《中国共产党巡视工作条例》进行了修订并重新印发全党,并在全党实施。此外,近年来还实施了新的《中国共产党党员领导干部廉洁行政若干准则》《中国共产党纪律处分条例》《中华人民共和国行政监察法》,并对《中国共产党章程》进行了重新修订。这些规章和制度明确指出,中国共产党也要在宪法和法律的框架内活动,并接受法律的监督;中国的干部队伍,特别是领导干部队伍,更应该是清正廉洁、公正无私的人民公仆,更应该接受法律和人民的监督与考验。从这些针对共产党员和领导干部,并且越来越细的管理制度看,中国共产党和党的领导干部的权力将更加明确和清晰,责任将更加重大。

(2)从经济治理的主体看,中国建立的经济治理模式将是服务型的政府治理模式,因而将不可避免地涉及政府、市场和社会三个主体,而不再是传统上所认为的政府作为单一主体,或者是政府与社会的二元主体治理模式。因为截至目前的人类历史中,一共出现了统治型、管理型和服务型三种政府治理模式,在统治型治理模式中,政府是单一的治理主体;②而在管理型政府治理模式中,政府和社会构成治理的二元主体;只有在服务型政府治理模式下,才是政府、市场和社会为主的三元治理主体。

不仅如此,在管理方式或者理念上,这种三元主体的治理方式也意味着一场革命。因为政府的角色将不再是单向性的针对市场和社会的管理或者统治,相反则在某种程度上转变为根据市场主体、社会意愿以及整个国

---

① 赵红军:《从历史视角展望中国政府治理模式的未来》,载《经济社会体制比较》2016年第4期。
② 同上。

第七章　中国政府治理模式、体系和能力的未来

家的公共利益、公共安全，形成与市场、社会之间的良性互动。[①]这就意味着，在经济政策和管理制度设计、制定和出台的过程中，政府再不能像过去那样单维度地进行硬性确定，相反，要更加广泛地听取市场、社会、公众的诉求与意愿，不仅要在政策操作中寻求新的操作形式、呈现新的方式，而且还要在制度设计的过程中，造就有利于社会，有利于市场自主发展，有利于公众公平、积极参与的法律框架，营造政府、社会和市场良性互动的法律构架。

（3）从经济治理的基本内容角度看，今后的经济治理将涵盖以下几个方面的主要内容：一是基本的经济制度，包含产权保护制度的基本内容、公有制经济与非公有制经济的关系、现代企业制度是否与国际接轨等方面；二是现代市场体系，主要包含建设统一开放、竞争有序的市场体系，使市场在资源配置中起决定性作用，而且还包括产品市场、金融市场、土地市场、人才市场等方面的内容；三是宏观调控体系，包括如何保持经济总量的平衡，如何促进重大经济结构协调发展和生产力布局的优化，如何减缓经济的周期性波动，防范区域性、系统性风险，如何实现经济持续健康发展，如何保证民生经济问题的妥善解决；四是财税体系，包括财政预算体系如何建设，税收体系如何建设以及中央与地方事权和财权如何相互对应，更加高效地发挥作用；五是城乡发展一体化体系，包括城乡、区域、工业与农业之间如何互动，利益如何在它们之间互惠分享；六是开放经济体系，包括外资和内资投资准入，公平的国民待遇，自由贸易区建设以及内陆如何实现开放并获取改革开放的收益等。

更加重要的是，经济治理上述六个方面的基本内容，并不是相互割裂的，而是相互联系和紧密结合在一起的，共同构成了我国经济治理体系本身。其中基本的经济制度是经济基础，现代市场体系是运行机制，宏观调控和财税体系是政府对市场运行失灵的适度干预与调控，城乡发展一体化体系则保证基本经济制度、市场体系等在地区、城乡、农民与市民之间的基本平衡，开放经济体系则表明了当代中国经济治理体系鲜明的时代

---

① 赵红军：《从历史视角展望中国政府治理模式的未来》，载《经济社会体制比较》2016年第4期。

特色。

（二）政府治理体系和治理能力发展的实现路径

现代经济学普遍认为，良好的政府治理能够推动一国经济的长期增长和人民福祉的持续进步，相反，恶劣的政府治理则会给经济和人民福祉带来灾难。我国过去40年改革开放的实践已经充分证明，良好的政府治理体系和治理能力有其科学内涵，政府治理体系和治理能力的发展通常存在着一些可以借鉴的基本路径。

（1）完善的政府治理体系是政府治理能力提升的可靠保障，没有完善的政府治理体系就很难有政府治理能力的提升。所谓完善的政府治理体系，不仅意味着整个政府治理的法规、制度和政策是完善的，而且也意味着参与治理的主体、相应的组织和机构是全面和完善的，同时还意味着政府治理的主要内容也是全面和完善的，不仅要包括基本经济制度层面的内容，而且还要包括现代市场体系、宏观调控、财税体制等内容，包括经济治理之外的政治治理、法治治理、社会治理、生态与环境治理等，这样，在此基础上所推出的治理举措、制度才可能具有更加广泛的代表性，才能更好地协调各方利益，才能有效达到治理能力现代化的基本目标。

（2）高效便捷、公平公正是政府治理能力的重要体现，如果没有高效便捷，就很难适应社会、大众对快速增长的公共服务的需求，如果没有公平公正，也不可能提升政府治理能力。高效便捷的政府治理方式包括公共服务流程在原先基础上的不断优化、公共服务效率的提升、公共服务提供方式的升级换代以及公共服务信息的便捷获得等诸多维度。比如，上海自贸区工商部门近年来所推行的"一口受理，并联办事，统一发证，信息共享"服务模式就是对原有的工商企业注册登记制度的一种改革和升级。在新的服务模式下，企业无须在多个部门之间穿梭，只需要到一个部门提供所有申办的材料，且无须到多个单位重复性缴费，一次性就能缴纳所有费用，政府通过后台的多部门协调能够内部化企业注册手续，从而大大提高办事效率。公平公正则意味着政府的经济治理要着眼于各种所有制、各种经济主体在经济机会面前的基本平等，而不是相反。

第七章　中国政府治理模式、体系和能力的未来

（3）从今后政府经济治理能力提升的实现路径看，笔者认为，应该在效率、质量以及二者混合三个维度上拓展，而不是陷入传统管理学中的所谓效率和质量的陷阱当中。这一陷阱意味着，当管理者追求效率提升时，往往很难提升服务的质量；或者相反，当管理者追求质量提升时，服务效率通常会有所降低。这就意味着，我们将来在提升政府经济治理能力的实现路径方面，必须在三个维度上开展研究，形成可复制、可推广的经验。一是在保持服务质量稳定的条件下，提升服务效率；二是在保持服务效率稳定的条件下，提高服务质量；三是在借鉴前两者或国外经验的基础上，不仅提升服务质量，而且提高服务效率。体现第一个维度的管理举措可能有电子化监管、网络化办理、纸面程序简化等；体现第二个管理维度的管理举措则有服务内容的全覆盖或者服务内容的深化，或者服务层次的提升、服务频率的增长、服务满意度的提升；体现第三个管理维度的管理举措则必须是创新性、突破性的管理举措[①]与制度出台。

7.5　全球化时代中国政府治理面临的挑战与应对[②]

前面四节分别讨论了未来中国政府治理模式与传统政府治理之间的联系，未来政府治理模式的可能方向与特征以及中国是否可能创造一种全新的政府治理模式，中国政府治理体系与能力的发展方向与路径等几个重要问题，本节将讨论全球化时代中国政府治理模式面临的若干挑战以及应对。

（一）从法制化走向法治化

全球化时代中国政府治理模式首先面临的挑战是，19世纪以来，中国在西方列强的强迫下进行了被动的全球化进程，这一过程包括中国在19世

[①] 赵红军：《上海自贸区政府治理能力提升的方向与路径》，载《联合时报》2014年4月11日第4版。
[②] 赵红军：《从历史视角展望中国政府治理模式的未来》，载《经济社会体制比较》2016年第4期。

中国经济奇迹：政府治理的作用

纪后半叶进行的洋务运动、戊戌变法，20世纪早期的共产主义运动和马列主义在中国的传播，20世纪50年代以后模仿苏联式的重化工业发展道路。到了1978年以后，中国主动放弃了苏联重化工业发展道路，进行了主动的经济改革，并进入与国际市场、与国际上通用的治理模式相互对接的历史阶段。特别是1992年以后，中国政府正式确立了社会主义市场经济体制。这就表明，中国已经逐步明确了全球化时代的中国政府治理模式，但这种全球化带来的重大挑战却是，国家的治理模式要越来越多地依赖于法治化、高效率的政府治理模式而不是传统的政府治理模式。

在中国历史上，我们看到，中国政府所采取的政府治理模式变迁依赖的是小农经济对其财政的支持以及农民起义、天灾人祸、外来侵略对其政府治理模式的冲击与调适。作为管理者的政府，知道小农经济严重依赖土地，流动性很差，因此所采取的各种治理模式都是单向度的，较少考虑其臣民的感受，较少兼顾地方的利益，在很大程度上中国政府所推行的治理措施、模式都是为了维护政府的统治安全与国家的长期延续，而只有在农民、小农经济模式、天灾人祸、游牧民族入侵等因素危及国家的统治安全时，才会对其治理方式进行适度的调适和修正，否则就宁肯维持旧的治理秩序长期不变。

但在未来的中国政府治理模式下，作为其经济基础的商人、产品制造者、服务提供者、知识分子等都具有高度的流动性，他们对土地的依赖程度已大大降低，但其对产权、合同、规则、制度建构的公平性、有效性、执法的透明性，政府的公益性，政府所提供的公共产品（服务）的便捷性、效率与质量等要求都已大大提高。如果他们不能获得其所严重依赖的这些公共产品，不能得到有关产权、合同、法规、制度、规则的高效服务的话，他们就会转而投奔他国。比如，目前世界各国都十分欢迎有一定财富、技术、知识的投资和移民，结果，这种高度的流动性加上他们对政府公共服务的高效率、高质量要求就会对中国政府治理模式的现代化造成前所未有的压力。可以毫不夸张地说，在未来的全球化时代，政府的治理模式趋同化程度会大大提高，社会、企业、个人对政府治理模式的要求会大大提升，对政府治理效率、质量的要求会日益苛刻，这对于一个拥有几千

第七章　中国政府治理模式、体系和能力的未来

年政府主导型治理传统，有着几千年历史包袱，又没有法治化、契约传统的国家而言的确是不小的挑战。比如，政府和企业、个人的关系不再是传统的管理与被管理的关系，而变成了一种服务与被服务的关系，不再是单向度的，而是双向度的。目前西方流行的说法是政府乃公共服务提供者，而社会、企业、个人是纳税人。这种巨大的观念转型对于习惯管理臣民、具有几千年历史传统的中国而言，难度是可想而知的。

进一步看，西方的法治形成于西方的自由主义背景当中，它是限制权力拥有者专断行为的一种手段。比如，哈耶克认为，政府在一切行动中都受到事前规定并宣布的规则约束，这种规则使得一个人有可能十分肯定地预见到当局在某一情况中怎样使用它的强制权力，并根据对此的了解计划他的个人事务。所谓"法治"，意味着，第一，法律必须运用于既定社会的每个人；第二，统治者甚至规则制定者在统治经济、社会时也要遵守法律；第三，统治者的行为是可预测的。但在中国的历史传统下，法律在很大程度上是国家权力的一种工具，是国家治理社会、统治臣民的一种方式。比如儒家学说认为，依法治国并不是治理人民的一种好的方式。孔子就强调礼治的重要性，强调个人美德和公共道德对于国家治理的重要性。在儒家的眼里，统治者和士大夫是品行与道德的典范，因此，普通老百姓理应将自己作决定的权力让渡给政府官员。"为民做主"就是儒家学说中对政府治理理念的很好体现。中国的法家学说也认为，法律是国家统治人民的工具，而不是约束统治者自身行为的法律规范。这样，法律就变成了国家统治社会、经济的工具。这就意味着，全球化时代所要求的政府治理模式与中国传统文化中对法律的工具主义观念的内在不相容恰恰成为未来中国政府治理模式面临的一个重大挑战。

（二）依赖传统还是借鉴西方？

全球化时代中国政府治理模式面临的挑战之二是，中国历史上所屡试不爽的儒家思想以及相关的科举考试体制在市场经济条件下将受到越来越严重的挑战。儒家思想不重视以利润为目的的商业经营，认为君子不言利或少言利，这与市场经济的倡导有所不同。中华人民共和国成立以后，国

中国经济奇迹：政府治理的作用

家采取了共产主义和社会主义的意识形态，这种意识形态也是一种"舶来品"，它强调共产主义和社会主义的优越性，强调集体行动和阶级意识，认为共产党是工人阶级的先锋队，认为产权的国家所有制和集体所有制是最有效率的经济制度。改革开放以后，中国进行了全面的意识形态转型，以邓小平为核心的第二代领导集体暂时淡化了"君子不言利"的传统意识形态的作用，不是教条地接受马列主义，而是实事求是地结合中国的国情，选择了"发展是硬道理"的经济发展路线，结果，中国的经济出现了40多年的繁荣与增长。这样做的好处是，整个经济体、社会的氛围发生了向市场经济的根本转变，整个政府的合法性转而建立在其经济发展绩效的基础之上。但这样做的负面结果却会随着经济的发展而逐步显现，总有一天，经济发展的绩效会降下来；另外，当人们富裕起来以后，就会发现他们仍处于道德的真空当中。更加严重的是，有些党员干部由于权力的不受约束或者少受约束而深陷腐败。其结果必然是，中国政府对国家、对社会、对经济体的控制能力大大降低，这必然加大中国政府治理模式转型的压力。

（三）网络、信息快捷传递对政府治理能力的冲击

在没有网络的时代，信息的传播将被局限在一定的范围内，人与人之间的交流将被限制在一定的地理距离内，个人主义也被限制在一定的范围内。随着网络时代的到来，中国公民获得信息的来源越来越广泛，个人主义的兴起将不可避免，并且随着财富的积累，与国外交流的增多，整个社会、企业、个人的维权意识和民主意识将大大增强，所有这些都对中国的政府治理模式构成了全方位的挑战。

比如，政府应对危机或公共事件的速度必须加快，否则信息误传一旦无限扩大将酿成更大的公共事件，并进而对政府的公信力造成严重的负面影响；随着微博、微信等即时信息和媒体的发展，每个人、每个单位都成为信息的发布源，这将导致政府对信息的掌控能力被大大削弱；又如，政府在处理公共事件过程中的民主化程度，政府有关财政、税务、预算等方面的公开化程度会不断提高；政府官员个人的行为、处理公务的能力等将

第七章　中国政府治理模式、体系和能力的未来

越来越多地接受公众的监督；政府在制定公共政策过程中的公民参与度、社会参与度也需要不断提高；政府提供公共服务的能力需要不断增强，等等。这些都是未来二三十年中国政府治理模式转型、政府治理体系建设、政府治理能力提升、政府治理效率提升，以及政府治理质量改善所面临的、也必须好好应对的重大挑战。

（四）官员队伍是否任人唯贤、是否能应对各种挑战

中国两千多年传统政府治理的一条重要教训就是，王朝兴衰大多与官员的腐败、不作为或者胡乱作为有关。因为再好的制度和治理体系，如果没有好的人才作为支撑都是空谈。汉、唐能选贤任能、"不拘一格降人才"，所以有"文景之治""贞观之治"；明、清官僚体制腐败不堪，因此有"三年清政府，十年雪花银"之说，结果，明清政治衰败。当代的中国也面临着几乎类似的挑战：一是虽然改革开放以来中国经过多次政府机构改革，但人浮于事、因人设岗、政府规模不断扩张的弊病始终没有完全解决。二是在市场经济兴起之前，"学而优则仕"是知识人才、技术人才成功的唯一道路，但在市场经济兴起特别是全球化时代到来之后，商界、学术界，乃至移民进入他国的通道都畅通无阻，这就意味着，商界、学术界都与政府竞争优秀人才，其他国家也会与中国政府竞争优秀人才。[①] 三是近年来中国领导干部的腐败形势不容乐观，在部分单位、地区呈现大面积、群体性蔓延的态势。造成这种现象的原因是，相关制度建构不健全；党组织的核心作用被削弱；另外，低工资也在很大程度上成为一种诱因；此外，中国政府对企业经营活动干预过多，特别是政府与市场、社会之间界限不清，也使得腐败成为一种隐性的制度温床。

---

① 比如，郑永年在2015年7月21日的新加坡《联合早报》上就探讨了中国出类拔萃的人才往政府外流动的问题及其对中国政府治理的挑战。笔者非常赞同他的这一说法，并认为这应该是中国未来政府治理面临的重要挑战之一。

（五）对如上挑战的全面部署与应对

可喜的是，十八大以来，中央接连出台了一系列有关国家治理体系和治理能力发展的重大决定。十八大确定了全面建成小康社会和全面深化改革的目标。十八届三中全会将国家治理体系和治理能力现代化确定为全面深化改革的总目标，同时强调让市场在资源配置中发挥决定性作用以及全面正确地履行政府职能，提供有效政府治理的重要性。十八届四中全会确定了以依法治国作为治国理政的基本方略的重要决定。十八届五中全会又对今后五年的经济工作作了全面部署，其中不再单纯强调GDP增长目标，相反则要求在创新、协调、绿色、开放、共享的新理念下提高经济增长的质量和效率，平衡发展结构，改善生态环境，实现合作共赢，并增加人民福祉。与此同时，在微观层面又出台了诸多反腐、廉政体系改革的具体举措。

笔者认为，所有这些努力，都是对全球化时代中国政府治理模式面临的若干挑战的有效回应。如今这些回应还在各个层面进行细化，相应的细则、规章与制度也在不断出台和完善当中。尽管如此，我们还是可以将这些应对举措归纳为如下几点：（1）明确了国家治理体系和治理能力现代化的总目标；（2）逐步建构和完善相关的法制、规章与制度体系，为政府治理体系和治理能力发展奠定制度和法治基础；（3）运用"五个全面"的部署，从政治、经济、社会、文化、生态文明建设等方面全面应对相关的挑战；（4）明确了创新、协调、绿色、开放、共享的经济发展新理念。可以预期的是，随着这些方方面面细则、规章与制度的完善和执行，中国政府治理体系和治理能力一定会得到更进一步的发展。

第八章 中国政府治理对全球治理的影响与作用

8.1 中国政府治理是否有国际影响？边界何在？

如果有人问起中国政府治理是否有国际影响？笔者会毫不犹豫地说，肯定有。原因是中国过去40多年改革开放所取得的成绩有目共睹、举世公认。无论从哪个角度看，世界都会为之瞠目结舌，为之感到惊讶，但在瞠目结舌和惊讶之后，人们通常会有两种反应：一种是羡慕中国，向中国学习，与中国接近并建立起更加紧密的外交或者经济贸易关系，我们称这种反应为中国政府治理在国际上取得的积极影响；另一种反应可能是负面的，即他们可能会嫉妒中国，甚至更加敌视中国，以至于不惜采取各种手段来抹黑中国，打压中国。为了清楚地论述这一观点，下文将通过几个角度来说明这两种影响。

第一个角度，从与中国建立外交关系的国家的情况来了解中国这些年在国际上所具有的外交影响力。图8.1给出了世界各大洲与中国建立外交关系的国家数量。

中国经济奇迹：政府治理的作用

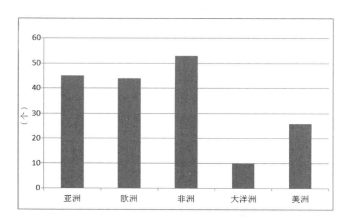

图8.1　世界各大洲与中国建交国家数量

资料来源：笔者根据中华人民共和国外交部网站资料搜索整理。

从图8.1可以看出，截至2018年8月底，非洲与中国建立外交关系的国家最多，达到53个，其次是亚洲45个，接下来是欧洲44个，再下来是美洲26个，最后是大洋洲10个。合计起来，全世界与中国建立外交关系的国家数量达到178个。按照截至2018年的数据，全世界共有国家197个，地区34个，总计231个国家和地区，其中有77%与中国建立了外交关系；如果只按照197个国家看，那么，有90%的国家与中国建立了外交关系。这些数据可以粗略地说明中国在全球所具有的影响力。但用这一数据说明中国政府治理对全球的影响似乎还不够。为了更进一步详细说明中国在各大洲的影响力，笔者将每个大洲国家和地区的总数量考虑在内，计算中国外交在各大洲的所谓有效影响力，这样就得到了图8.2。从中可以清楚地看出，在考虑了各大洲国家和地区的总数量之后，中国外交在各大洲的有效影响力顺序发生了一定变化，即中国不再像图8.1表示的那样在非洲的有效外交影响力最大，而是在欧洲的有效外交影响力最大，达到95.65%，也就是说欧洲95.65%的国家和地区都与中国建立了外交关系，其次才是亚洲的93.75%，之后是非洲的86.88%，再下来是美洲的48.14%，最低的是大洋洲，为41.66%。这说明，中国目前的有效外交影响力主要是在欧洲、亚洲、非洲，我们传统上所认为的中国的朋友主要在亚、非、拉的说法已经发生了

第八章　中国政府治理对全球治理的影响与作用

一定变化。当然，从另外一个角度看，我们也可以这样说，中国未来的外交影响潜力将主要集中在美洲和大洋洲，因为这些洲还有许多国家和地区与我们没有建立外交关系。但是毫无疑问，随着中国经济的进一步发展，与这些国家和地区建交将会提上议事日程。

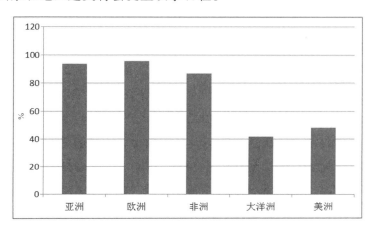

图8.2　中国在世界各大洲的有效外交影响力

资料来源：笔者根据中华人民共和国外交部网站资料搜索整理。

此外，还可以从各国与中国建交的时间长短分析中国的外交影响力。凡是与中国建交超过65年的国家和地区，也就是1954年前与中国建交的国家，大多都是亚、非、拉国家以及当年的社会主义阵营国家，比如朝鲜、阿尔巴尼亚、保加利亚、捷克、匈牙利、波兰、斯洛伐克、俄罗斯、缅甸、蒙古、越南、巴基斯坦等。此外，还有少数资本主义国家，比如芬兰、丹麦、瑞典、瑞士、挪威等，它们虽然属于当时经济发达的资本主义国家，但却对中国保持了一种开放的心态，较早承认了中华人民共和国的地位。可以看到，当年最早承认中华人民共和国的这些国家和地区中的大多数，恰好就是今天我们所谓"陆上丝绸之路"沿线的亚洲和欧洲的国家和地区。这从一个侧面说明，习近平总书记2013年提出的"一带一路"倡议，在很大程度上是考虑到了与这些国家和地区的长期外交与合作历史。一方面，这些国家和地区与中国之间存在着传统的友谊和文化交流关系；另一方面，这些国家如今大多并不是经济上十分发达，但又恰恰与中国之

中国经济奇迹：政府治理的作用

间存在着更强的经济互补关系。这说明，正是由于这些国家和地区与中国传统上较好的文化和外交关系，未来更进一步强化与这些国家和地区的经济、贸易、投资及外交关系是一个理性的选择。

第二个角度，从中国近年来在海外所建立的孔子学院的情况，来了解中国文化在海外的影响力。

根据国家汉办网站上提供的消息，截至2017年12月31日，孔子学院在138个国家（地区）开设了525所，其地区覆盖情况为亚洲33国（地区）118所，非洲39国54所，欧洲41国173所，美洲21国161所，大洋洲4国19所。孔子课堂覆盖了79国（地区），共1113个。

从孔子学院和孔子课堂在世界的分布也可以看出中国文化在全球的影响力。孔子学院和孔子课堂在全球的分布差异较大，即孔子学院和孔子课堂主要集中在美国、澳大利亚、法国、英国、中东欧国家、日本、菲律宾等国，在世界其他地区虽然覆盖面广，但是数量并不多。另外，一个国家拥有的孔子学院的数量与中国同该国建交时间的长短并没有太大的关系，二者的相关系数只有0.0297，而孔子课堂的数量与中国与该国建交时间长短的相关系数也仅为-0.0029；孔子学院与孔子课堂的数量，与中国同该国的经济贸易关系，或者说该国的GDP之间存在着较大的相关关系。由此可以看出，那些经济上较为发达的国家和地区对汉语文化的需求更高，中国在这些国家和地区建立孔子学院和孔子课堂也就更有意义，这样我们可以向他们学习更多、更先进的理念、知识与技术。

中国为什么要在这些国家和地区开设孔子学院或者孔子课堂？主要原因有两方面：一是这些国家和地区需要汉语文化，需要了解中国文化。因为每一所孔子学院或者孔子课堂的创办都必须由一所当地的大学作为承办方，作为在当地的一个办学支撑，也要提出申请。二是每一所孔子学院或者孔子课堂的设立还必须由一所国内的大学作为提供方，提供相关的服务和帮助，比如，外派汉语教师、与对方进行教学合作、具体落实相关的事宜。所以，在这525所孔子学院、1113个孔子课堂的背后，一定有不少于孔子学院数量的大学或者研究机构作为支撑。每所大学涉及的提供相关帮

第八章　中国政府治理对全球治理的影响与作用

助和服务的人，一定也不会少，这难道不是一个广阔的网络吗？如果再算上与这些人员与孔子学院和孔子课堂相关的其他人员，这不正是习近平主席在"一带一路"倡议中提出的"五通"建设中的民心相通的含义所指吗？这难道不是一个实实在在的促进民心相通的做法吗？

如果从经济学的角度来分析这些孔子学院或者孔子课堂建立的意义或者价值，恐怕不少人会对此提出批评，认为每所孔子学院每年要有约50万美元支出，中国每年在这上面的花费就相当大，与其如此，还不如多办一点希望小学，多提供一点国内的减贫帮困措施。笔者认为，这种说法并不全面。公正地说，在当前的中国这两样服务提供都要有，而且一个都不能少：一方面，中国的确需要扶贫帮困，也需要建设希望小学，但在扶贫帮困和建立希望小学的同时，我们也需要对外宣传中国文化，提高中国文化在国际上的影响力。另一方面，为什么现在国际上很多人嫉妒甚至敌视中国，恐怕是因为他们在很大程度上还不是很了解"以和为贵"的中国文化，不了解致力于发展与人民幸福的中国政府，往往戴着他们惯常所戴的那种有色眼镜来观察中国，认为中国强大了必然会走向霸权的道路，中国崛起了必然会走上欺凌别人的道路。殊不知，在中国文化中，以武力欺凌别人，以强权压制别人，只会导致被复仇、被霸权和被欺凌，相反，"以和为贵"才是中华文化的精髓和最高境界所在。

从经济学的角度看，一方面，有人愿意孔子学院或者孔子课堂在当地落地，因为它为所在国的老师、学生甚至公司、公共机构等打开了通往中国的一扇大门；另一方面，也有人愿意提供这样的当地服务，提供相关的老师、提供上课的场所。有了需求和供给，也没有给所在国家的大学、社会造成混乱和不稳定因素，相反还提供了文化传播、文化学习和交流的另一个平台，何乐而不为。

第三个角度，从世界各国和地区参与中国提出的亚洲基础设施投资银行的情况，来了解中国在国际上的影响力情况。表8.1给出的是亚洲基础设施投资银行截至2019年2月8日的成员国情况。

表8.1 亚洲基础设施投资银行成员国情况

成员国	成员国类型	入会时间	总股本（百万美元）	投票权(%)	投票股数（股）	占总投票股数比重(%)
澳大利亚	区域性	2015.12.25	3691.20	3.83	39453	3.48
文莱达鲁萨兰国	区域性	2015.12.25	52.40	0.05	3065	0.27
中国	区域性	2015.12.25	29780.40	30.89	300345	26.53
格鲁吉亚	区域性	2015.12.25	53.90	0.06	3080	0.27
约旦	区域性	2015.12.25	119.20	0.12	3733	0.33
韩国	区域性	2015.12.25	3738.70	3.88	39928	3.53
蒙古	区域性	2015.12.25	41.10	0.04	2952	0.26
缅甸	区域性	2015.12.25	264.50	0.27	5186	0.46
新西兰	区域性	2015.12.25	461.50	0.48	7156	0.63
巴基斯坦	区域性	2015.12.25	1034.10	1.07	12882	1.14
新加坡	区域性	2015.12.25	250.00	0.26	5041	0.45
奥地利	非区域性	2015.12.25	500.80	0.52	7549	0.67
德国	非区域性	2015.12.25	4484.20	4.65	47383	4.18
卢森堡	非区域性	2015.12.25	69.70	0.07	3238	0.29
荷兰	非区域性	2015.12.25	1031.30	1.07	12854	1.14
挪威	非区域性	2015.12.25	550.60	0.57	8047	0.71
英国	非区域性	2015.12.25	3054.70	3.17	33088	2.92
俄罗斯	区域性	2015.12.25	6536.20	6.78	67903	6.00
马尔代夫	区域性	2016.01.04	7.20	0.01	2613	0.23
芬兰	非区域性	2016.01.07	310.30	0.32	5644	0.50
马耳他	非区域性	2016.01.07	13.60	0.01	2677	0.24
印度	区域性	2016.01.11	8367.30	8.68	86214	7.61
尼泊尔	区域性	2016.01.13	80.90	0.08	3350	0.30
印度尼西亚	区域性	2016.01.14	3360.70	3.49	36148	3.19
以色列	区域性	2016.01.15	749.90	0.78	10040	0.89
老挝	区域性	2016.01.15	43.00	0.04	2971	0.26
土耳其	区域性	2016.01.15	2609.90	2.71	28640	2.53

第八章 中国政府治理对全球治理的影响与作用

（续表）

成员国	成员国类型	入会时间	总股本（百万美元）	投票权(%)	投票股数（股）	占总投票股数比重(%)
阿拉伯联合酋长国	区域性	2016.01.15	1185.70	1.23	14398	1.27
丹麦	非区域性	2016.01.15	369.50	0.38	6236	0.55
塔吉克斯坦	区域性	2016.01.16	30.90	0.03	2850	0.25
沙特阿拉伯	区域性	2016.02.19	2544.60	2.64	27987	2.47
冰岛	非区域性	2016.03.04	17.60	0.02	2717	0.24
孟加拉国	区域性	2016.03.22	660.50	0.69	9146	0.81
吉尔吉斯斯坦	区域性	2016.04.11	26.80	0.03	2809	0.25
越南	区域性	2016.04.11	663.30	0.69	9174	0.81
哈萨克斯坦	区域性	2016.04.18	729.30	0.76	9834	0.87
瑞士	非区域性	2016.04.25	706.40	0.73	9605	0.85
柬埔寨	区域性	2016.05.17	62.30	0.06	3164	0.28
波兰	非区域性	2016.06.15	831.80	0.86	10859	0.96
法国	非区域性	2016.06.16	3375.60	3.50	36297	3.21
泰国	区域性	2016.06.20	1427.50	1.48	16816	1.49
阿曼	区域性	2016.06.21	259.20	0.27	5133	0.45
斯里兰卡	区域性	2016.06.22	269.00	0.28	5231	0.46
瑞典	非区域性	2016.06.23	630.00	0.65	8841	0.78
阿塞拜疆	区域性	2016.06.24	254.10	0.26	5082	0.45
卡塔尔	区域性	2016.06.24	604.40	0.63	8585	0.76
意大利	非区域性	2016.07.13	2571.80	2.67	28259	2.50
埃及	非区域性	2016.08.04	650.50	0.67	9046	0.80
乌兹别克斯坦	区域性	2016.11.30	219.80	0.23	4739	0.42
菲律宾	区域性	2016.12.28	979.10	1.02	12332	1.09
伊朗	区域性	2017.01.16	1580.80	1.64	18349	1.62

（续表）

成员国	成员国类型	入会时间	总股本（百万美元）	投票权(%)	投票股数(股)	占总投票股数比重(%)
葡萄牙	非区域性	2017.02.08	65.00	0.07	3191	0.28
马来西亚	区域性	2017.03.27	109.50	0.11	3636	0.32
埃塞俄比亚	非区域性	2017.05.13	45.80	0.05	2399	0.21
中国香港	区域性	2017.06.07	765.10	0.79	9592	0.85
匈牙利	非区域性	2017.06.16	100.00	0.10	2941	0.26
阿富汗	区域性	2017.10.13	86.60	0.09	2807	0.25
爱尔兰	非区域性	2017.10.23	131.30	0.14	3254	0.29
东帝汶	区域性	2017.11.22	16.00	0.02	2101	0.19
斐济	区域性	2017.12.11	12.50	0.01	2066	0.18
西班牙	非区域性	2017.12.15	1761.50	1.83	20156	1.78
瓦努阿图	区域性	2018.03.06	0.50	0.00	1946	0.17
加拿大	非区域性	2018.03.19	995.40	1.03	11895	1.05
萨摩亚	区域性	2018.04.03	2.10	0.00	1962	0.17
塞浦路斯	区域性	2018.06.25	20.00	0.02	2141	0.19
马达加斯加	非区域性	2018.06.25	5.00	0.01	1991	0.18
巴林	区域性	2018.08.24	103.60	0.11	2977	0.26
苏丹	非区域性	2018.09.13	59.00	0.06	2531	0.22
罗马尼亚	非区域性	2018.12.28	153.00	0.16	3471	0.31
白俄罗斯	非区域性	2019.01.17	64.10	0.07	2582	0.23

资料来源：https://www.aiib.org/en/about-aiib/governance/members-of-bank/index.html，2019年2月8日访问。

从该表中可以清楚地发现，亚洲基础设施投资银行截至2019年1月共有44个区域性成员国，26个非区域性成员国，总共70个成员国。这些成员国来自世界五大洲，涵盖发达国家和发展中国家；并且从入会时间看，亚洲基础设施投资银行于2015年12月成立，2015年就有18个成员，2016年有32个成员加入，2017年有11个成员加入，2018年有8个成员加入，2019年

第八章　中国政府治理对全球治理的影响与作用

有1个成员加入。从投票权的比重看，占比3%以上的国家，按照占比从大到小分别是中国、印度、俄罗斯、德国、韩国、澳大利亚、法国、印尼和英国等。从中也可以清楚地看出，亚洲基础设施投资银行的投票权中占比超过3%的国家，并不只来自亚洲，而且还有欧洲、大洋洲国家。中国能在如此短的时间内吸引世界各地这么多的成员国加入，就在很大程度上说明了中国政府在全球治理中的影响力。

从另外一个角度看，亚洲基础设施投资银行的主要目标是通过向亚洲及其周边地区投资可持续的基础设施以及其他生产性的领域，来提升那些已经或者即将影响成千上万人生活的领域，促进亚洲人员、服务和市场的互联互通，建设一个更美好的未来。从这一建设目标看，很显然，这是一种国际公共产品，是一种类似于世界银行的公共服务，中国推动建立这样的公共产品和公共服务，为了自己，也为了亚洲，还能惠及世界。根据亚洲基础设施投资银行官网提供的消息，目前还有很多国家在申请加入，未来其成员还会进一步增加。

第四个角度，从与中国签订"一带一路"合作文件的国家和地区，来了解中国在国际上的影响力。

"一带一路"倡议，是中国政府提出的一个国际合作倡议。自2013年10月提出以来，截至2018年底，已经有122个国家、29个国际组织与中国签署了170份政府间共建"一带一路"的合作文件。这说明了以下几点：一是中国的国际影响力正在日益扩大。二是中国提出来的倡议，并不是着眼于自身，而是在很大程度上体现了合作共赢、共商共建共享的国际经济和全球治理新思路，这是中国参与全球治理的新理念和新思路，也是中国向全球治理提供的中国方案。三是，这个倡议是开放的而不是封闭的，世界上任何国家和地区都可以参与，而且其内容不仅包括民心相通，还包括资金融通、设施联通、贸易畅通、政策沟通等方面。因此，世界上的任何两个国家无论存在多大的差别、多大的分歧，总能在这"五通"中找到共同点，开展合作。

综上，我们得出以下结论：（1）中国近年来不断扩大的国际影响，是中国经济和综合国力不断上升的自然结果，更是中国政府埋头做事、苦

中国经济奇迹：政府治理的作用

干实干的结果。40多年来，中国在国外的宣传并不多，但改革开放成果有目共睹。亚洲基础设施投资银行的提出，"一带一路"倡议的提出，孔子学院（课堂）的推广，还有中国与全球178个国家和地区建立广泛外交关系，都表明了一个事实，即中国政府治理有国际影响力，而且这一影响力还在不断扩大。（2）中国政府治理的国际影响，在20世纪主要是在亚非拉和周边国家，当时主要是出于意识形态或者发展阶段的考虑，我们与这些国家保持了较好的关系。如今，中国政府治理的影响已经从周边拓展到全球，覆盖了欧洲、非洲、大洋洲、美洲。不过，中国政府治理的有效影响力还不强。近年来，中国与欧洲关系不断改善，与非洲关系也处于最佳时期，但这些关系还需要不断夯实和提升。下一步，中国更应该通过自己的经验，带动其他发展中国家和欠发达地区发展，以此来展现中国的影响力。

8.2　发展治理是中国参与全球治理的重点领域[①]

七年来，随着"一带一路"倡议在国内外影响力的不断提升，有关中国参与全球治理的呼声越来越高，甚至很多观点认为，中国更应成为世界新体系或者全球治理的全方位领导者，而不仅仅是一个被动的参与者。但是，冷静分析就会发现，中国当前参与全球治理的最可能和最为正面的角色就是在发展治理这一领域扮演更加积极且有为的角色，而不是急于求成，否则会破坏中国经济社会稳定发展的大局。

（一）选择发展治理作为参与全球治理的重点领域是明智之举

笔者认为，中国作这一选择的原因可以归纳为如下三点：

第一，全球治理的内涵和外延十分广阔，政治治理、社会治理、公司治理、经济治理、环境治理、安全治理等都包含在内。中国应该明确自己在这些领域的优势与劣势，而不应自高自大、盲目承担自己难以胜任的职责。仔细分析过去70多年中国在全球治理各领域的贡献后，笔者认为，中

---

① 赵红军：《发展治理是中国对全球治理的最大贡献》，载《群言》2018年第12期。

第八章　中国政府治理对全球治理的影响与作用

国最有发言权的是在所谓的发展治理领域。

何谓发展治理？结合联合国有关千年发展目标、世界银行有关发展指标、治理指标的研究以及经济合作与发展组织有关政府治理指标等的研究，我们认为，它特指中国的中央和地方政府通过改革和制度创新等途径，在推动经济发展和市场经济发展繁荣、减少贫困、提供基础设施与公共服务、缩小地区或城乡差距、维持社会稳定、推动全社会收入和人民生活水平提高过程中所发挥的主体作用以及由此所形成的一系列经验、手段、方法、原理和艺术。①

第二，中国经济当前仍然处于中高速发展的"新常态"之中，与发达国家相比，中国居民的总体生活水平仍然相对偏低，因此，我们更应该坚持一个对世界绝大多数国家来说相对正面和积极的目标，那就是减少贫困、缩小地区与区域差距，推动一国或一地人民富裕和国家富强，而不是相反。

第三，将发展治理确定为中国参与全球治理的主要领域，可以获得包括世界银行、国际货币基金组织、世界贸易组织等国际组织以及更多发展中国家的支持。②如今中国的经济总量已稳居世界第二，我国为什么还坚持作为"最大的发展中国家"的基本定位？恐怕就是因为我们一直坚持以发展为导向的基本国策，并且这一策略也已被实践证明受到了越来越多发展中国家的支持。中国"一带一路"倡议为什么在如此短的时间内就会获得那么多国际组织、政府和企业家的热烈响应？原因也是一样的，即我们的"一带一路"倡议所体现的是一种和平合作、开放包容、互利共赢、互学互鉴的发展逻辑，而不是世界历史传统上你死我活、以强凌弱、有你无我的国家竞争关系。

---

① 赵红军、高帆：《中国发展治理的经济学贡献与世界影响》，载《经济学家》2018年第9期。
② 赵红军：《发展治理是中国对全球治理的最大贡献》，载《群言》2018年第12期。

（二）中国发展治理对全球治理的影响与贡献要全面总结

既然如此，中国更应该在发展治理领域发挥更重要的作用，那么，中国发展治理对全球治理的影响和贡献将主要体现在哪些方面？笔者认为，主要体现以下三个方面：

（1）推动全球经济发展与增长的示范和带动作用。对当今世界的绝大多数国家而言，推动经济增长仍然是它们的核心任务之一。但是，很多国家的政府在推动经济增长方面仍然没有较好的对策。在这个过程中，中国可以在两个层面发挥自身作用：一是"打铁还需自身硬"。中国作为全球经济增长的发动机之一，能更好地发挥自身的示范和带头作用。二是智力引领。中国可以将自己在发展治理中很多好的做法、理念和经验推广给更多的发展中国家和地区，以带动这些国家的经济增长。比如，中国在试点基础上的政策推广就可以为更多国家所借鉴；还有，中国由易到难的渐进改革、由农村向城市的区域推进政策也可以为很多发展中国家所借鉴；另外，中国由东到西、由沿海到内地的改革开放策略也可以为很多国家所借鉴。①所有这些，都要通过智力引领或者人才培养的方式最终实现。

（2）中国发展治理的智慧为全球治理带来了新的思路和方向。比如，中国经济改革并不强调单纯地对外开放，而是同时寻求与内部需求的平衡；中国经济体制并没有单纯地支持国有经济，而是同时也给予私营经济一定的发展空间；在政府与市场关系方面，中国并没有遵循新自由主义的"市场万能论"，也没有完全信赖传统的凯恩斯政府干预主义，而是让政府在市场规则的建立、市场秩序的维护与稳定方面扮演主要角色；中国经济改革与政治改革良性互动；中国尊重自身历史、文化与传统，同时又能很好地学习西方发达国家先进的治理经验，并选择一条务实的适合本国国情的发展道路。在政治上，我们坚持中国特色的社会主义道路，坚持中国共产党领导下的多党合作制度，建立完善基础性的法治和国家制度，提高政府效率和管理能力，国家高度负责地管理国内事务和进行经济领域的宏观调控。

---

① 赵红军：《发展治理是中国对全球治理的最大贡献》，载《群言》2018年第12期。

第八章 中国政府治理对全球治理的影响与作用

总之，中国发展治理对全球治理的贡献是，一个国家的发展道路和发展模式并不存在"一个模式包打天下"的规则，也并不是如西方所言的自由、民主、选举一条道路，相反，完全可能存在着另外一条不同于西方模式的中国发展道路。

（3）中国发展治理的智慧正在推动中国从世界体系追随者向世界体系领导者逐步转变。中国发展治理的智慧，不仅为世界贡献了一个关注自身事务、经济逐步发达与和平崛起的中国，而且也使得中国从世界体系的追随者逐步走向全球治理的中心，并有可能成为未来世界体系的领导者。

这里仅举几例予以说明。比如，经过13年的艰苦谈判，2001年中国终于加入世界贸易组织，中国在多方面作出承诺，并开始了过去约20年间快速融入世界体系的过程，如今中国已经成为世界自由贸易体制的坚定支持者和维护者；同样，在世界银行和国际货币基金组织中，中国也日益从外围步入核心，逐步影响甚至推动二者的机构和制度改革；在金砖国家场合，中国获得了越来越多国际支持，日益成为发展中国家推动国际政治经济新秩序的构建者和推动者；近年来，中国主导的上海合作组织、亚洲基础设施投资银行、"一带一路"倡议等也获得了越来越多国际组织与国家的欢迎、支持和热烈响应。这些迹象清楚地表明，中国必须尽快学习、适应并逐步积累未来世界体系领导者所需要的能力和素养，不仅需要在利益层面强化与世界各国的联系纽带——这是最基础和根本的条件，而且还要更加注重自己的道德感召力和价值吸引力，因为在大国之间战争越来越不可能的时代，国际政治动员和凝聚能力更多的是基于价值认同和战略互信，而不是利益。

中国发展治理对全球的影响目前主要集中在亚非拉等发展中国家和地区，但影响范围正日益扩大并可能影响全球。这种情况出现的主要原因在于广大亚非拉地区仍然面临着与中国一样的发展和治理的根本任务。中国与广大亚非拉国家相比，既拥有在改革开放方面"先行先试"的一定现实经验，又拥有经济发展和社会稳定的宝贵治理经验；同时，中国作为最大的发展中国家也拥有与其他广大发展中国家较强的政治和文化关联度。但随着我国"一带一路"倡议和亚洲基础设施投资银行影响力在全球的拓

展,上海合作组织在安全领域的影响进一步提升,中国在世界银行和国际货币基金组织中份额的不断增长,孔子学院(课堂)在全球的拓展和影响的提升,中国发展治理对全球的影响正在向欧洲、美洲等更多国家和地区拓展。比如,当前的中东地区和东欧国家迫切需要中国在投资、贸易、基础设施建设等方面的支撑,也需要中国治理模式和治理思路在一定程度上引领;同样,非洲很多国家也急需学习和引进中国改革—发展—治理思路和模式,如此等等都意味着,中国发展治理经济学的贡献和世界影响力正在不断提升。

(三)以人才培养夯实"一带一路"倡议,重点提升中国发展对全球治理贡献

(1)充分利用"一带一路"倡议这一发展与合作平台,依托现有高校的力量,由国家给予一定投资,分别在北京、上海、西安三地建立三所"一带一路"发展与合作学院,以发挥中国在"一带一路"沿线国家合作与发展以及中国发展治理对全球治理贡献这一领域的引导力。

该学院的目的主要是针对世界上的发展中国家培养硕士和博士层次的人才,以人才培养为引领,不仅拓展中国发展治理对全球治理的智力引领,同时还为中国日后崛起奠定良好的国际合作和发展基础。在人才培养的整个过程中,重点突出中国发展治理的经验与教训、对发展中国家的借鉴和启示、中国发展治理与全球治理比较研究、中国与"一带一路"国家的发展与合作等内容。

(2)以现有孔子学院(课堂)的中国文化宣传和推广平台为基础,打通从孔子学院(课堂)到中国三所"一带一路"发展与合作学院高层次人才培养之间的通道,以更好、更系统地培训、宣传和扩大中国发展治理对全球治理的影响力。

孔子学院(课堂)主要的任务和目标是适应世界各国人民对汉语学习的需要,增加世界各国对中国语言文化的了解,加强中国与世界各国教育文化交流合作。但在"一带一路"倡议的战略框架下,孔子学院(课堂)所涉及的主要业务仅仅限于设施联通、贸易畅通、资金融通、政策沟通、

第八章　中国政府治理对全球治理的影响与作用

民心相通"五通"领域中的民心相通一个方面，显得比较有限；另外，孔子学院（课堂）在人才培养效果以及扩大中国对全球治理贡献方面所发挥的作用也限于浅表的语言学习和文化交流层次，为此，笔者建议打通从孔子学院（课堂）到中国三所"一带一路"发展与合作学院高层次人才培养之间的通道。具体而言，在孔子学院（课堂）现有国外汉语培训和了解的基础上，遴选其中对中国文化有真诚接受力，对中国经济、中国发展经验感兴趣，愿意深入学习中国发展治理经验，并在未来有望成为领导者的人员，以奖学金的形式，输送他们进入国内的三所"一带一路"发展与合作学院，进行硕士和博士层次的学习和培养，将这批在中国获得学位的人员打造成未来推广和宣传中国发展治理经验的"大使"。

（3）构建"一带一路"发展与合作学院与亚洲基础设施投资银行之间的合作关系，有效弥补亚洲基础设施投资银行早期在发展与合作研究方面的欠缺，夯实"一带一路"倡议中的"五通"研究，使之尽快落地开花。

目前，世界银行、亚洲开发银行、欧洲复兴开发银行下属都有一个发展学院，其核心任务是推动这些机构在相关核心领域的全球合作与学术交流。亚洲基础设施投资银行刚刚建立，马上成立发展学院可能会引起世界各国特别是西方国家的反感。笔者建议，亚洲基础设施投资银行可以暂不成立发展学院，而是通过强化与中国"一带一路"发展与合作学院之间的合作，依托"一带一路"发展与合作学院这一国家平台，一方面弥补其在发展与合作研究领域的暂时欠缺，另一方面，"一带一路"发展与合作学院还拥有相对于发展学院更宽、也更全面的研究领域，因此也拥有自身的更大比较优势。这样，就能促使"一带一路"倡议中的"五通"研究尽快落地开花，并全面系统地关注与研究"五通"，而不是单打独斗，割裂地研究"五通"中的任何"一通"。

（4）建立"一带一路"发展与合作学院与金砖国家、上海合作组织之间的良性互动机制，形成宣传中国发展治理对全球治理影响的合作和支撑网络。

目前，提升中国发展对全球治理贡献度的相关机构主要有亚洲基础设施投资银行、上海合作组织、孔子学院等。但这些机构之间缺乏良性互动

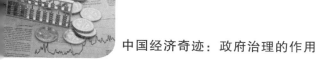

机制,往往单打独斗,在提升中国发展对全球治理贡献方面难以形成合力。比如,亚洲基础设施投资银行主要聚焦金融与经济发展,孔子学院主要关注中国语言文化的国际认同,上海合作组织主要聚焦中国周边安全,在这些组织和机构背后没有很好的研究机构和智力支撑。

笔者建议,通过设立"一带一路"发展与合作学院,使之尽快与金砖国家、上海合作组织之间建立良好的互动机制,一方面强化针对金砖国家、上海合作组织相关领域的人才培养与研究,培育现有的提升中国在全球治理中影响力的组织,使相关政策能够落地生根;另一方面,通过以研究机构为纽带的机构与跨国合作,也能在一定程度上减少西方国家对中国会冲击现有国际秩序的担忧。毕竟,众所周知,为发展中国家培养高层次人才,并不是贸易和经济利益当先的"交易",而是在某种程度上的教育公共产品。

8.3 人类命运共同体:全球治理的中国智慧

(一)人类命运共同体理念的核心内涵

"大道之行也,天下为公",是《礼记·礼运》中的一句名言。习近平主席在第七十届联合国大会一般性辩论时,全面阐述了人类命运共同体的核心内涵,他当时就引用了这句话。其内涵是指我们眼前的这个世界是各国人民共同拥有的,因此,我们更应该选择能够代表各国心声、表达各国意愿的共同规则,并在这个共同规则下,建设一个世界各国休戚与共、和平共处、合作共赢、互谅互让的命运、责任、利益共同体。根据习近平主席在联合国大会一般性辩论时的有关讲话内容,我们认为,他所谓的人类命运共同体主要包含如下核心内涵:

(1)世界各国之间主权平等、地位平等,它们之间的关系应该是平等相待、互谅互让的伙伴关系。习近平主席认为,联合国宪章的核心就是主权平等的原则,因此,世界各国不分大小一律平等,不能以大压小、以强凌弱、以富欺贫。对于国家而言,联合国所谓的主权和领土完整不可

第八章　中国政府治理对全球治理的影响与作用

侵犯，内政不容干涉，还应该体现在各国自主选择社会制度和发展道路的权利上，[①]更不得以武力、强权强迫其他国家选择其他社会制度和发展道路。

（2）世界各国在处理彼此之间的国际经济、贸易、政治、安全等关系时，应该奉行多边主义，而不是单边主义，秉承双赢、多赢、共赢的新理念，而不是赢家通吃、你死我活的零和思维。如何坚守这样的原则，实现这样的双赢、多赢、共赢的目标呢？方法不外乎一个，那就是协商与对话、交流与沟通。习近平主席坚信，协商是民主的重要形式，也应该是现代国际治理的重要方法。国家之间发生争端时，要倡导以对话解决争端，以协商化解分歧。大国之间的相处，只要坚持了协商与对话、交流与沟通的方法和原则，国家之间的关系就不会走上歧途，而会出现他所谓的不冲突、不对抗、相互尊重、合作共赢的局面。同样，大国和小国之间相处，也要坚持平等相待，奉行义利相兼、义重于利的义利观。[②]

（3）世界各国在面临安全挑战时，或者提升国际安全时，要营造一种公道正义、共建共享的安全格局，树立共同、综合、合作、可持续的安全新观念，而不是弱肉强食、穷兵黩武。"没有一个国家能凭一己之力谋求自身绝对安全，也没有一个国家可以从别国的动荡中收获稳定。弱肉强食是丛林法则，不是国与国相处之道。穷兵黩武是霸道做法，只能搬起石头砸自己的脚。"[③]

（4）在推动发展时，各国应该谋求开放创新、包容互惠的发展观，而不是只管自己，不顾别人，以邻为壑，或者违背公平正义。在谈到2008年爆发的金融危机时，他认为，这是放任资本逐利，忘记道德正义，只管自己，不管别人的后果。世界经济要走上繁荣发展的道路，就不能放任穷者愈穷、富者愈富这一事实和趋势，要综合运用市场这个"看不见的手"和政府或者国际组织这个"看得见的手"，形成所谓的市场作用和政府作用

---

① 习近平：《携手构建合作共赢新伙伴 同心打造人类命运共同体》，载《人民日报》2015年9月29日第2版。
② 同上。
③ 同上。

中国经济奇迹：政府治理的作用

有机统一、相互促进，打造兼顾效率与公平的规范格局。

（5）在面对民族、文化和文明交流时，各国要坚持文明多样性，坚持和而不同、兼收并蓄的文明交流理念，走互学互鉴、相互尊重、和谐共存的文明交流新道路。他坚信，文明没有高低之分，没有优劣之分，不同文明凝聚着不同民族的智慧和贡献，因此，文明之间要对话，不要排斥，要交流，不要取代。

（6）在利用和改造自然时，各国要清楚人类是自然界之一部分的道理，首先要呵护自然，不能凌驾于自然之上；在追求发展时，要解决好工业文明所带来的矛盾，以人与自然和谐相处为目标，实现世界的可持续发展和人的全面发展。①习近平主席呼吁，各国要走绿色、低碳、循环和可持续的发展道路，敦促发达国家承担历史性责任，兑现减排承诺，并帮助发展中国家减缓和适应气候变化。

（7）在谈到中国的责任时，他面向全球庄严承诺，中国始终是世界和平的建设者、全球发展的贡献者、国际秩序的维护者，中国不会走上霸权道路，更不会走上以强凌弱、以富凌贫的道路。

（二）人类命运共同体理念中的中国智慧与中国经验

在上述人类命运共同体的理念中，我们可以清楚地找出其中所隐含的中国智慧、中国经验与中国方案：

第一，在谈到世界各国的关系时，习近平主席使用的一个词语，叫伙伴关系（partnership），而不是国际关系(international relationship)。什么是伙伴关系？它意味着全世界的国家就像一个大家庭中的成员，其中的每一个人都不能少，他们之间的关系是一种伙伴关系，而不是冷冰冰的国际关系。在中国传统智慧中，所谓的伙伴关系无外乎以下关系中的一种，要么是父子关系，要么是夫妻关系，要么是兄弟姐妹关系，这些是属于家庭内部的关系；在家庭之外，要么是君臣关系，要么是同僚关系，要么是上下级关系。在传统中国重义轻利的价值观体系下，毫无疑问，国家之

---

① 习近平：《携手构建合作共赢新伙伴 同心打造人类命运共同体》，载《人民日报》2015年9月29日第2版。

第八章 中国政府治理对全球治理的影响与作用

间的关系应该首先是尊重、互谅互让、地位平等，而不是以大压小、以强凌弱。

第二，坚持多边主义，不搞单边主义，奉行双赢、多赢和共赢的国际关系背后同样体现了中国文化中的经典智慧，即正确的义利观。《论语·里仁》就有这样一句话："君子喻于义，小人喻于利。"意即君子看重的是道义，而小人看重的是利益。在市场经济条件下，我们是否还要坚守这一古典智慧呢？习近平主席的看法是，大国和小国，要平等相待，践行正确的义利观，义利相兼，义重于利。[①] 也就是不能只重义，而忘记利，因为这样就不会长久；如果大国对待小国只看重利，而疏于义，那就会失去道义，成为利益的奴隶，也会招致小国的反对，从而失去小国这样的朋友。

第三，在谈到要营造公道正义、共建共享的安全格局时，习近平主席表示他非常反感弱肉强食这一丛林法则，对穷兵黩武这一霸道做法更是深恶痛绝。为什么会如此呢？因为丛林法则不是中国历史上的主流，穷兵黩武也是中国历朝历代政府统治者谨记的一条教训，更是"和为贵"的中华文化所痛恨的东西。在中国历史上，丛林法则只在原始社会末期出现过，此后，基本上没有占据过主流。相反，仁治则成了中国政府治理的主流。穷兵黩武，只在少数朝代成为统治者的选项，比如依赖权力与严刑峻法的秦朝，但自此之后，强权与严刑峻法就成为历朝历代统治者竭力避免的。因此，习近平主席提到的这一点，恰恰是中国痛苛政、行仁政、求天下大同理想的体现。

第四，不同文明之间要和而不同，兼收并蓄地交流。习近平主席的这一观点，同样也是中国文化中"和而不同"这一传统智慧的体现。比如，《论语·子路》中就有"君子和而不同，小人同而不和"。它的意思是说，君子在人际交往中能够和他人保持和谐友善的关系，但在对具体问题的看法上却不必苟同于对方；相反，小人习惯于在对问题的看法上迎合别人的心理、附和别人的言论，但在内心深处却并不抱有一种和谐友善的

[①] 习近平：《携手构建合作共赢新伙伴 同心打造人类命运共同体》，载《人民日报》2015年9月29日第2版。

中国经济奇迹：政府治理的作用

态度。中国文化崇尚前者。当然，习近平主席也希望世界各国之间的文明交流，能够像君子之交那样"和而不同"，而不是像小人那样"同而不和"。

第五，谋求开放创新、包容互惠的发展以及尊崇自然、绿色发展的生态体系这一点，体现的似乎并不是中国传统智慧，而是中国经验。原因是，中国在1978年改革开放之前的150年甚至更长时间里，奉行的是闭关锁国的外交政策，结果，中国自绝于世界科技进步和知识进步的潮流，试图通过"画地为牢"来阻拦外部冲击，保守繁荣成果，但却导致了帝国主义更强武力、更先进技术与设备的冲击，以及频繁的战争与灾难。而改革开放40多年以来，中国发展的经验就是开放创新，就是包容互惠。当然，这40多年中，中国也有沉痛的教训，那就是自然、生态、环境在一定程度上被忽视，人民生活、健康、绿水青山一定程度上被破坏。如今，"绿水青山就是金山银山"的理念已经被写进党的十九大报告中。可以这样说：习近平主席在阐述人类命运共同体的理念时，不光向世界贡献了中国智慧，而且也向世界贡献了中国经验。

（三）中美两国不同的全球治理观比较

当今世界主要存在两种全球治理观。一种全球治理观主要是第二次世界大战之后所建立的以美国为主导的全球治理观，另一种全球治理观就是中国近年来提出并日益成型的全球治理观。这两种全球治理观，无论是在名称、背后的哲学理念和价值观，还是其在目前的地位、在全球治理中的作用以及主要观点等方面都存在较大的差异。

首先，从名称上看，以美国为主导的全球治理观，可以被归纳为"美国第一"的全球治理观，[①]而中国所用的全球治理观就是所谓的"人类命运共同体"，相应地，其背后的哲学理念和价值观就不言自明了。为什么要用"美国第一"这样一个名字来概括以美国为主导的全球治理观呢？原因就是当今的世界秩序和全球治理机制是由美国主导建立的。但在奥巴

---

① 李文术：《中美全球治理观何以"南辕北辙"》，载《湖南日报》2019年1月21日第8版。

第八章　中国政府治理对全球治理的影响与作用

马后期,美国对中国的快速发展越来越感到紧张和不安,先是提出所谓的"亚太再平衡"战略,试图利用美国在政治、经济、军事等方面的优势,强压中国就范,打压中国发展和崛起的势头。特别是,随着特朗普的上台,美国已经明确将中国定义为战略竞争对手。同时,美国认为自己所建构的全球治理机制已经越来越难以保证"美国第一"的目标,于是,美国陆续退出了许多国际性协议和组织,2018年3月22日还发动针对中国、欧洲等国的贸易战,以全力推行所谓"美国第一"的新全球治理观,推行"就业回归、边境回归、美国梦回归"等逆全球化和保护主义的政策。美国坚决维护其在世界上的绝对领导权和控制权,但又不想承担相应的责任,不惜一切手段,打压、遏制新兴大国和任何可能对美国霸权形成挑战的国家。而与"美国第一"的全球治理观相反的是,习近平主席在第七十届联合国大会上提出了可以被称作中国的全球治理观的"人类命运共同体"。有关其核心理念,上文已经作了详细介绍,在此不再赘述。

其实,仅仅从名称上看,就能看出这两种全球治理观的优劣。前者是"美国第一",后者是人类命运共同体。其背后的哲学理念和价值观也不言而喻。前者背后的哲学理念和价值观就是"唯我独尊",这其实就是赤裸裸的霸权主义,或者单边主义,或者霸凌主义,也就是说,除了"我"以外,其他国家都是附属,或者附庸。相反,"人类命运共同体"背后的哲学理念和价值观则是天下大同、和谐共生。

其次,从全球治理的导向和诉求看,以美国为主导的全球治理观强调分配优先,强调内政决定外交;中国则以发展为导向,目的是实现中华民族伟大复兴。换句话说,美国所坚持的全球治理观赤裸裸地认为,凡是觉得在国际组织或协议中没有得到应有的好处,美国就可以选择"退群""退股";类似的是,美国觉得目前的全球化速度太快,自己难以适应,因此,就要求全球化这辆快车减速,停下来,甚至自己率先离车,以坚决维护美国的单边主义;与此相反,中国坚持以发展为导向,目标是中华民族伟大复兴。当然,随着中国在全球经济中分量的增加,中国也为当今的全球治理提出中国方案,愿意分享中国的经验,以获得更多的国际事务发言权、话语权。

再次,从两种全球治理观的最终目标看,以美国为主导的全球治理观旨在维护美国在世界上"不受挑战的"霸权,而中国全球治理观的最终目标是为中国人民谋福利。比如,进入21世纪以来,美国发布的《国家安全报告》,均一致强调要确保美国"不受挑战",确保美国在国际体系中的"领导者"地位。相应地,美国外交政策的出发点、落脚点、着力点等,都旨在确保美国霸权的维系。反观习近平主席提出的人类命运共同体的理念,其目标则是中国始终做世界和平的建设者、全球发展的贡献者、国际秩序的维护者,[①]实现为中国人民谋幸福,实现中华民族伟大复兴,为全人类谋和平与发展。

最后,美国全球治理观背后的文化基础是文明冲突论,相信所谓的"传教士精神",崇尚个人英雄主义,主张以强权和武力来驯化世界;主张消灭国家之间的差异,以"输出民主"来塑造战略同盟。相反,中华文化崇尚和谐,"协和万邦";中国在看到差异后,会尊重差异,奉行不干涉别国内政,提倡全球事务应该由各国共同协商决定,国际规则由各国共同书写,发展的成果也就相应由各国共同分享。换句话说,前者奉行唯我独尊,后者奉行共商、共建、共享。毫无疑问,前者会带来军备竞赛、你死我活;后者会带来持久和平、共同繁荣。

---

① 习近平:《携手合作构建共赢新伙伴 同心打造人类命运共同体》,载《人民日报》2015年9月29日第2版。

第九章 "一带一路"倡议：中国政府治理理念国际影响的案例

9.1 "一带一路"倡议的核心理念与经济学实质[①]

（一）"一带一路"倡议的核心理念

2013年9月，习近平主席在访问哈萨克斯坦纳扎尔巴耶夫大学时，首次提出共建"丝绸之路经济带"。2015年，国家发改委、商务部与外交部三部委联合发布《推进共建丝绸之路经济带和21世纪海上丝绸之路的愿景与行动》（以下简称《愿景与行动》）这一官方文件。其中明确指出，"一带一路"包含四大理念，分别是和平合作、开放包容、互利共赢、互学互鉴。党的十九大报告更进一步指出，"要以'一带一路'建设为重点，坚持'引进来'和'走出去'并重，遵循共商共建共享原则……积极促进'一带一路'国际合作，努力实现政策沟通、设施联通、贸易畅通、资金融通、民心相通，打造国际合作新平台，增添共同发展新动力"。很显然，这非常符合中国多年来一直提倡的国际交往的"和平共处"五项原则，同时也意味着"一带一路"很可能意味着一种全球化的新模式。

《愿景与行动》还明确指出，中国所倡导的"一带一路"是一种倡议，而不是一种战略，它要实现的目标就是在"一带一路"地区构建责任

[①] 赵红军：《"一带一路"对中国区域经济发展的机遇和挑战》，https://www.thepaper.cn/newsDebail_forward_1867140，2019年1月19日访问。

共同体、利益共同体、命运共同体。通俗地说,从责任层面看,沿线的国家和地区就是要像家庭成员那样,各自承担相应的责任,各人应尽自己的义务,精诚合作、有序合作,而不是没有伦理、没有高下、没有大小的无序竞争;从利益层面看,各国的基础设施、经济、贸易、资金等是互联互通的。如果沿线国家和地区形成如上所说的责任共同体、利益共同体,那么,这些国家和地区之间的关系就已经是命运共同体了。

(二)"一带一路"倡议的经济学实质

"一带一路"倡议已提出多年,相关讨论很多,但有关其经济学本质的讨论还不多,笔者认为,其经济学本质大体上可以从以下几个方面理解:

(1)"一带一路"虽然是一项倡议,但涉及政策沟通、基础设施联通、贸易畅通、资金融通、民心相通五大领域,同时还涉及国内和国际两个方面。由于其所要达到的最终目标是沿线各国和地区形成利益共同体、责任共同体和命运共同体,因此,"一带一路"倡议必定是一种全球治理或者全球化的新模式。①

(2)"一带一路"涵盖中国中西部省份和沿海发达地区,通过扩大向西开放,有助于加快中西部发展步伐,实现东中西梯次联动发展,也有利于中国把对外经济合作与深化国内改革、扩大开放紧密融合。因此,它应该是中国全方位开放型经济新体制的亮点。

(3)"一带一路"沿线国家的发展与合作,是务实的合作,是接地气的合作,所谓的"五通"与每个地区、每个产业、每个企业以及普通民众的生活息息相关。因此,它应该是每个国家(地区)、每个产业、每个企业和普通民众均伸手可及的促进发展的新机遇。

(4)从经济学理论角度看,"一带一路"是由点到线、由线到面,以线和面所带动的跨国跨区域的发展和增长带;从制度经济学角度看,它应该是以制度和政策变革、民生相通、基础设施联通等为推动力的泛区域发

---

① 赵红军:《"一带一路"对中国区域经济发展的机遇和挑战》,https://www.thepaper.cn/newsDebail_forward_1867140,2019年1月19日访问。

第九章 "一带一路"倡议：中国政府治理理念国际影响的案例

展与合作新举措。

（三）"一带一路"标志着中国提出的全球化新模式

如果我们做一个对比，就更加清楚了。目前，世界上存在着两种思路的所谓全球化模式，一种是传统的，另一种是中国近年来提出的"一带一路"倡议。

从哲学理念看，前者是标榜民主、法治、人权、市场的全球化模式。也就是，如果不是这"四位一体"的话，就是不发展、不先进、不现代、不被接受的模式；相反，中国所倡导的全球化新模式，则是创造和谐大同世界，是实现利益共同体、责任共同体和命运共同体。

从背后的推动力看，前者以军事作为后盾，以经济、政治强权为先导，将世界上不同的国家划分为不同的阵营，吸纳进各自的"朋友圈"或者"俱乐部"，在"俱乐部"内外推行完全有别的政策和制度，将推行不同制度和政策的国家和地区划分到"俱乐部"之外，推行标准不同的政策和制度。相反，中国所倡导的全球化新模式，以贸易和投资为动力，而不是彼此的制度和国体是否相同，彼此之间的文化差异有多大，新模式首先关注彼此之间是否存在着贸易和投资的机会，是否存在着各方都获益的机会。在这个求同存异的利益交换下，相互之间的理解会增加，文化交流会增多，最终实现民心相通。

从特征看，前者往往以零和游戏、你高我低、你上我下甚至你死我活作为特征，而后者则以正和游戏、双赢游戏和和平共赢作为特征。用十九大报告中的说法，就是后者的合作原则是共商、共建和共享。

从两种全球化新模式背后隐含的经济学理论依据看，前者以新自由主义经济学为基本依据，对自己有利的时候，推行所谓的自由贸易主义，对自己不利的时候，推行所谓的贸易保护主义。目前，前一种全球化模式正在从贸易自由主义转向贸易保护主义。相反，后一种模式正在由贸易保护走向贸易自由，背后的经济学理论依据正是中国自己所探索的马克思主义政治经济学。

从政策实践角度看，前一种模式说一套，做一套，告诉别人做一套，

中国经济奇迹：政府治理的作用

自己做一套；后一种模式不管别人怎么说，只管自己怎么做。

从各自的全球化治理框架角度看，前者包括世界银行、国际货币基金组织、世界贸易组织和世界银行，还有跨太平洋伙伴关系协定、跨太平洋贸易与投资伙伴协议；后者包括亚洲基础设施投资银行、丝路基金、上海合作组织、金砖国家领导人峰会等。

从与发展中国家的关系看，前者是宗教和价值观比较认同，经济关系上比较紧张；后者是经济比较和谐，但目前还缺乏宗教和文化认同。

随着时间的延续，中国与西方完全不同的两种全球化模式的框架日益清晰，异同日益清晰，高下也越来越清楚。

9.2 "一带一路"在非洲：以基础设施启动贫穷国家发展

"要想富，先修路"，是中国改革开放40多年进程中，城里乡间墙壁上非常普通的一句宣传语。40多年间，中国并没有让这句宣传语只挂在墙上，而是将其实实在在地应用在中华大地上，使得中国的基础设施发生了翻天覆地的变化，并很好地助推了中国经济的腾飞。如今，中国正在将这些在中国试验和实践过的发展经验，教给非洲那些想发展、谋发展的国家，并与它们心连心、手把手奋斗在基础设施建设的征程中。

2017年5月31日，连接肯尼亚港口城市蒙巴萨和首都内罗毕的蒙内铁路正式通车。这条铁路由中国路桥工程有限责任公司承建，全长约480公里，总投资38亿美元。通车当天，肯尼亚总统肯雅塔与近1300人全程体验了该国122年来的首条标准轨铁路。除了总统和第一夫人外，参加当天体验的还有副总统鲁托、多位政府高官和外国使节。这条铁路被当地人称为"世纪铁路"。它的开通，标志着东非铁路网和地区一体化建设迈出了重要一步，也必将推动东非经济社会发展走上快车道。①

---

① 赵泽：《曾质疑中国企业实力的BBC被打脸 非洲"世纪"铁路提前半年通车 见证"一带一路"上的中国制造》，载《中国经济周刊》2017年第23期。

第九章 "一带一路"倡议：中国政府治理理念国际影响的案例

非洲国家持续贫困了好几个世纪，当年的殖民者来到非洲，只关心如何控制当地的生产原料，只关心当地的廉价劳动力怎样以"奴隶贸易"的形式运往欧美，但中国人到非洲却带着共商、共建、共享的原则，首先使当地人明白启动当地的经济发展就要先修路。但当地人并不掌握修路的技术，也不懂得如何修路，也缺修路的资金，于是，中国人就教给当地人这些启动经济发展的秘诀。

这条铁路采用中国标准、中国技术、中国装备建造，管理和运营也交由中国公司。为什么要采用这样的形式进行建造、运营与管理呢？主要因为当地并不具备这样的技术、人才、管理和经验。因此，以这种方式就能较快地在当地树立一个模范工程，中国再以雇用当地人、培训当地人的形式，使得当地人能够掌握相关的技术、知识，在若干年后，这条铁路也就会交给当地政府和企业运营。

这条铁路的开通，对当地经济发展产生了三方面的积极影响：

（1）这条铁路的开通，便利了东非的陆上交通，顺畅了当地的货物运输。根据中国路桥官网提供的消息，这条铁路设计客运时速120公里，货运时速80公里。它的修通使得当地的货运成本降低40%，两地之间的客运时间从原先的十几个小时缩短到4小时。

（2）随着这条铁路的开通，当地的经济发展也会驶入快车道。首先38亿美元的投资，给当地带来约3.8万个就业机会。在这条铁路修建和运营的过程中，当地雇员占到了90%。在修建的过程中，中国和肯尼亚都非常重视对当地雇员的技术培训，如今，这些雇员已经成为这条铁路系统的业务骨干。还有，这批巨大的投资给当地带来经济发展的机遇。肯尼亚政府官员在铁路尚未修通时就预测，它将把肯尼亚等地的GDP增速从5.8%提升到8%。

（3）从区域经济方面的影响看，这条铁路还使得蒙巴萨成为未来东非地区的物流中心，也使得肯尼亚成为东非经济发展的领头羊，在此基础上，也会使南苏丹、卢旺达、布隆迪、乌干达等这些东非地区没有出海口的国家一起，通过"引进来"和"走出去"形成新的内陆经济增长带。

除了中国路桥，中国铁建这样的国有企业也在援建非洲的过程中，实

中国经济奇迹：政府治理的作用

实在在地践行了"要想富，先修路""授人以鱼，不如授人以渔"的"一带一路"的建设理念。该公司在对非铁路建设的过程中，秉承着"真、实、亲、诚"的理念，在当地建设了一个又一个示范工程。[①]

2006年，中国铁建承建了阿尔及利亚的交通大动脉——东西高速公路项目中的中、西两个标段，总里程约528公里。2012年，该公司承建了中非友谊铁路亚吉铁路751.7公里的建设任务。2016年，这条铁路正式通车。该条铁路联通内陆国家埃塞俄比亚和吉布提两国。埃塞俄比亚总统穆拉图称赞中国铁建是"值得信赖的合作伙伴"，吉布提总统盖莱称中国铁建是"吉布提人民的好兄弟"。[②]

在铁路修建的过程中，中国铁建累计雇用25000多名埃塞俄比亚和吉布提员工，极大地拉动了当地的就业和经济发展。在铁路运营期间，还会直接提供500多个工作岗位。除此之外，中国铁建还对当地员工提供多种形式的培训。在阿布贾等非洲城市设立员工培训中心，常年对当地员工进行各类培训；积极聘用当地大学生，在入职后与中国大学生混编进行集中培训，加深当地员工对企业文化的了解，加快与中方员工的互相了解和融合；还在培训中实行导师带徒制，根据不同工作的专业性和复杂性，按照不同比例由中方员工带领当地员工一起完成工作。

此外，中国铁建还非常重视当地员工的身心健康，为员工建立健康档案，定期体检，支付体检费用。为患有疟疾、伤寒的员工免费治疗，提供特殊伙食，追踪病情发展。同时通过各种宣传、培训，加强员工的自我保护意识；针对非常地区的常见传染病，制作防范手册，加强预防。

此外，中国铁建还积极参与当地的人道主义救助。2014年9月12日，尼日利亚拉各斯万国教会犹太会堂宾馆突然坍塌，造成100多人死亡。事故发生后，中国铁建先后派出救援人员120多名，投入大型设备，如吊车、挖掘机、装载机、自卸车、发电车、拖板车等20多台，总共外运废渣700车，从14日进入现场，直到19日撤离现场，保持24小时连续不断作

[①] 曹保刚：《我们在非洲不仅仅是修路——中国铁建"真、实、亲、诚"助非洲在"一带一路"建设中发展》，载《中国公路》2017年第13期。

[②] 同上。

第九章 "一带一路"倡议：中国政府治理理念国际影响的案例

业，成功救出130多人。2015年11月，埃塞俄比亚经历了30年不遇的严重旱灾，超过800万居民受灾。国际社会为埃塞俄比亚捐助了包括粮食在内的大量赈灾物资，但是这些物资由于有限的运输能力，大多滞留在吉布提港。在接到埃塞俄比亚政府的救助请求后，中国铁建克服施工困难，利用尚未完工的亚吉铁路为埃塞俄比亚开启应急运输，调配多台施工用的内燃机车和车厢，开展运输作业；同时组织百余人和十多台大型运输车辆，将首批1125吨救灾物资、粮食从吉布提运送到铁路始发车站，累计运输7.8万吨的救援物资。

除了修建铁路、公路之外，中国还在非洲建设电力基础设施，帮助当地经济和社会发展。比如，自2013年以来，中电装备公司依托国家电网有限公司的技术、装备、管理、品牌和信誉综合实力，在埃塞俄比亚先后成功建设了埃塞复兴大坝水电、埃塞—肯尼亚±500千伏直流输电工程、城市轻轨配套输变电工程、中低压配网工程等一批重点项目。项目的建成显著地提升了当地电子基础设施服务水平，带动了当地的就业和社会经济发展，成为中国同埃塞俄比亚能源领域合作的典范。[1]

9.3 "一带一路"在亚洲：海外园区助推国际经贸合作

过去40多年，以经济特区、各类开发区和园区为代表的园区发展模式一直是中国推动经济高速发展的重要经验之一。在"一带一路"倡议提出之后，中国也正在利用这样的海外园区，不仅推动中国企业抱团"走出去"，规避企业"单打独斗"所造成的巨大海外风险，而且也成为推动东道国经济发展的关键抓手。[2]

---

[1] 翟慧霞、于濛、唐智勇：《"一带一路"背景下中国企业在非洲形象建设思考——以国家电网中电装备公司在埃塞俄比亚参建项目为例》，载《对外传播》2018年第11期。
[2] 叶尔肯·吾扎提、张薇、刘志高：《我国在"一带一路"沿线海外园区建设模式研究》，载《中国科学院院刊》2017年第4期。

（一）境外园区助推国际经贸合作

根据商务部的统计，截至2016年底，我国在20个"一带一路"沿线国家已经建设和在建的境外经贸合作区有56个，已吸引1082家企业入驻，累计投资185.5亿美元，总产值达506.9亿美元。从合作区的数量看，这些境外经贸合作区占到合作区的72.72%，入园企业数量占比71.09%，类似投资占比76.68%，总产值占比72.13%。[①]

表9.1是我国20家通过商务部考核的"一带一路"沿线国家境外经贸合作区的统计表。

表9.1　20家通过商务部考核的"一带一路"沿线国家境外经贸合作区

合作区名称	成立年份	所在国家	中方园区开发企业	主导产业
苏伊士经贸合作区	1998	埃及	中非泰达投资股份有限公司	新型建材、纺织服装、高低压电器设备和石油装备
中俄（滨海边疆区）农业产业合作区	2004	俄罗斯	黑龙江东宁华信经济贸易有限责任公司	种植、养殖、农产品加工
泰中罗勇工业园	2005	泰国	华立产业集团有限公司	汽配、机械、家电
西哈努克港经济特区	2006	柬埔寨	江苏太湖柬埔寨国际经济合作区	投资有限公司、纺织服装、五金机械、轻工家电
海尔—鲁巴经济区	2006	巴基斯坦	海尔集团电器产业有限公司	家电、汽车、纺织、建材、化工
莱基自由贸易区（中尼经贸合作区）	2006	尼日利亚	云南省海外投资有限公司	以生产制造与仓储物流为主导，以城市服务与房地产为支撑
乌苏里斯克经贸合作区	2006	俄罗斯	康吉国际投资有限公司	轻工、机电（家电、电子）、木业
中国·印尼聚龙农业产业合作区	2006	印度尼西亚	天津聚龙集团	油棕种植开发、精深加工、收购、仓储物流
越南龙江工业园	2007	越南	前江投资管理有限责任公司	纺织轻工、机械电子、建材化工

---

① 《商务部：推进境外经贸合作区建设　实现互利双赢》，https://www.gov.cn/xinwen/2017—02/04/vontehe_5165348.htm，2019年2月10日访问。

第九章 "一带一路"倡议:中国政府治理理念国际影响的案例

(续表)

合作区名称	成立年份	所在国家	中方园区开发企业	主导产业
赞比亚中国经济贸易合作区	2007	赞比亚	中国有色矿业集团有限公司	有色金属矿冶、现代物流、商贸服务、加工制造、房地产、配套服务和新技术产业
中国·印尼经贸合作区	2007	印度尼西亚	广西农垦集团有限责任公司	汽车装配、机械制造、家用电器、精细化工及新材料
中俄托木斯克木材工贸合作区	2008	俄罗斯	中航林业有限公司	森林抚育采伐、木材深加工、商贸物流
埃塞俄比亚东方工业园	2008	埃塞俄比亚	江苏永元投资有限公司	纺织、皮革、农产品加工、冶金、建材、机电
乌兹别克斯坦鹏盛工业园	2009	乌兹别克斯坦	温州市金盛贸易有限公司	建筑材料、真皮制品、灯具和五金制品、电机电器、农用机械、轻纺及纺织品
万象赛色塔综合开发区	2010	老挝	云南省海外投资有限公司	能源化工、农畜产品加工、电力产品制造、饲料加工、烟草加工、建材科技、物流仓储
匈牙利中欧商贸物流园	2011	匈牙利	山东帝豪国际投资有限公司	商品展示、运输、仓储、集散、配送、信息处理、流通加工
吉尔吉斯斯坦亚洲之星农业产业合作区	2011	吉尔吉斯斯坦	商丘贵友食品有限公司	种植、养殖、屠宰加工、食品深加工
中匈宝思德经贸合作区	2011	匈牙利	烟台新益投资有限公司	化工、生物化工
俄罗斯龙跃林业经贸合作区	2013	俄罗斯	牡丹江龙跃经贸有限公司	林木采伐、粗加工和深加工、森林培育、森林采伐、精深加工、林产品展销交易、跨境物流运输
中国印尼综合产业园区青山园区	2013	印度尼西亚	上海鼎信投资(集团)有限公司	镍铁、不锈钢

资料来源:叶尔肯·吾扎提、张薇、刘志高:《我国在"一带一路"沿线海外园区建设模式研究》,载《中国科学院院刊》2017年第4期。

中国经济奇迹：政府治理的作用

从该表中可以看出，这些通过商务部考核的境外经贸合作区分布的国家遍布亚、非、欧、美等"一带一路"沿线各国，覆盖了轻工业、制造业、重工业、农业养殖、建筑建材等诸多领域。值得注意的是，每一个境外经贸合作区都有一个中方的开发企业。这些海外园区的运营模式，通常是中国和相关国家的政府推动，然后形成一个中外方共同持股的园区开发公司，由这个公司负责合作区的项目开发、建设、招商和管理等。这些园区开发公司可能是中国的国有企业，也可能是民营企业，但通常会形成类型多样、机制灵活的跨国联合公司。这种境外合作区具有如下优势：（1）园区通常为中国和相关国家的政府或者企业合作兴办，因而对当地的情况比较了解，能够在很大程度上规避当地的风险；（2）园区通常会形成某些产业的集聚优势，入驻园区的企业的商务开办成本、运营成本会大大降低；（3）园区实行统一管理，管理部门负责与当地政府等处理相关的园区公共服务等，避免了园区企业与当地政府乃至社会的接触，从而大大降低了园区企业的交易成本。

下面，笔者将通过两个案例来介绍园区的运作及其给两国人民所带来的发展机遇。

（二）柬埔寨西哈努克港经济特区的案例[①]

该园区的设立最初是由中国和柬埔寨两国政府推动的。2008年2月，柬埔寨首相洪森、时任无锡市政府副市长方伟共同出席了西哈努克港特区奠基典礼，另外还有柬埔寨60多位部长以及1.5万名群众参加了该活动。[②]2010年12月13日，在两国总理的见证下，中柬两国正式签订《中华人民共和国政府和柬埔寨王国政府关于西哈努克港经济特区的协定》，明确了西港特区的法律地位，使得该特区成为首个签订双边政府协定的合作区。2012年6月13日，在柬友好访问的时任中共中央政治局常委、中央纪委书记贺国强与柬埔寨首相洪森共同为西港特区揭牌。同时，根据双边协

---

① 《34家企业入驻，一个国际工业园区正崛起》，载《新华日报》2013年7月9日。
② 肖建新：《西港特区：中国企业境外投资"大本营"——柬埔寨西哈努克港经济特区》，载《长三角》2009年第9期。

第九章 "一带一路"倡议：中国政府治理理念国际影响的案例

定，2012年12月4日，时任商务部副部长陈健和柬埔寨发展理事会秘书长索庆达共同主持召开西港特区协议委员会第一次会议，建立了双边政府支持推动西港特区发展的长效机制，并定期解决跨地区、跨部门的事宜。[①] 但该园区后续的开发、建设等基本上是由中外双方的企业合作承办的。中方方面，主要由江苏省红豆集团有限公司、联合无锡光明集团有限公司、无锡市益多投资发展集团有限公司、无锡华泰投资置业咨询有限公司四家企业承办；外方方面，是由柬埔寨排名第一的柬埔寨国际投资开发集团有限公司承办。

西港特区项目地原来是一块荒芜之地，荆棘丛生，高低落差有70米，加上柬埔寨国内基础设施落后，西港特区工程量浩大，因此，园区的开发公司确立了局部驱动开发、分步实施、滚动发展的开发思路，以通路、通电、通水、通信、排污（五通）和平地（一平）为基础，不断完善基础设施建设。在不断完善硬件的同时，特区还加快服务环境跟进，保证企业24小时水电供应；建立由柬埔寨发展理事会、海关、商检、商业部、劳工局、西哈努克省政府组成的"一站式"行政服务窗口，为园区企业现场提供执照办理、登记注册、报关、商检等"一条龙"服务；还建设酒店、宿舍、集贸市场，引入物流清关公司、船运货代公司以及柬埔寨加华银行等服务性机构，完善区内生产、生活配套环境；联手无锡商务职业技术学院共同建设西港特区培训中心，为园区提供人力资源、语言和技能培训；建设专业的安保队伍，引进当地警察署，确保区内企业的人员和财产安全。

除了园区的建设实行政府推动、企业主导、提供"一条龙"服务外，西哈努克港特区还坚持可持续发展的做法，主动履行社会责任，积极融入当地文化，实现与当地人民和社会的和谐发展。比如，安排职工利用业余时间为附近小学义务授课，同时开展助学、帮困、联欢等多种形式的献爱心活动，密切与区域周边学校师生和社区民众的关系，加深与当地人民的友谊。此外，特区还积极参加各种公益慈善活动，造福当地百姓，比如，援建学校、修桥铺路、连续四年向柬埔寨红十字会捐款等。

---

① 《34家企业入驻，一个国际工业园区正崛起》，载《新华日报》2013年7月9日。

如今，这个特区已经吸引了来自中国、美国、日本等国家和地区的34家企业入驻，产业涉及服装、电子、箱包、家具等。

（三）越南龙江工业园区案例

越南龙江工业园区与上面的案例有所不同，主要是该工业园区是越南第一个中国独资工业园区，也是中国目前在越南最大规模的工业园区。不过与上面案例相似的是，这个工业园区也是政府推动、企业主导开发的。所谓的政府推动，是指该园区经当时的越南总理阮晋勇优先特批，在当地是所谓的"一号工程"。该园区由中国前江投资管理有限责任公司投资，2007年开始建设，总规划面积为600公顷，包括540公顷的工业用地和60公顷的住宅服务用地，总投资1亿美元。工业园区地处越南前江省新福县，毗邻市内一条高速公路，交通便利。园区主要以工业用地、基础设施用地、内部道路用地、绿化用地、仓库用地和服务用地为主。[1]

该工业园区的优势是地理位置优越，投资政策优惠，管理团队专业，是中国企业进军东盟市场的理想制造业基地。该园区位于前江省，距离越南的经济中心胡志明市西南部50公里，并且与胡志明市有中良高速公路相连，交通便利；另外，水运、海运也比较方便，距离西贡港码头只有50公里；并且园区内建有码头，到协福港约50公里。空运上，距离一国际机场只有50公里。[2]同时，越南处于"人口红利"阶段，20—30岁的青壮年劳动力占很大比例，这些劳动力年轻能干、勤劳，且工资比中国国内低很多，不足国内工资的1/3。[3]

另外，该园区拥有广阔的市场发展空间，越南市场可以辐射5亿多人口。同时，东盟已经与日本、韩国、澳大利亚、新西兰建立自贸区，实现"零关税"，国内企业到越南设厂，可以利用东盟与其他国家签订的自贸

---

[1] 金辉：《我国境外经贸合作区产业集聚影响因素研究——以越南龙江工业园区为例》，载《现代经济信息》2018年第15期。
[2] 李丹丹：《中国境外经贸合作区研究——以越南龙江工业园区为例》，延边大学2015年硕士论文。
[3] 高潮：《越南龙江工业园区：进军东盟的制造业基地》，载《中国对外贸易》2012年第10期。

第九章 "一带一路"倡议：中国政府治理理念国际影响的案例

区协议，享受多重优惠政策。

除此之外，园区在越南和中国双方合作的基础上，经中国公司的开发，已经建成了完备的基础设施，包括内部道路系统、供水供电系统、排污管道系统、通信系统和各项协助服务系统。

截至2017年5月，通过签发执照入驻龙江工业园区的企业已经有36家。2008年，工业园区起步，当年1家企业入驻；2012—2013年，园区进驻企业增长较慢，只有4家企业入驻。从2014年开始，龙江工业园区进入快速发展阶段，到2017年5月，累计投资23家，占总数量的64%，这背后的原因就是中国"一带一路"倡议的实施，以及两国关系的不断改善所造就的稳定投资环境。①

综上两个案例可以发现，中国"一带一路"倡议所倡导的共商、共建、共享的理念，能够为"一带一路"沿线国家所认可。在此倡议下，中国企业包括沿线国家的企业和政府日益认识到这一理念的重大意义，因此，积极投入扎扎实实的合作行动中。在这个过程中，政府之间的平等互利合作、以企业为主导的园区开发模式、市场化运作、高效管理、健全的园区基础设施等，都是这些境外合作园区能够走向成功的关键。

9.4 "一带一路"在欧美：发达国家不必恐惧

"一带一路"倡议是个非常开放、共享、公开的倡议，但不少国家总是戴着各种各样的有色眼镜来看待这一倡议，认为这是中国所推行的"马歇尔计划"，甚至有人污蔑说，这是中国向全世界推行的所谓"新殖民主义"。下面，我们就用两个案例来揭示，这样的说法纯属无稽之谈。

（一）"一带一路"助推德国杜伊斯堡成欧洲物流中心

杜伊斯堡地处德国工业中心鲁尔区，位于鲁尔河和莱茵河汇合处，是德国规模最大和功能最多的内河港口。该港口地理位置优越。从这里到

---

① 金辉：《我国境外经贸合作区产业集聚影响因素研究——以越南龙江工业园区为例》，载《现代经济信息》2018年第15期。

中国经济奇迹：政府治理的作用

欧洲最大的港口鹿特丹水上距离230公里，距离安特卫普港直线距离不到200公里，在其周边150公里的范围内，就是欧洲人口最为稠密的地区，因此，杜伊斯堡是一个拥有巨大物流需求和市场潜力的城市。在20世纪50年代，这里曾是钢铁生产中心，到了70年代，人口也增加到近60万。但从20世纪七八十年代开始，由于全球产能过剩，钢材价格下跌，这里有超过10万个工作岗位陆续消失。可是，自2011年，这座城市的命运开始发生奇迹般的转变。

一是杜伊斯堡被中国选择作为"渝新欧"国际铁路联运大通道的欧洲终点，于是，这座城市开始成为联结中国的重要枢纽城市。特别是，随着2013年中国"一带一路"倡议的提出，每周到达杜伊斯堡的列车从3列开始不断增加，如今已经增加到每周30列；由此，这里的生意也开始红火起来，因为运送到杜伊斯堡的中国货物，不仅要在港口重新装货，而且还要包装或者加工，由此带来的就业机会不断增加。原先这个港的雇员人数只有1.9万，如今已经增加到5万。仅2017年，杜伊斯堡港的货物吞吐量就增加了30%，位列德国港口增长的第一位。一个重要原因就是中欧班列的开通。据估计，仅中欧班列在物流领域就给杜伊斯堡增加了6000多个就业岗位。①

二是随着中国货物的到来，中国物流公司和中国商家也来了。约10年前，在这里生活的中国公民只有大概600人，而如今在这里生活的中国公民人数已经翻番；相应地，2014年以来，该市中国商家的数量增加了约50%，达到90家左右。同时，在这里注册的中国企业数量还在快速增加。这些公司涉足的行业主要是物流、不动产、跨境电子商务等。德国议会中德议员友好小组前主席、杜伊斯堡市中国事务专员约翰内斯·普夫卢格说："一家中资企业正在杜伊斯堡建设一座高达18层的酒店；华为等公司在杜伊斯堡设置了分支机构或者开展业务；一家中国公司还承揽了杜伊斯堡市内照明的一个项目。"②

---

① 《中欧班列让杜伊斯堡迎来"又一春"》，载《大陆桥视野》2018年第5期。
② 同上。

第九章 "一带一路"倡议：中国政府治理理念国际影响的案例

杜伊斯堡能够快速崛起，并成为中国货物进入欧洲的物流中心，助推当地经济发展，主要原因有两方面：一是"一带一路"倡议让杜伊斯堡搭载上中国经济快速发展的快车，让杜伊斯堡成为中国和欧洲贸易、投资、合作的中转站、物流中心和交易枢纽；二是伴随着"渝新欧"专列的开通，从中国到杜伊斯堡的时间大大缩短，成本大大压缩。原先从中国到杜伊斯堡的海运大约需要40—50天，如今，只需要11—12天，运输时间节约了65%，成本也只有空运的20%。据统计，2017年，"渝新欧"专列就开行663班，回程班列占比35%，运到欧洲的是中国的电子产品，而回程则是汽车零部件、母婴用品、食品、保健品等。如今，中欧班列已经成为除空运、海运之外的"第三支柱"运输方式。①

（二）"一带一路"倡议在美国：企业欢喜政府忧

"一带一路"倡议提出来以后，美国的反应是值得细细品味的。笔者总的看法是：企业欢喜政府忧。

（1）从企业的反应看，总体上多数美国企业对中国的"一带一路"倡议表示欢迎，认为这提供了他们再一次发展的良好机遇。

比如，美国著名的建筑工程机械和采矿设备生产商卡特彼勒，对中国的"一带一路"倡议就比较欢迎。其中国事务总裁杜乐谦就认为，"一带一路"倡议关乎互联互通，旨在通过改善基础设施而提高各国人民的生活水平，这对卡特彼勒来说完全是一个好机会。他表示，卡特彼勒已经做好了布局，跟随"一带一路"倡议将大型设备提供到世界各地，帮助中国和相关国家企业完成"一带一路"建设项目。美国黑石集团主席苏世民也认为，美国在基础设施建设方面存在着上万亿美元的缺口，一定要参与到"一带一路"倡议中。美国陶氏化学公司董事长兼首席执行官利伟诚表示，陶氏对"一带一路"倡议充满期待，他支持通过互联互通实现互惠互利的目标。②美国知名的联合技术公司是全球航空业和建筑业各类高技术

---

① 《中欧班列让杜伊斯堡迎来"又一春"》，载《大陆桥视野》2018年第5期。
② 《美国企业界参与"一带一路"热情难抑》，https://www.yidaiyilu.gov.cn/xwzx/roll/16446.htm，2019年2月11日访问。

中国经济奇迹：政府治理的作用

系统和服务的提供商。2014年，它的净销售额为651亿美元，在全球71个国家和地区拥有21万名员工。5年前，该公司就进入中国西部，在重庆投资建设了奥的斯电梯工厂，延续了该公司在华发展的前期战略，即"引进来"。①随着"一带一路"倡议的提出，该公司将借助该战略实现在中国发展的转型，即"走出去"。"渝新欧"专列就是"一带一路"倡议中基础设施互联互通的典范，因为铁路成本和时间大幅度缩减，有助于沿线国家的经济合作和区域经济合作的深化，联合技术公司会和中国的企业合作，走向全球更多国家和地区的市场。②

美国通用电气公司当时的全球高级副总裁、大中华区总裁兼首席执行官段小缨表示，乐于看到"一带一路"倡议，因为该公司如今60%的项目来自美国之外，中国"一带一路"倡议为欧亚大陆沿线国家和地区带来了实实在在的好处，肯定能改善他们的生活。通用电气在海外的很多基础设施建设项目，有的就是和中国公司合作建设的。比如，与中国机械工业有限公司合作建设的肯尼亚基佩托风电项目，就能够使非洲撒哈拉以南地区实现用电的需求。通用电气和中国海外工程总承包企业，如中国国机、中国电建、中国能建、哈电国际等有着20多年的合作，它们已经联合为非洲、中东、南美以及欧洲的超过70个海外市场电力基建项目提供技术支持与服务。它们之间能长期合作，就是因为"联合市场开发、联合投融资、联合运营"的"三个联合"战略，因此，段小缨坚信，"一带一路"倡议让通用电气与中国的海外业务实现"由点到面"的提升，也希望能与中国企业建立长期战略合作关系，成为"一个实体"，共同建设"一带一路"倡议，风险共担、利润共享。③

美国著名的花旗集团同样对"一带一路"表示欢迎，他们希望借助"一带一路"扩大在华营收，也表示能够为"一带一路"的相关项目提供

---

① 《美国企业界参与"一带一路"热情难抑》，https://www.yidaiyilu.gov.cn/xwzx/roll/16446.htm，2019年2月11日访问。
② 牟旭：《美国联合技术公司："一带一路"战略为在华外企带来机遇》，http://www.yidaiyilu.gov.cn/qyfc/wqzx/9254.htm，2018年2月11日访问。
③ 余蕊、陈爱平：《GE大中华区总裁：通过"三个联合"共建"一带一路"生态圈》，http://www.yidaiyilu.gov.cn/xwzx/hwxw/55488.htm，2018年2月11日访问。

第九章 "一带一路"倡议：中国政府治理理念国际影响的案例

高质量的金融服务。此外，花旗集团已经为"一带一路"沿线各国提供了很多项目，公司专门新设"一带一路"业务主管这一领导岗位，以负责监督协调与花旗集团"一带一路"倡议相关的银行业务。根据最新的数据显示，2018年，花旗集团的营业额增加、业绩持续增长，部分业务增加正是来自70个"一带一路"沿线市场中的60个市场。①

（2）从美国地方政府的角度看，一些地方政府也对"一带一路"倡议表示欢迎。

比如，地处美国西部的加州对中国"一带一路"倡议就表示非常欢迎，愿意加入中国的"一带一路"倡议中。在2017年中国驻旧金山总领馆召开的国庆招待会上，时任美国加州州长杰瑞·布朗就表示，加州十分重视与中国的友好合作，长期致力于同中国地方政府开展积极对话和合作，加州高度赞赏并愿意积极参加共建"一带一路"，希望同中国在经贸投资、清洁技术、低碳环保等领域加强合作，同时也希望继续推进人文交流。2016年，加州对华贸易额1580亿美元，占全美的27%，加州是美国自华进口的第一大州。与此同时，中国也是加州最大的游客和留学生来源国。②

美国中西部的密歇根州和印第安纳州，以工业和制造业闻名，但是近年来由于传统制造业衰落，多数地区沦为"铁锈地带"，面临产业结构调整的阵痛。如今来自中国的投资正助力当地的经济转型和增长。比如，底特律在导航和智能交通方面技术领先。2010年以来，中国以并购和绿地投资，在其所在的密歇根州投资超过40亿美元，创造和维持了超过1万个工作机会。在智能出行领域，密歇根州已经与中国政府、企业界、大学、研究机构展开了深度合作，比如广汽集团、长安汽车都是底特律自动驾驶测试基地MCity的合作伙伴。中国多家汽车智能制造供应商都在密歇根设立了办事处，更不用说，双方成立了很多合资企业，比如上汽通用、福特长

---

① 张莫：《花旗新设"一带一路"主管 推动相关业务》，http://www.yidaiyilu.gov.cn/xwzx/hwxw/64867.htm，2019年2月11日访问。
② 张洁娴：《美国加州州长：加州愿意加入中国"一带一路"倡议》，http://www.yidaiyilu.gov.cn/xwzx/hwxw/29511.htm，2019年2月11日访问。

中国经济奇迹：政府治理的作用

安、广汽菲克等。类似的是，美国印第安纳州作为仅次于底特律的重要汽车制造基地，近年来对华出口快速、稳定增长，中国企业在当地的投资已经成为印第安纳在金融危机之后走出经济困境的关键因素之一。据统计，2006—2016年，印第安纳州向中国商品出口增长了282%，达到29亿美元，服务出口增长495%，达到7.49亿美元。在2015年，印第安纳州对华出口行业就为当地提供了2万个工作岗位。短短几年间，中国已经成为印第安纳州第三大货物出口目的地和第一大服务出口市场。①

与此类似的是，中国的投资也为伊利诺伊州带来了数千份工作机会。据伊利诺伊州州长布鲁斯·劳纳介绍，他就任州长后的首次访问就选择中国，因为伊利诺伊和中国关系密切，贸易合作不断强化，人文交流持续加深。他说，现在有400多家总部在伊利诺伊州的企业在华投资，有40多家中国企业在伊利诺伊投资，有数万名中国学生在该州学习，每年到该州的中国游客越来越多。2016年，该州对华出口超过50亿美元，他来中国的目的，就是希望让伊利诺伊州成为中国企业投资的首选地。他希望能与中国在基础设施、交通方面开展合作，吸引中国企业能够在道路、桥梁和运河建设方面合作。②

（3）与美国企业和地方政府对"一带一路"倡议的欢迎相反，美国联邦政府对"一带一路"的态度则是从忽左忽右、躲躲闪闪，到日益充满敌意。

自中国提出"一带一路"倡议至今，美国联邦政府的态度大体上经历了如下三个阶段的转变：第一阶段，从2013年到奥巴马政府结束，基本的表现是反应迟缓，并不太在意，到中国提出建立亚洲基础设施投资银行后，突然醒悟过来，认为中国对欧洲大陆以及印太沿海地区的经济和战略利益构成挑战，游说欧亚盟友不要加入。到奥巴马政府结束，也没有表达

---

① 吴岳珺、张朋辉、刘梦：《2000年—2016年，中国在美国中西部投资项目创造就业岗位3.6万个》，载《人民日报》2017年11月7日第21版。

② 章念生、胡泽曦：《美中合作造福两国人民——访美国伊利诺伊州州长布鲁斯·劳纳》，载《人民日报》2017年11月8日第21版。

第九章 "一带一路"倡议:中国政府治理理念国际影响的案例

对"一带一路"倡议的支持,也没有意愿加入。①

第二阶段是特朗普政府就职到2017年6月,特朗普政府对"一带一路"倡议表示出某种兴趣,甚至派出时任白宫国家安全委员会东亚事务高级主任马修·波廷杰率领美国代表团出席2017年5月14日在北京举办的"一带一路"国际合作高峰论坛。②

第三阶段,从2017年7月开始,这一阶段中美经贸问题日益突显,美国悍然对中国发动贸易战,特朗普政府正式将中国界定为美国战略竞争对手。特朗普政府对"一带一路"倡议的态度也发生了明显的变化,开始转向质疑、抹黑和公开反对。比如,2017年8月,在东亚峰会部长级会议期间,时任美国国务卿蒂勒森在与东南亚其他国家外长举行会谈时,抹黑中国"一带一路"倡议,大谈中国"一带一路"倡议的债务陷阱问题,并与他们商讨如何建立替代性的基础设施融资机制。10月3日,时任美国国防部长马蒂斯在国会听证会上对中国与巴基斯坦的中巴经济走廊提出批评,指出该走廊途经印巴争议地区克什米尔。马蒂斯还对中国的"一带一路"倡议提出质疑,指出"在一个全球化的世界,存在很多'带'与'路',不存在一国支配的'一带一路'"。10月18日,时任美国国务卿蒂勒森在一次外交政策演说中也对中国的"一带一路"倡议进行了不点名批评。他指出,在基础设施投资项目及融资计划方面,很多印太国家没有多少替代性选择,而既有项目常常无法为当地人民带来就业或繁荣。应该拓展透明的、高标准的地区借贷机制,真正帮到这些国家而非让其债台高筑。到2020年底,中美之间的贸易摩擦仍不断发生。

通过评价美国对中国"一带一路"倡议的态度,可以清楚地看出美国社会的制度特色以及美国作为世界超级大国的那种复杂心态。

从美国企业和民众的角度看,它们更加关心企业的利益、社会经济发展,以及老百姓的福利提升与否。因此,它们普遍对中国的"一带一路"倡议表示出好感。从普通民众的角度看,美国人民也有自己的"美

---

① 韦宗友:《战略焦虑与美国对中国"一带一路"倡议的认知及政策变化》,载《南洋问题研究》2018年第4期。有关阶段的划分,笔者进行了重新分类。
② 同上。

中国经济奇迹：政府治理的作用

国梦",那就是拥有稳定的工作、不断提高的工资、越来越幸福的美满生活。中国人也有自己的"中国梦",那就是过上幸福美满的生活、有更高的工资、有更好的工作、有美丽的环境。在这一点上,中国人民与美国人民其实是完全一致的。

从企业的角度看,由于美国很多企业已经国际化运营了,而中国"一带一路"倡议的目标也是旨在通过"五通"建设,推动亚非拉美等欠发达地区的发展,让整个世界在互联互通中实现互利双赢,实现共同繁荣。这对于美国企业来说当然是好事,因为中国企业干不了所有的事情,而美国企业的高技术、创新优势能更好地利用起来,能够给它们带来好处,它们当然绝大多数是欢迎的。地方政府的情形其实也是一样的。由于美国是一个高度分权化的国家,因此,地方政府只要能从与中国的经贸合作、投资、旅游、研发、技术合作中获得好处,当然乐见中国企业给当地带来投资、贸易和就业机会。

但站在高层次的美国联邦政府的表现却完全相反,因为它们关注战略,更关注"美国第一"能否延续,不断思索中国"一带一路"倡议可能带给它们的威胁和挑战。其实,这是非常正常的。但如果我们能够坚定不移地敞开胸怀,踏踏实实地认真履行共商、共建、共享的"一带一路"理念,一心一意地通过搞好"五通"建设,让沿线更多国家和地区的企业、老百姓不断分享到"一带一路"倡议所带来的实惠,这样,在无数个人、企业、越来越多的国家和地区包括地方政府的理解和支持下,最终,中国真诚、亲善、包容、共享的理念将会得到越来越广泛的传播。

第十章 未来研究方向

10.1 中国经济奇迹未来能否延续？

对这一问题的回答，目前国内外有两派观点：一派认为中国经济出现高速增长已延续了40多年，这一增长奇迹不仅超过了第二次世界大战后的日本，而且也超过了亚洲"四小龙"。因此，中国的经济奇迹完全有可能延续下去。其主要理由有：中国市场广阔，国土面积与人口规模均非日本、韩国，甚至欧洲大国如法国、德国所能比；中国的政府强而有力，已很好地利用了市场经济这一机制推动经济发展、社会稳定和繁荣；中华文化包容内蓄、历史悠久，拥有继续推动经济奇迹的深厚文化底蕴；中国经济、贸易、投资开放，能汲取世界经济、资源、技术等方面的比较优势。另一派认为，中国经济40多年的高速增长已经对环境、资源造成了巨大代价；中国面临的国际市场环境也发生了翻天覆地的巨大变化，国际贸易与投资保护主义在世界上形成了一股对抗经济全球化的洪流；特别是近年来，以美国为代表的西方发达国家出于意识形态和政治偏见，逐步加大对中国的抹黑、打压与遏制。所以，中国经济奇迹肯定不可能再现。

笔者的观点是，这两派观点均具有一定的合理性，分别阐述了中国经济奇迹能否延续的有利和不利条件。但未来到底何种条件占据上风，完全取决于中国的政府能力。这种政府能力不仅包含政府的行政能力、财政能力、动员能力，而且还取决于政府的宣传能力、沟通能力、战略定力、长远见识、安全保障能力等方方面面。如果中国政府的这些能力比较成熟、

中国经济奇迹：政府治理的作用

强大，有利条件就会不断增多，不利条件也可能转化为有利条件，中国经济奇迹将会再现；反之，若有利条件与不利条件变动不停，力量变化不定，中国经济奇迹可能会出现波动反复甚至暂时挫折。

依笔者的研究，中国政府能力已经今非昔比，在推动经济发展的进程中，中国政府的确曾经面临着很多不适应甚至反应滞后、迟钝等现象，但在中国共产党的强有力领导下，这些不适应、滞后和迟钝很快就得到了修复。一是中国政府学习能力非常强。正如前面章节介绍，每逢中国共产党的全国代表大会，以及每年的"两会"前后，中国各级政府所引导的全国性的有关未来发展战略、道路和政策选择的学习培训都在全面开展。二是中国政府越来越开放包容。有关这一点，国内外媒体和学术界已经达成共识，即中国对外开放、对内开放、制度改革的定力和远见已今非昔比。中国政府已经确定了将国家治理能力和治理体系现代化作为全面深化改革的总目标，并且在过去近10年中，已经实施和推动了很多力度、广度和深度均超过前40多年的改革举措。三是在过去40多年的改革发展进程中，中国政府已经很好地积累治理的经验和教训，包括处理国内外冲击的经验和教训。四是中国政府已经将推动经济发展的经验迅速地学习和推广到经济背后的社会、法治、政治、外交、国防改革和建设等诸多领域。五是中国政府赖以推动发展的干部队伍、人才队伍越来越强大。大量拥有现代科学、技术、理论和改革发展实践的人才进入政府部门。可以这样说，中国已经拥有了推动改革发展，推动社会稳定良序发展，推动人民生活稳步提升的各方面有利条件。这意味着，中国经济奇迹延续的各种有利条件不断增加；相反，各种不利条件将随着时间的延续不断转化，甚至消退。所以，笔者坚信，中国经济奇迹前景光明，可以肯定的是，即中国经济增长速度虽然会下降，但仍可能高于主要经济体的增长速度，增长的质量、效率也将越来越高。

10.2 造就中国经济奇迹的最优政府治理体系和能力是什么？

本书对中国经济奇迹的政府治理作用进行了较为清晰地描述，即它的核心构成要素主要有"摸着石头过河"的渐进改革策略、开放倒逼改革、基础设施先行、扶贫、反腐与社会稳定、政府治理能力和治理体系发展等。在此基础上，这些构成要素作用于转型与发展的制度安排主要有中国共产党领导的全国代表大会制度、党对各级政府的领导、全国人民代表大会制度、中国人民政治协商会议制度、党委和政府在转型发展进程中的作用、国有企业与民营经济的重要作用、厂长（经理）负责制及其在转型发展进程中的作用、政府及其事业单位的人事任免等。除此之外，本书还对政府应对改革开放以来历次国内外冲击的历史经验进行了讨论。在此基础上，还讨论了未来中国政府治理模式的边界、可能的国际影响以及"一带一路"沿线中国政府治理理念和实践的案例。

但是，对于造就中国经济奇迹的最优政府治理体系和能力的概念、内涵、组成部分以及如何度量等，我们还缺乏比较清楚的了解和把握。另外，何为最优的？何为次优的？最优的治理体系的内部组成是什么？次优的治理能力和体系的内部组成是什么？这些都需要在未来进行更多、更好、更为细致的研究。

10.3 造就中国经济奇迹的最优环境条件到底是什么？

中国自秦代以来的2000多年，很少能有一个时代与中国经济奇迹产生关联。在世界近代史上，曾经有几个可以与中国经济奇迹相提并论的时代。一个是1500—1800年的欧洲工业革命，另一个是1950—1980年的东亚经济奇迹。如果我们将这三个"经济奇迹"放在一起对比一下，就会发现如下几个方面的不同之处：

（1）东亚经济奇迹与中国经济奇迹似乎同属一类，均是受儒家文化影响而出现的；欧洲工业革命则是受基督教或者圣经文化影响而出现的。

中国经济奇迹：政府治理的作用

（2）东亚经济奇迹与中国经济奇迹二者的共同点似乎是政府在经济发展进程中发挥了十分重要的作用；相反，欧洲工业革命中，重商主义的政府和市场力量则发挥了十分重要的作用。如果说前者的鲜明特点是强势政府，那么，后者的鲜明特点就是重商主义市场力量。

（3）截至目前，如果我们粗略地推算，东亚经济奇迹与中国经济奇迹造就的经济奇迹往往持续至少30—50年，但是推动这一奇迹产生的时间也只有短短20—30年；相反，欧洲工业革命所造就的经济奇迹往往可能延续更长时间，甚至长达几个世纪，但这一奇迹的发生却可能需要至少几个世纪甚至更长时间。

我们未来的研究，将必须回答这一问题，即：造就经济奇迹的最优环境到底是什么？从目前有限的文献看，这一最优的环境似乎有：（1）有效的市场作用与机制；（2）有为的政府治理体系和能力；（3）开放与包容的文化基因和密码；（4）公平、公正的法治制度与环境；等等。

如果说，本书对有为的政府治理体系和能力进行了一点点梳理和论述的话，那么，在未来的研究议程中，笔者还将详细论述剩下的部分，并对它们与中国政府治理体系和能力的关系展开详细的论述。事实上，笔者过去多年的研究已经从中国政府治理模式的产生、形成与演变的角度对它与中国文化、中国市场、中国法治的关系进行了一些论述。不过，这些论述还需要未来更多的研究追踪。

参考文献

1. 《34家企业入驻,一个国际工业园区正崛起》,载《新华日报》2013年7月9日。
2. 李光斗:《马云计划经济新说,为啥吴敬琏、张维迎、钱颖一集体反对?》,http://baijiahao.baidu.com/s?id=1571339501335115&wfr=spider&for=pc&isFailFlag=1,2019年1月15日访问。
3. 《美国企业界参与"一带一路"热情难抑》,http://www.yidaiyilu.gov.cn/xwzx/roll/16446.htm,2019年2月11日访问。
4. 《四川汶川地震及灾害损失评估公布》,载《西部大开发》2008年第10期。
5. 《中欧班列让杜伊斯堡迎来"又一春"》,载《大陆桥视野》2018年第5期。
6. Jeffrey D. Sachs, Wing Thye Woo, Understanding China's Economic Performance, *The Journal of Policy Reform*, Vol.4, 2001.
7. D. Trefler, International Factor Price Differences: Leontief was Right!, *Journal of Political Economy*, Vol.101, 1993.
8. D. Trefler, Trade Liberalization and the Theory of Endogenous Protection: An Econometric Study of U.S. Import Policy, *Journal of Political Economy*, Vol.101, 1993.
9. Xu Chenggang, The Fundamental Institutions of China's Reforms and Development, *Journal of Economic Literature*, Vol.49, 2011.
10. 〔德〕克里斯蒂娜·阿尔恩特、〔美〕查尔斯·欧曼:《政府治理指标》,杨永恒译,清华大学出版社2007年版。
11. 《党的十九大报告辅导读本》,人民出版社2017年版。

12. 《〈中共中央关于全面深化改革若干重大问题的决定〉辅导读本》，人民出版社 2013 年版。

13. 《〈中共中央关于全面推进依法治国若干重大问题的决定〉辅导读本》，人民出版社 2014 年版。

14. 曹保刚：《我们在非洲不仅仅是修路——中国铁建"真、实、亲、诚"助非洲在"一带一路"建设中发展》，载《中国公路》2017 年第 13 期。

15. 陈泰锋：《对中国成功应对 WTO 的思考：实际表现与原因探索》，载《国际商务研究》2008 年第 3 期。

16. 《陈云文选》（第 3 卷），人民出版社 1984 年版。

17. 程连升：《筚路蓝缕：计划经济在中国》，中共党史出版社 2016 年版。

18. 戴蔼庐：《关于中国现代化的几个问题》，载《申报月刊》第 2 卷第 7 号。

19. 《邓小平文选》（第 2 卷），人民出版社 1983 年版。

20. 《邓小平文选》（第 3 卷），人民出版社 1993 年版。

21. 冯邦彦：《东南亚金融风暴冲击港元联系汇率》，载《港澳经济》1998 年第 1 期。

22. 高潮：《越南龙江工业园区：进军东盟的制造业基地》，载《中国对外贸易》2012 年第 10 期。

23. 华建敏：《依法全面加强应急管理工作——在全国贯彻实施突发事件应对法电视电话会议上的讲话》，载《中国应急管理》2007 年第 10 期。

24. 黄仁宇：《中国大历史》，生活·读书·新知三联书店 2007 年版。

25. 贾国雄：《中国计划经济体制的形成与变迁研究》，西南财经大学 2010 年博士论文。

26. 金观涛、刘青峰：《开放中的变迁：再论中国社会超稳定结构》，法律出版社 2011 年版。

27. 金辉：《我国境外经贸合作区产业集聚影响因素研究——以越南龙江工业园区为例》，载《现代经济信息》2018 年第 15 期。

28. 金太军：《"非典"危机中的政府职责考量》，载《南京师大学报（社会科学版）》2003 年第 4 期。

29. 《李大钊文集》（下），人民出版社 1984 年版。

30. 李丹丹：《中国境外经贸合作区研究——以越南龙江工业园区为例》，延边大学2015年硕士论文。

31. 李俊兰：《解读"厉股份"》，载《公民导刊》1999年第10期。

32. 李克华、曾牧野：《东南亚金融风暴与我们的防范对策》，载《特区经济》1998年第6期。

33. 李明锦：《我国应对汶川大地震呈现"十大亮点"》，载《中国减灾》2008年第7期。

34. 李文术：《中美全球治理观何以"南辕北辙"》，载《湖南日报》2019年1月21日第8版。

35. 李新：《叶利钦时代：经济的崩溃、教训与现状》，载《世界经济文汇》2001年第2期。

36. 厉以宁、马国川：《股份制是过去三十年中最成功的改革之一（下）——厉以宁谈股份制》，载《读书》2008年第6期。

37. 厉以宁：《东南亚金融风暴对中国经济的影响和我们应有的对策》，载《人民论坛》1998年第7期。

38. 林毅夫、蔡昉、李周：《中国的奇迹：发展战略与经济改革》，上海三联书店、上海人民出版社1994年版。

39. 林毅夫：《新结构经济学视角下的国有企业改革》，载《社会科学战线》2019年第1期。

40. 林毅夫：《新结构经济学——反思经济发展与政策的理论框架》，北京大学出版社2012年版。

41. 刘鸿儒：《在改革中治理通货膨胀》，载《经济学家》1989年第2期。

42. 刘亚伟：《从汶川地震看中国应对公共危机》，载《合作经济与科技》2008年第21期。

43. 《毛泽东文集》（第一卷），人民出版社1993年版。

44. 孟庆跃：《公共政策、公共财政和公共卫生："非典"防治策略对公共卫生体系改革与发展的启示》，载《中国卫生经济》2003年第7期。

45. 彭文英：《社会主义制度比较可通》，载《主张与批评》1932年第4期。

46. 钱颖一：《现代经济学与中国经济》，中信出版社2017年版。

47. 钱颖一：《马云口中的计划经济错在哪》，http://finance.sina.com.cn/zl/china/2016-12-06/zl-ifxyiayq2447146.shtml，2019年1月15日访问。

48. 钱颖一：《中国经济改革开放三十年：历史与国际视角》，载吴敬琏等主编：《中国经济50人看三十年——回顾与分析》，中国经济出版社2008年版。

49. 秦德君：《实现治理能力现代化最紧迫的议题》，载《学习时报》2014年9月8日第A6版。

50. 饶荣春：《国民经济建设的原则问题》，载《前途杂志》1936年第3期。

51. 〔美〕Jeffrey Sachs、胡永泰、杨小凯：《经济改革和宪政转轨》，载《经济学（季刊）》2003年第3期。

52. 闪淳昌、薛澜主编：《应急管理概论——理论与实践》，高等教育出版社2012年版。

53. 闪淳昌：《利在当代 功在千秋——国家突发公共事件应急预案体系建设回顾》，载《中国应急管理》2007年第10期。

54. 史培军、张欢：《中国应对巨灾的机制——汶川地震的经验》，载《清华大学学报（哲学社会科学版）》2013年第3期。

55. 石云龙、崔彬、安海忠：《汶川地震紧急救援应对策略、经验与思考》，载《资源与产业》2010年第6期。

56. 钟雪冰：《世卫组织三个"没想到"》，载《扬子晚报》2003年5月7日。

57. 王忠法：《98抗洪的启示与思考》，载《中国水利》2008年第15期。

58. 韦宗友：《战略焦虑与美国对中国"一带一路"倡议的认知及政策变化》，载《南洋问题研究》2018年第4期。

59. 魏玥：《欧债危机根源分析及对中国经济发展的启示》，载《吉林金融研究》2016年第11期。

60. 吴半农：《国营事业论》，中国文化服务社1943年版。

61. 吴敬琏、马国川：《从"吴市场"到"吴法治"》，载《书摘》2008年第12期。

62. 吴俊扬：《认真治理通货膨胀》，载《价格理论与实践》1988年第9期。

63. 习近平：《携手构建合作共赢新伙伴 同心打造人类命运共同体》，载《人民日报》2015 年 9 月 29 日第 2 版。

64. 肖建新：《西港特区：中国企业境外投资"大本营"——柬埔寨西哈努克港经济特区》，载《长三角》2009 年第 9 期。

65. 谢伏瞻：《回笼货币、综合治理通货膨胀的政策建议》，载《管理世界》1989 年第 5 期。

66. 杨斌：《中国改革初期治理通货膨胀、失业经验——1980 年代杨培新的经济思想与实践效果》，载《探索》2014 年第 4 期。

67. 杨小凯：《经济改革和宪政转轨：回应》，载《经济学（季刊）》2003 年第 3 期。

68. 余慧倩：《欧债危机对中国经济的影响、启示及应对策略》，载《山东工商学院学报》2015 年第 3 期。

69. 余蕊、陈爱平：《GE 大中华区总裁：通过"三个联合"共建"一带一路"生态圈》，http://www.yidaiyilu.gov.cn/xwzx/hwxw/55488.htm，2018 年 2 月 11 日访问。

70. 袁定喜：《斯大林时期指令性计划经济的特征和教训》，载《传承》2011 年第 15 期。

71. 翟慧霞、于灏、唐智勇：《"一带一路"背景下中国企业在非洲形象建设思考——以国家电网中电装备公司在埃塞俄比亚参建项目为例》，载《对外传播》2018 年第 11 期。

72. 张弘：《马云的计划经济思维，是理性的自负》，https://finance.ifeng.com/a/20170622/51300553_0.shtml，2019 年 1 月 15 日访问。

73. 张素民：《统制经济与计划经济》，载《复兴月刊》第 1 卷第 20 期。

74. 张维迎：《产业政策背后的经济学问题》，载《学术界》2017 年第 2 期。

75. 张维迎：《产业政策是与非》，载《商业观察》2016 年第 11 期。

76. 张维迎：《经济学原理》，西北大学出版社 2015 年版。

77. 张卓元：《继续治理通货膨胀，伺机改善价格结构》，载《经济研究》1989 年第 12 期。

78. 赵红军：《欧盟的"经济复苏计划"及其启示》，载《西部论丛》2009 年第 4 期。

79. 赵红军、高帆:《中国发展治理的经济学贡献与世界影响》,载《经济学家》2018 年第 9 期。

80. 赵红军、尹伯成:《城市经济学的理论演变与新发展》,载《社会科学》2007 年第 11 期。

81. 赵红军:《从历史视角展望中国政府治理模式的未来》,载《经济社会体制比较》2016 年第 4 期。

82. 赵红军:《中国政府治理模式变迁的历史考察》,载《社会科学》2016 年第 2 期。

83. 赵红军:《发展治理是中国对全球治理的最大贡献》,载《群言》2018 年第 12 期。

84. 赵红军:《改革以来三个乡镇的兴衰变迁》,载《经济学家茶座》2011 年第 1 期。

85. 赵红军:《上海自贸区政府治理能力提升的方向与路径》,载《联合时报》2014 年 4 月 11 日第 4 版。

86. 赵红军:《小农经济、惯性治理与中国经济的长期变迁》,格致出版社、上海人民出版社 2010 年版。

87. 赵晓雷:《中国工业化思想及发展战略研究》,上海财经大学出版社 2010 年版。

88. 赵泽:《曾质疑中国企业实力的 BBC 被打脸 非洲"世纪"铁路提前半年通车 见证"一带一路"上的中国制造》,载《中国经济周刊》2017 年第 23 期。

89. 中共武汉市委宣传部理论处:《98 抗洪——一座精神的富矿》,载《学习与实践》1998 年第 9 期。

90. 中共中央文献研究室编:《建国以来重要文献选编》(第四册),中央文献出版社 1993 年版。

91. 中国第二历史档案馆编:《中华民国史档案资料汇编·第五辑·第一编·政治》(二),凤凰出版社 1994 年版。

92. 周开庆:《经济问题资料汇编》,华文书局 1967 年版。